铁路职业意识

（第三版）

编　著　李一龙

主　审　戴联华　杨晓明

西南交通大学出版社

·成　都·

图书在版编目（ＣＩＰ）数据

铁路职业意识 / 李一龙编著. —3 版. —成都：
西南交通大学出版社，2020.11（2023.8 重印）
ISBN 978-7-5643-7769-4

Ⅰ. ①铁… Ⅱ. ①李… Ⅲ. ①铁路运输业 – 职业道德
– 中国 Ⅳ. ①F532

中国版本图书馆 CIP 数据核字（2020）第 210130 号

Tielu Zhiye Yishi

铁路职业意识
（第三版）

责任编辑 / 王　旻
编著 / 李一龙　　　助理编辑 / 宋浩田
封面设计 / 何东琳设计工作室

西南交通大学出版社出版发行
（四川省成都市金牛区二环路北一段 111 号西南交通大学创新大厦 21 楼　610031）
发行部电话：028-87600564　　　028-87600533
网址：http://www.xnjdcbs.com
印刷：成都蓉军广告印务有限责任公司

成品尺寸　185 mm×260 mm
印张　13　插页　4　字数　326 千
版次　2020 年 11 月第 3 版　　印次　2023 年 8 月第 12 次

书号　ISBN 978-7-5643-7769-4
定价　38.00 元

老火车

中国第一批火车女司机

"复兴号"动车组

铁路人风采

铁路建设者（1）

铁路建设者（2）

职业训练

智能动车组在京张高铁运行

保平安

粤海铁路壮景

铁路沿线风景

事故图片（1）

事故图片（2）

事故图片（3）

第三版前言

职业意识（Professional Awareness）是人们对职业劳动的认识、评价、情感和态度等成分的综合反映，是支配和调控全部职业行为和职业活动的调节器。职业意识的形成不是偶然的，而是经历了一个由幻想到现实、由模糊到清晰、由摇摆到稳定、由远至近的产生和发展的过程。

交通强国、铁路先行。铁路是国民经济大动脉、关键基础设施和重大民生工程，是综合交通运输体系的骨干和主要交通方式之一，在我国经济社会发展中的地位和作用不言而喻。按照"五位一体"总体布局和"四个全面"战略布局，牢固树立和贯彻落实创新、协调、绿色、开放、共享的新发展理念，主动适应和引领经济发展新常态，推进供给侧结构性改革，遵循铁路发展规律，发挥铁路骨干优势作用，以增加有效供给、明晰功能层次、提升服务效能、兼顾效率公平为重点，着力构建布局合理、覆盖广泛、高效便捷、安全经济的现代铁路网络，全面提升铁路核心竞争力和服务保障能力，为构建现代综合交通运输体系、促进经济社会持续健康发展、实现"两个一百年"奋斗目标提供有力支撑。为此，必须造就一支与铁路现代化相适应的高素质的职工队伍。本书的编写旨在为铁路新职工尽快适应铁路职业生活、形成正确的铁路职业意识打下基础，为志在从事铁路工作的"准职业人"顺利完成职业化的转变提供指导，为铁路人才培养和铁路事业发展尽绵薄之力。

根据铁路发展，本书再版时，对中国铁路精神、交通强国战略等内容进行了大量的补充和完善，让全书内容更全面。同时编写人员也进行了调整：全书由李一龙策划、统稿，戴联华、杨晓明审稿。绪论、第一章、第二章由李一龙编写，第三章由黄元珍编写，第四章由杨辉编写，第五章由马丽华编写，第六章由戴子博编写，附录由李玲编写。

本书编写过程中，参考、引用了有关著作、报纸、杂志、网络的资料，在此一并致谢。

由于时间仓促，水平有限，本书有不足和疏漏之处在所难免，敬请读者批评指正。

作　者

2020 年 8 月于湖南株洲

第二版前言

职业意识（Professional Awareness）是人们对职业劳动的认识、评价、情感和态度等成分的综合反映，是支配和调控全部职业行为和职业活动的调节器。职业意识的形成不是偶然的，而是经历了一个由幻想到现实、由模糊到清晰、由摇摆到稳定、由远至近的产生和发展过程。

铁路是国民经济大动脉、关键基础设施和重大民生工程，是综合交通运输体系的骨干和主要交通方式之一，在我国经济社会发展中的地位和作用至关重要。按照"五位一体"总体布局和"四个全面"战略布局，牢固树立和贯彻落实创新、协调、绿色、开放、共享的新发展理念，主动适应和引领经济发展新常态，推进供给侧结构性改革，遵循铁路发展规律，发挥铁路骨干优势作用，以增加有效供给、明晰功能层次、提升服务效能、兼顾效率公平为重点，着力构建布局合理、覆盖广泛、高效便捷、安全经济的现代铁路网络，全面提升铁路核心竞争力和服务保障能力，为构建现代综合交通运输体系、促进经济社会持续健康发展、实现"两个一百年"奋斗目标提供有力支撑。为此，必须造就一支与铁路现代化相适应的高素质的职工队伍。本书的编写旨在为铁路新职工尽快适应铁路职业生活、形成正确的铁路职业意识打下基础，为志在从事铁路工作的"准职业人"顺利完成职业化的转变提供指导，为铁路人才培养和铁路发展尽绵薄之力。

根据铁路发展，本书再版时，对铁路发展规划、中国铁路精神进行了大量的修改和完善，增加了铁路职业规划等内容，从而内容更全面。同时编写人员也进行了调整：全书由李一龙策划、统稿，万友根、戴联华审稿。绪论、第一、二章由李一龙编写，第三章由黄元珍编写，第四章由欧发兵编写，第五章由马丽华编写，第六章由戴子博编写，附录由李玲编写。

本书的编写，参考、引用了有关著作、报纸、杂志、网络的资料，在此一并致谢。

由于时间仓促，水平有限，本书不足和疏漏之处在所难免，敬请读者批评指正。

作　者

2016 年 8 月于湖南株洲

第一版前言

职业意识（Professional Awareness）是人们对职业劳动的认识、评价、情感和态度等成分的综合反映，是支配和调控全部职业行为和职业活动的调节器。职业意识的形成不是偶然的，而是经历了一个由幻想到现实、由模糊到清晰、由摇摆到稳定、由远至近的产生和发展过程。铁路是国家重要的基础设施，是国民经济的大动脉，是大众化的交通工具，在我国经济社会发展中具有重要作用。全面建设小康社会，推动经济社会发展转入科学发展和和谐发展的轨道，迫切要求铁路加快发展，提供可靠的运力保障，实现"运力充足，装备先进，安全可靠，管理科学，节能环保，服务优质，内部和谐"的建设目标，为此，必须打造一支与铁路现代化相适应的高素质的职工队伍。本书的编写旨在为铁路新职工尽快适应铁路职业生活、形成正确的铁路职业意识打下基础，为志在从事铁路工作的"准职业人"顺利完成职业化的转变提供指导，为铁路人才培养和铁路发展尽绵薄之力。

本书的编写分工如下：全书由李一龙策划、统稿，万友根、戴联华审稿。绪论、第一、二章由李一龙编写，第三章由黄元珍编写，第四章由杨辉编写，第五章由马丽华、李玲编写。

本书的编写过程中，参考、引用了有关著作、报纸、杂志、网络的资料，在此一并致谢。

由于时间仓促，水平有限，本书有不足和疏漏之处在所难免，敬请读者批评指正。

作　者
2016 年 6 月于湖南株洲

目　　录

绪　　论

　　铁路自 1825 年诞生以来,作为运输业先进生产力的代表,长期在陆地交通运输中处于垄断地位,成为拉动世界经济社会发展的重要力量。马克思曾高度评价铁路是"和现代生产资料相适应的交通联络工具",是"实业之冠"。因此,铁路是人类文明进步的产物,是现代工业和交通运输的先驱。21 世纪的今天,以高速、重载和信息化、自动化、智能化等高新技术武装起来的铁路,更加充满生机与活力,凭借其良好的性能和独特的技术经济优势,在世界经济和人类社会发展中发挥着重要作用。"交通强国、铁路先行",在我国综合交通运输体系中,铁路作为国家重要的基础设施、国民经济的大动脉,始终是我国交通运输的骨干力量,在社会主义现代化建设中扮演"先行官"的重要角色。作为一名准铁路员工,了解我国铁路的发展历史和规划,掌握铁路的主要特点,熟悉铁路职工应该具备的职业素质和职业道德,明确铁路行业规范,设计好职业生涯规划,是继承铁路优良传统、弘扬铁路工匠精神、做好铁路工作的重要前提和保证。

第一章　中国铁路的发展

【任务与学习】

1. 了解铁路的发展历史。
2. 了解中国铁路改革发展取得的主要成就。
3. 了解中国铁路发展的宏伟蓝图。
4. 树立服务铁路的信心。

扫描二维码观看视频：
世界铁路发展

从 1876 年吴淞铁路建成通车至今，我国铁路已有 100 多年的历史，在中国革命、建设和改革发展的不同历史时期，广大铁路职工不仅创造了巨大的物质财富，同时也创造了宝贵的精神财富，形成了特有的优秀品质和光荣传统。拥有数百万人的铁路职工队伍，始终保持着工人阶级的先进性，是推进社会主义现代化建设，维护社会和企业稳定的重要力量。作为一名准铁路职工，熟悉中国铁路的发展历程，继承铁路的光荣传统，认清自身肩负的神圣使命，对于履行岗位职责，做好本职工作，推进我国铁路事业发展具有重要意义。

第一节　中国铁路的发展历程

世界上第一条铁路是英国在 1825 年修建的斯托克顿—达林顿铁路。斯托克顿和达林顿相距约 21 千米，由于地处产煤地区，资本家早就拟定了修建铁路的计划，但是遭到封建贵族的阻挠和反对。他们认为，修铁路有违《圣经》的教义，是对上帝的背叛，说火车冒出的黑烟不仅损害田禾，使五谷不生，而且会毒化草地，造成乳牛不能出奶的恶果。因此，几次申请计划都没有得到国会的批准。然而，历史的车轮是不断前进的，新生产力的发展迫使贵族们不得不让步。经过几次波折之后，英国政府终于批准了这条铁路的修建。由于斯蒂芬孙的才能被资本家看中，他被雇佣来督修这条铁路和制造蒸汽机车。斯托克顿—达林顿铁路于 1822 年 5 月 23 日在斯托克顿开工，用了 3 年多的时间修建成功。线路的设备和当今现代化铁路当然无法相比。铁轨是鱼肚形的熟铁轨，每码重 28 磅（合每米 13.9 千克）。机车只有两台（其中一台就是"旅行号"），大小不及现代普通机车的 1/20，有一对直立的汽缸和一对直径 48 英寸（约合 122 厘米）的动轮，后加一个煤水车，总重量只有 9 吨，行速每小时 8 英里（约合 13 千米）。图 1.1 是世界上第一台蒸汽机车。

图 1.1　世界上第一台蒸汽机车

　　1825 年 9 月 27 日这一天，世界上第一条铁路正式通车营业，并举行盛况空前的表演（见图 1.2）。开业典礼在通往达林顿的煤矿运输线的息来敦站举行，检阅式车队由五列列车组成。第一列由蒸汽机车"旅行号"牵引，后挂煤水车，32 辆货车和 1 辆客车。客车编挂在列车中间，专供铁路公司的官员乘坐。另有 20 辆代用客车，是在货车内加上座位供一般旅客乘用，其他车厢满载着煤和面粉，总重达 90 吨，乘坐的旅客达 450 人。其余四列车的组成均为一匹马拖六辆货车。第一列机车由设计者斯蒂芬孙亲自操纵。上午 9 点，列车在奏乐声和欢呼声中从息来敦站出发，铁路两旁人山人海，许多小伙子和孩子跟着火车奔跑，也有人骑马沿路相随。途中列车曾发生过脱轨，经修复后继续前进。机车平均速度为每小时 13 千米，机车最高时速达到 20～24 千米。到达林顿支线后，机车在经过补水，并将一部分到达货物卸掉后，继续向斯托克顿方向行驶。下午 3 点 47 分到达目的地，5 点钟在斯托克顿礼堂举行了宴会，庆祝这次开业检阅的成功。斯托克顿—达林顿铁路是世界上第一条正式办理客货运营业务的铁路，因此，人们把 1825 年作为世界上第一条铁路诞生的年代。这趟列车的开行，成了轰动一时的大事，从而引发了运输生产力划时代的重大变革。图 1.2 是斯托克顿—达林顿铁路开业检阅的盛况。

图 1.2　斯托克顿—达林顿铁路

　　由于铁路运输具有速度快、运量大等优势，吸引了不少工业发达的资本主义国家兴建铁路，如美国、法国、德国和俄国。正是这些国家铁路的快速发展，为推进资本主义社会发展发挥了重要作用。1840 年中英鸦片战争后，英国等帝国主义国家用炮舰外交轰开了中国的大门，并把修筑铁路作为征服中国的手段，从此拉开了中国铁路 100 多年沧桑历程的序幕。

一、中国铁路的始建

我国的第一条营运铁路吴淞铁路于 1876 年 7 月 3 日试运营（见图 1.3），吴淞铁路是由英国在华代理——怡和洋行，诡称是修建从吴淞到上海的"寻常马路"，瞒着清政府擅自在中国修建的。现在，我们一般把吴淞铁路建成通车的 1876 年，视为中国铁路发展的起始之年。图 1.3 是吴淞铁路通车试车时的情景。

图 1.3　1876 年 6 月吴淞铁路通车试车时的情景

我国的第一条铁路，虽然是帝国主义对中国侵略扩张的产物，但它的出现却让国人见识了铁路这一新生事物，认识到改变旧的运输方式、提高运输效率对国家发展的重要性。1881年，在洋务派首领李鸿章的推动下，清政府批准修建了唐山到胥各庄长达 10 千米的运煤铁路。唐胥铁路建成后，清朝统治者认为机车轰鸣的声音会惊动皇陵，震怒祖先，竟不允许用蒸汽机车牵引。无奈之下，人们只好用骡马拉着车厢在铁轨上行驶，时速不到 10 千米。这条由清政府批准修建的第一条铁路，被后人称为"中国铁路建筑史的正式开端"。

二、缓慢前行的旧中国铁路

在半封建、半殖民地社会时期的旧中国，修筑铁路作为帝国主义列强在中国侵略扩张的手段，路权从诞生之日起就饱受外国列强的掠夺。路权代表了主权，没有了路权就意味着丧失了主权。在中国近代史上，先后有英、俄、日、法、德、美等帝国主义列强，参与了掠夺中国铁路路权的强盗行径。特别是 1894 年中日爆发甲午战争之后，战败的清政府被迫签订割地赔款、丧权辱国的《马关条约》，这成了帝国主义列强重新划分势力范围、瓜分中国的新起点。他们利用各种手段，贪婪地掠取中国的筑路权。1896 年至 1910 年的 14 年间，帝国主义列强就攫取了中国 14 000 多千米的铁路权，平均每年我国丧失路权 1 000 千米。其中，英国攫取沪宁铁路和广九铁路路权，俄国攫取中东铁路和南满铁路路权，法国攫取滇越铁路路权，德国攫取胶济铁路路权，美国攫取粤汉铁路和广三铁路路权，比利时攫取卢汉铁路和汴洛铁路路权。日本在甲午战争、1904 年日俄战争至第一次世界大战前后，趁机猖狂掠夺中国的路权，不仅继承了德国在山东的路权，还在东北设立南满铁道株式会社，进行政治、经济、军事等多方面的侵略活动，取得了大量路权。据统计，自 1881 年清政府修建唐胥铁路起，到 1911 年辛亥革命爆发、清政府被推翻的 30 多年间，共筑成铁路干线和支线约 9 200 多千米，其中由外国列强直接修建或控制的铁路有 6 890 多千米，中国自筑或收回自办的约 2 400 多千米，仅占 26%。民国期间，南京国民党政府虽制定了大规模的铁路发展计划，并一度设立铁道部统管全国铁路事业，但建成的铁路并不多。1928 年至 1937 年"七七"事变的 10 年间，国民党政府在关内仅修建 3 600 千米铁路。东北三省的地方当局从 1928 年至 1931 年"九一八"事变前，只修建 900 千米铁路。抗日战争时期，国民党政府在西南、西北大后方，勉强修建 1 900 千米铁路。日本帝国主义在侵华期间，利用从中国搜刮的巨额资财，威逼中国劳工，在东北三省和热河省修建了 5 700 千米铁路，在华北、华中和华南等沦陷区修建了 900 千米铁路。

中华人民共和国诞生以前，一大批仁人志士为实现"实业救国"的美好愿望，大力倡导修建铁路。伟大的民主革命先行者孙中山先生十分重视铁路，强调"今天之世界非铁路无以立国"，还在《建国方略——实业计划》中绘就了修筑 10 万英里（即 16 万千米）铁路，"使中国全境，四通八达"的发展蓝图。我国铁路建设的先驱、著名爱国工程师詹天佑主持修建了由中国人自己设计、自己施工的京张铁路，使中国有了自己的筑路技术。但始终未能摆脱帝国主义列强对中国铁路权益的掠夺，始终未能改变铁路畸形发展、缺支少干的局面，社会形态始终处于半封建、半殖民地的落后状态。从 1876 年我国有了第一条营运铁路算起，旧中国在 73 年的时间里，共修建铁路 2.2 万千米，平均每年修建约 300 千米。到 1949 年中华人民共和国成立前，其中能够勉强维持通车的铁路里程仅有 1.1 万千米。1949 年全国铁路旅客发送量仅 1.3 亿人次，旅客周转量仅 131 亿人千米，旅客列车平均旅行时速只有 28 千米；铁路货物发送量仅 5 589 万吨，货物周转量仅 184 亿吨千米。而且，由于先天不足、设备杂乱、管理无序，铁路的基础相当薄弱，处于数量少、分布偏、标准杂、质量差、管理分割、经营落后、千疮百孔、支离破碎的状态。图 1.4 是博物馆中展出的"中国火箭号"。

图 1.4 博物馆中展出的"中国火箭号"

三、蓬勃发展的新中国铁路

中华人民共和国的成立，为铁路事业发展开辟了新的道路，铁路步入了蓬勃发展的历史阶段。中华人民共和国成立前后，在中央军委铁道部（中央人民政府铁道部）的组织领导下，全国铁路职工和铁道兵指战员日夜奋战，全力修复铁路，恢复运输秩序，迅速修通山海关内 400 多千米铁路和津浦南段、沪宁、沪杭、宁芜、陇海路西段各线，有力地保证了解放大军南下作战，确保了解放西南、东南、西北地区斗争的胜利。至 1949 年年底，总计修复铁路 8 278 千米，修复桥梁 2 717 座，全国铁路通车营业里程达到 21 810 千米。原来有人估计要用很长时间才能修复的铁路，不到一年就基本恢复通车，不仅保障了解放全国的运输需要，也赢得了各族群众对新生的人民政权的信赖。在三年国民经济恢复期间，铁路职工发挥"先行官"作用，仅用两年时间，就战胜千难万险，建成了新中国第一路——成渝铁路。图 1.5 是宝成铁路电气化列车运行在崇山峻岭之中的场景。

图 1.5　宝成铁路电气化列车运行在崇山峻岭之中

（一）1953—1981 年，中国铁路第一次筑路潮

1953 年中国开始实施第一个经济发展的五年计划，铁路建设规模随之不断扩大，新中国的铁路进入了有计划地大规模建设的时期。至 1965 年，全国铁路营业里程增加到 38 025 千米，和中华人民共和国成立初期相比增长了 74.3%。这期间，中国建成了长江上第一座铁路桥——武汉长江大桥。

1966 年开始的"文化大革命"，使人们的生产生活陷入困顿，经济下滑。即使在这样的情况下，铁路建设也没有停止，1966—1980 年，铁路在十分困难的条件下坚持发展，相继建成贵昆线（贵阳—昆明）、成昆线（成都—昆明）、襄渝线（湖北襄樊—重庆）、太焦线（太原—河南焦作）等铁路干线。

这一时期建成的成昆铁路，铁路沿线不良地质现象，如滑坡、危岩落石、崩塌、岩堆、泥石流、山体错落、岩溶、岩爆、有害气体、软土、粉砂等等很多，世人称之为"筑路禁区"，但中国仍在这样的地方修通了铁路。

1950—1981 年的 32 年内，中国共修建了 38 条新干线和 67 条新支线。到 1981 年年底，中国大陆铁路营业里程达到了 50 181 千米。

（二）1982—1996 年，中国铁路建设被经济发展推动

1950—1981 年，中国为了发展经济大规模进行铁路建设，而改革开放之后，中国的铁路建设反过来被经济发展所推动。

改革开放以后，国民经济快速发展，铁路客货运量猛增，铁路运输能力全面紧张。促使政府大量建设铁路。

山西是中国煤炭资源大省，但山西当时对外运输的交通并不畅通，这成了山西煤炭生产的瓶颈，也就使山西经济发展受困于交通瓶颈。1983 年 9 月，国务院为增加山西煤炭外运通道，做出了修建大秦铁路（山西大同到渤海边上的秦皇岛）的决策。这是中国第一条为解决资源运输而修建的专线铁路，被列入国家重点建设工程。

大秦铁路于 1985 年开工，1991 年全线贯通。大秦铁路建设同以往的铁路建设相比，有两个显著特点：它瞄准国际先进水平，选择重载（开行万吨列车）、单元列车（品种单一不混装）的运输方式，达到 20 世纪 80 年代现代化的先进水平。图 1.6 是万吨重载列车运行在大秦线上的壮丽场景。

图 1.6　万吨重载列车运行在大秦线上

大秦铁路的开通，使得山西、内蒙古、陕西等省区生产的煤炭可以源源不断地运到华北、华东、东北及华南地区，对解决这些地区煤炭供应紧张、电力用煤不足，以及增加煤炭出口起到了巨大作用。

随着改革开放的推进，人员流动越来越活跃，使得铁路运输压力增大，于是，中国政府以贯通中国南北的京九线，以及因交通状况迫切需要改善而修建的兰新复线等 12 项工程为重点，展开了铁路建设大会战。一批复线和电气化铁路在这一时期建成。图 1.7 是京九全线在赣粤两省交界处的定河大桥接轨的场景。

图 1.7　1995 年 11 月 16 日，京九全线在赣粤两省交界处的定河大桥接轨

到 1996 年年底中国铁路运营里程达到了 6.49 万千米，中国横贯东西、沟通南北、干支结合的具有相当规模的铁路运输网络已经形成并逐步趋于完善。

（三）1997—2007 年，中国进入发展高铁时代

1997 年以前，中国铁路列车运行速度并不快，最快的列车时速仅 120 千米，而全国铁路旅客列车平均时速仅 48 千米。这期间随着高速公路的发展，铁路运输因为速度慢，显然落后了。于是铁道部将火车提速作为发展的重点。

1994 年，中国第一条准高速铁路广深铁路（广州到深圳）建成并投入运营，其旅客列车时速为 160 到 200 千米，广深铁路的建设不仅在技术上实现了质的飞跃，更主要的是通过科研与试验、引进和开发，为中国建设高速铁路做好了前期的准备，成为中国铁路高速化的起点。

1997 年 4 月 1 日，中国铁路实施第一次大面积提速。京广、京沪、京哈三大干线全面提速，以北京、上海、广州、沈阳、武汉等大城市为中心，开行了最高时速达 140 千米、平均旅行时速 90 千米的 40 对快速列车和 64 列夕发朝至列车。全国旅客列车平均速度由时速 48 千米提高到了时速 55 千米。图 1.8 是大提速前南昆全线在黔桂两省交界处的八渡站接轨的场景。

图 1.8　1997 年 3 月 18 日，南昆全线在黔桂两省交界处的八渡站接轨

到 2007 年 4 月 1 日，中国铁路共进行了 6 次大提速，一批时速超过 200 千米的旅客列车投入运营。而且货运列车时速也超过了 120 千米，时速与 20 世纪 90 年代初相比提高了 3 倍。

在火车提速的同时，中国的铁路建设里程也在扩大。2007 年 7 月 1 日青藏铁路通车，这是世界上海拔最高的铁路，也是修建难度最大的铁路。至此中国所有的省市自治区都通了铁路。

（四）2008 年至今，中国铁路跨入高速铁路时代

2008 年 8 月 1 日，京津城际铁路通车，最高时速超过 350 千米。北京到天津也由过去的一个半小时缩短到了半个小时。运行时间的缩短使得北京天津"同城化"成为现实。截至 2019

年年底，我国营业里程到达 13.9 万千米，高铁运营里程达到 3.5 万千米，居世界第一位，占世界高铁总里程的 60%以上。

第二节　中国铁路的改革发展

中国铁路经过六次大提速、高速铁路经过多年的建设和发展，中国铁路认真贯彻落实党中央、国务院的决策部署，主动适应新常态，以创新发展为主线，团结拼搏，奋力攻坚，扎实做好各项工作，推动铁路改革发展以取得新的成效。

一、路网建设

扫描二维码观看视频：
京张铁路

20 世纪初，当美国人经过持续 60 余年的大规模筑路浪潮，形成了长达 40.9 万千米的世界上最大铁路网时，由中国人主持修建的第一条铁路京张铁路才正式通车。从 1876 年英商怡和洋行在上海建成第一条营业铁路算起，到 1949 年中华人民共和国成立前，1949 年前的中国 73 年的时间内修建铁路仅 2.2 万千米，而其中能够维持通车的仅有 1.1 万千米。

中华人民共和国成立为铁路事业的发展开辟了广阔空间，中国共产党十一届三中全会以来实行的改革开放政策，为铁路事业的发展注入了新的动力。经过多年建设，我国铁路无论是数量还是装备水平都上到了一个新台阶，路网规模进一步扩大，路网结构得到优化，主要的运输通道能力有了较大提高，为国民经济的持续、快速、健康发展作出了积极贡献。然而，就我国铁路的现状来说，还远不能适应国民经济的快速发展和人民群众日益增长的出行需要。

为了加快铁路发展进程，2004 年 1 月 7 日国务院常务会议讨论通过了《中长期铁路网规划》，2008 年通过了《中长期铁路网规划（2008 年调整）》，2016 年 7 月，国务院常务会议审议通过了新修编的《中长期铁路网规划》。近年来，我国铁路深入实施规划取得了重大进展，大规模铁路建设呈现出全面推进的良好态势。截至 2019 年年底，全国铁路营业里程达到 13.9 万千米，其中，高速铁路营业里程达到 3.5 万千米；复线里程 8.3 万千米，复线率 59.0%；电气化里程 10.0 万千米，电化率 71.9%；西部地区铁路营业里程 5.6 万千米。全国铁路路网密度 145.5 千米/万平方千米。图 1.9 是 2014 年至 2019 年铁路营业里程的统计图。

全国铁路运营里程

万公里

	2014年	2015年	2016年	2017年	2018年	2019年
▨营业里程	11.2	12.1	12.4	12.7	13.1	13.9
■复线里程	5.7	6.5	6.8	7.2	7.6	8.3
□电气化里程	6.5	7.5	8.0	8.7	9.2	10.0

图 1.9　2014 年至 2019 年铁路营业里程的统计图

（一）大能力客运通道和货运通道建设同步推进

高铁建设取得巨大成就，京沪高铁、京广高铁、哈大高铁、兰新高铁等一批举世瞩目的重大项目相继建成通车，基本形成了以"八纵八横"为主骨架的高速铁路网。大能力货运通道建设稳步推进，结合客运专线建设，对繁忙干线进行了强化改造，与此同时，开工建设了一批跨区域的大能力通道。铁路建设的加快推进，不仅显著提升了路网规模、质量和运输能力，而且在拉动经济增长、促进经济结构调整、服务改善民生方面发挥了重要作用。

（二）发达地区与欠发达地区的铁路建设同步推进

为了适应我国区域经济社会发展的要求，在东部地区全面实现电气化、主要通道实现客货分线、客运快速、货运重载的同时，加快推进中西部铁路建设。铁路作为重要的基础设施，其所具备的强大"造血"功能，对于促进区域协调发展和社会主义新农村建设，将发挥巨大作用。

（三）客运枢纽建设和货运枢纽改造同步推进

坚持"功能性、系统性、先进性、经济性、文化性"的要求和"一百年不落后"的标准，着手建设北京南、上海虹桥、武汉、广州南、郑州东、南京南、长沙南、深圳北等一批现代化大型综合铁路客运站，实现铁路、公路、地铁等多种交通方式的"零换乘"。配合客运专线、城际铁路和大能力货运通道建设，对北京、上海、郑州、武汉、广州、西安、成都等铁路枢纽进行优化改造，并建设功能齐全的18个物流中心，实现点线能力配套，提高路网运输的综合能力。

（四）新线建设与既有线改造同步推进

在建设客运专线、城际铁路的同时，大力实施既有线改造，形成设备相互衔接、技术统一的快速客运网络，动车组列车实现跨线运行，达到了铁路资源的统筹利用。随着东部铁路率先基本实现现代化，既有机车车辆装备大量向中西部地区转移，实现了既有资源的有效利用。

特别值得一提的是，举世瞩目的青藏铁路提前一年通车。西藏自治区由于自然环境恶劣，修筑铁路条件差，曾是我国唯一不通火车的省区。美国火车旅行家保罗·泰鲁在《游历中国》一书中断言："有昆仑山在，铁路就永远到不了拉萨。"然而，中国铁路人用事实否定了这一断言，不但把青藏铁路修到了拉萨，还创造了多项"世界之最"——青藏铁路最高点海拔是世界之最，高海拔路段和多年冻土路段的连续长度是世界之最。格尔木至拉萨段铁路穿越雪域高原，经过的连续多年冻土区长达550千米，位于海拔4 000米以上的地段长达960千米，占线路总长的84%，翻越唐古拉山的铁路最高点海拔5 072米。从孙中山先生在《建国方略》中提出"高原铁路"规划到青藏铁路全线通车，中华民族建设通往青藏高原铁路的宏愿在我们这一代铁路人的努力下实现了。如今，青藏铁路这条雪域天路就像一条绿色的哈达蜿蜒在高原的崇山峻岭之间。铁路两旁，依旧是蓝天白云、水清草绿、湖泊如镜、牛羊成群，藏羚羊、藏野驴、野牦牛等珍稀动物依旧在悠闲安详地吃草嬉戏，形成了一道道人与自然和谐相处的动人风景。图1.10、1.11、1.12是青藏铁路的车站分布情况和沿途秀丽风光。

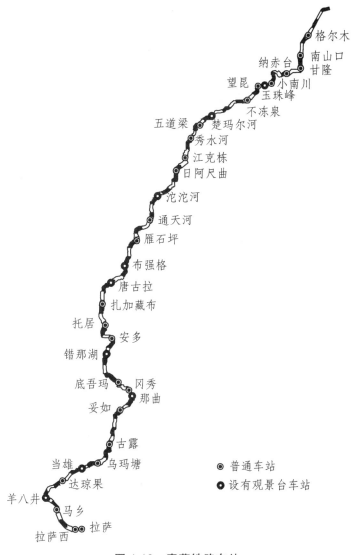

格尔木
南山口
纳赤台
甘隆
望昆
小南川
玉珠峰
不冻泉
五道梁
楚玛尔河
秀水河
江克栋
日阿尺曲
沱沱河
通天河
雁石坪
布强格
唐古拉
扎加藏布
托居
安多
错那湖
底吾玛
冈秀
妥如
那曲
古露
当雄
乌玛塘
达琼果
羊八井
马乡
拉萨西
拉萨

◉ 普通车站
● 设有观景台车站

图 1.10　青藏铁路车站

图 1.11　青藏铁路

图 1.12　唐古拉车站

二、技术装备的跨越

20 世纪 70 年代，国外的高速列车时速已达 300 千米以上，而我国铁路旅客列车的平均技术时速仅为 54 千米，旅行时速更低，只有 43 千米。20 世纪 90 年代，中国改革开放的瞩目成就让全世界为之惊叹。但每逢春运，中国铁路却会因运力和装备紧张，不得不采取"以棚代客"的措施加开临客。原本运货的棚车用来运人，在全世界可谓绝无仅有。即使到 2002 年，全国铁路旅客列车的平均旅行时速也只有 62 千米。铁路客车的基本车型，选用的是 20 世纪 80 年代引入的 25 型车，并依然使用着中华人民共和国成立初期从苏联引进、消化、改进的 22 型车。敞 60 货车供应不足，重载货车还没有形成规模。新型快速客车也不适应要求，而且数量偏少。

中国铁路装备水平的滞后，已经到了严重制约铁路品质提升和自我发展的程度。装备水平如果不能快速提高，不但影响铁路现代化目标的实现，更不符合以人为本的科学发展观。没有装备的现代化，就没有铁路的现代化。这一问题引起了党和国家领导人的重视，引起了中国铁路决策者的重视。2003 年 6 月，铁道部把"快速提升铁路装备水平"与"快速提高铁路运输能力"并列为铁路跨越式发展战略的两大目标。中国铁路装备现代化的序幕由此正式拉开。一年之后，国家发改委与铁道部联合印发《大功率交流传动电力机车技术引进与国产化实施方案》和《时速 200 千米动车组技术引进与国产化实施方案》。从提出目标到做出决策，再到印发具体方案，从国务院领导到国家发改委、铁道部，再到机车车辆研究制造企业，这其中经历了若干个环节程序，经过了反复论证研究。而仅仅用了一年时间，中国铁路装备现代化之路因决策者的高效率而迅速驶上"快车道"。截至 2019 年年底，全国铁路机车拥有量为 2.2 万台，其中内燃机车 0.8 万台，电力机车 1.37 万台。全国铁路客车拥有量为 7.6 万辆，其中动车组 3 665 标准组（图 1.13 是"中国标准"的动车组）、29 319 辆。全国铁路货车拥有量为 87.8 万辆。同时，以时速 350 千米中国标准动车组成功下线运用为标志，中国铁路关键技术装备自主研发取得重要突破。这是中国高速动车组首次正向设计的重大结晶，在中国高铁发展史上树立起一座划时代的丰碑。10 多年来，中国铁路坚持原始创新、集成创新和引进消化吸收再创新相结合，提高自主创新能力，充分利用我国铁路几十年积累的技术资源，在技术装备现代化方面取得了一大批拥有自主知识产权的创新成果，主要体现在以下三个方面。

图 1.13 "中国标准"动车组

（1）建立了高速铁路技术标准体系，全面掌握了线路基础、动车组运用、牵引供电、通信信号、调度集中、旅客服务等各专业系统集成技术，实现了集成创新的重大跨越。

适应高速铁路建设运营需要，通过系统集成和自主研发，我们已经掌握时速 350 千米及以上铁路列车运行控制技术（CTCS），并构建了 GSM-R 移动通信无线传输平台，标志着我国铁路通信信号技术达到世界先进水平（图 1.14 是 CTC 和 CTCS 的设备结构图）。在信息化技术方面，按照《铁路信息化总体规划》，以运输组织、客货营销和经营管理为重点，全面加快推进信息化建设。全路 72 条线路 5 000 多个车站完成列车调度指挥系统（TDCS）建设，调度集中指挥系统（CTC）和 GSM-R 移动通信系统在高速铁路上的运用（图 1.15 是调度指挥中心现场图）。客票系统、货运计划系统、货运大客户管理信息系统、铁路建设项目管理信息系统等进行进一步完善，为转变铁路生产经营方式、提升铁路经营管理水平提供了有力的技术支撑。

扫描二维码观看视频：
列车运行
控制系统（CTCS）

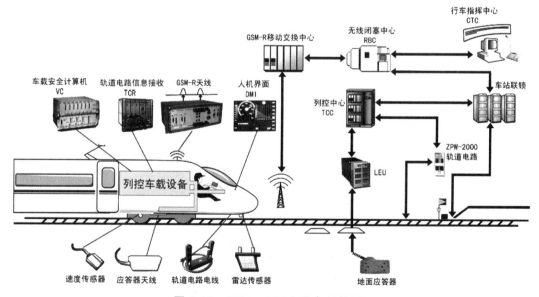

图 1.14　CTC、CTCS 设备结构图

（2）铁路技术创新取得重要成果、技术管理体系逐步完善。

通过把握世界铁路技术发展新趋势，并结合我国铁路建设运营实际需要，充分发挥企业创新的主体作用，组织关键技术攻关，从而取得一大批技术创新成果，我国铁路总体技术水平步入世界先进行列，部分技术成果达到世界领先水平。加强技术标准管理，建立铁路技术标准体系，全面提升铁路技术创新水平，为加快新时代铁路建设、推动铁路走出去提供了强有力的技术支撑。

图 1.15　铁路局集团公司调度指挥中心

在高铁跨越式发展进程中，我国"集中力量办大事"的独特制度优势得到集中展现。2008年，科技部与铁道部联合签署了《中国高铁自主创新合作协议联合行动计划》。该计划汇集了6家大型央企、25所重点大学、11家一流科研机构、51家国家实验室和工程中心，以及由68名院士、500名教授和1万名工程技术人员组成的科技队伍，联合攻关时速350千米的"复兴号"动车组。2017年，中国标准动车组成功量产，被正式命名为"复兴号"，中国首次实现了高速动车组牵引、制动、网络控制等关键技术的全面自主化，各项指标均达世界一流。在"复兴号"动车组采用的254项重要标准中，中国标准占到84%，16%的高铁技术标准跟欧标和日标兼容。

根据国内铁路市场的需求，我们引进并成功地掌握大功率内燃、电力机车九大核心技术。大功率电力机车国产化率最高可达70%以上，大功率内燃机车国产化率最高可达85%以上（图1.16是我国首台大功率交流传动货运电力机车出厂的场景），而且这些机车车辆全部在国内生产、使用中国品牌，实现了国家利益和民族利益的最大化，促进了我国民族工业发展，形成了以重点企业为核心、配套企业为骨干、辐射上百家相关企业的国内机车车辆装备设计制造体系。图1.17是和谐2型大功率电力机车在大秦线上飞驰的场景，图1.18是运行在京津线上的著名城际列车——京津线"和谐号"。

图 1.16　我国首台大功率交流传动货运电力机车出厂

图 1.17　运行在大秦线上的和谐 2 型大功率电力机车

图 1.18　京津城际列车

（3）70 吨级新型货车全面投入使用，货车实现升级换代。

　　铁路货车密度、载重、速度是提高铁路运输能力的三大要素：密度上，所有铁路干线运输密度已基本达到极限；速度上，货车的时速约在 80 千米；载重上，铁路货车单车载重量为 60 吨。按照我国铁路货运重载的发展目标，铁路干线货运单列运载重量要达到 5 000 吨，如果使用原来的 60 吨级货车，列车编组长度将超出站线 850 米的标准长度，因此车站必须改造，将站线长度增加到 1 050 米，而延长站线有效长度的投资大、周期长。因此，研制开发 70 吨级新型货车符合科学发展观的要求，是提高货运能力的有效途径。2004 年 7 月 30 日，铁道部正式策划并立项组织攻关研制生产 70 吨级新型货车的工作，货车规格目标是：轴重 23 吨、载重量 70 吨、时速 120 千米、单列运载重量 5 000 吨。一年之后，首批由中国北车集团齐齐哈尔车辆公司研制生产的 200 辆 70 吨级新型货车投入大秦铁路进行运营试验。随后，当时的铁道部决定，从 2006 年起我国新造铁路货车规格全部采用 70 吨级具有自主知识产权的、技术成熟的，轴重 23 吨、时速 120 千米的新型货车标准。70 吨级新型货车的正式投入运营，标志着我国铁路新造货车实现了技术上的新跨越。现在，我国自主研制的载重 70 吨通用货车、80 吨煤炭专用货车、100 吨矿石和钢铁专用货车已投入运用；按照时速 120 千米技术要求制造、改造的货车近 50 万辆，占全路货车保有量的 71%。装备技术水平的快速提升，加快了我国铁路现代化进程。

三、铁路提速和重载技术的发展

在新时代铁路建设中，走内涵扩大再生产之路具有非常重要的意义。铁路走内涵扩大再生产之路的主要方式就是对既有铁路进行扩能改造，实施客运提速和货运重载战略。

扫描二维码观看视频：
高速铁路的优势

（一）客运提速战略

对交通运输业而言，速度不仅是衡量运输生产力发展水平的主要指标，同时，没有速度，就没有效益；没有速度，就没有生命力。国外研究成果表明，在 300 千米路程以内，如果铁路的平均时速达不到 100 千米，就无法与高速公路竞争；在 500～800 千米路程，如果铁路的平均时速达不到 250 千米，就无法与民航竞争。铁路在我国交通运输业中占据主导地位，铁路运输的速度在很大程度上反映着国家运输生产力的发展水平。而我国铁路运输速度的落后已经成为制约运输生产力进步和发展的障碍。在经济社会飞速发展的今天，我国铁路速度已经不能适应国民经济和社会发展的需要。建设现代化的中国铁路，必须在速度上"突出重围"。

1997 年 4 月 1 日零时，中国铁路第一次大面积提速调图全面实施，拉开了铁路提速的序幕。这次提速调图，使提速列车最高运行时速达到了 140 千米；全国铁路旅客列车旅行速度由 1993 年的时速 48.1 千米，提高到时速 54.9 千米；首次开行了快速列车和夕发朝至列车。

1998 年 10 月 1 日零时，第二次大面积提速调图开始实施。这次提速调图，快速列车最高运行速度达到了时速 160 千米；全国铁路旅客列车平均旅行速度达到时速 55.2 千米，直通快速、特快客车平均时速达到 71.6 千米；首次开行了行包专列和旅游热线直达列车。

2000 年 10 月 21 日零时，第三次大面积提速在陇海、兰新、京九、浙赣线顺利实施，初步形成了覆盖全国主要地区的"四纵两横"提速网络。全国铁路旅客列车平均时速达到 60.3 千米。新的列车车次将传统的快速列车、特快列车、直快列车、普通客车、混合列车、市郊列车、军运人员列车七个等级调整为三个等级，即特快旅客列车、快速旅客列车、普通旅客列车。

2001 年 10 月 21 日零时，第四次大面积提速调图开始实施，铁路提速延展里程达到 13 000

千米，使提速网络覆盖全国大部分省区市。这次提速调图，使全国铁路旅客列车平均旅行速度达到时速 61.6 千米；进一步增开了特快列车，树立了夕发朝至列车等客货运输品牌的形象。

2004 年 4 月 18 日，全国铁路实施第五次大面积提速。此次提速大幅度增加了提速线路资源，在提高列车运行速度上实现了重大突破。全路时速 160 千米及以上的线路延展里程，由过去不足 400 千米延长到 7 700 千米，其中时速 200 千米线路延展里程达到 1 960 千米。直达特快列车以时速 160 千米长距离运行，为主要干线提速达到时速 200 千米的目标建立了新的速度平台。通过全面调整列车运行径路，客运能力增长 18.5%，货运能力增长 15.0%，我国铁路综合运输能力又跨上了一个新的台阶。利用这次提速的契机，我们积极推进劳动组织改革，在直达特快列车实行新的劳动组织方式，提高了劳动生产率。据测算分析，第五次提速，每年可为全社会节约 5 亿多小时。

在汲取前五次大面积提速成功经验的基础上，通过充分论证和科学试验，历经四年精心准备，2007 年 4 月 18 日，我国铁路成功实施第六次大面积提速，我国既有线提速技术一举实现质的跨越、进入世界先进行列。我国铁路第六次大面积提速让时速 200 千米及以上线路延展里程一次性达到 6 003 千米，其中时速 250 千米的线路延展里程达到 846 千米，这在世界上绝无仅有。京哈、京沪、京广、陇海、沪昆、胶济、广深等既有繁忙干线，既开行时速 200 千米及以上动车组列车，又开行 5 000～6 500 吨货物列车和双层集装箱列车，这种速度、密度、重量并举的既有线提速技术运输组织方式，是世界上独一无二的。铁路第六次大面积提速，释放和发展了运输生产力，优化了运力资源配置，客运和货运能力分别增长 18%、12%，为经济社会发展做出了新的贡献。可见，铁路提速所产生的影响和带来的变化，大大超过了提速本身。它不仅推动了铁路基础设施的改善，技术进步的加快和服务质量的提高，还带来了干部职工思想观念的转变，服务意识的增强，有力地促进了铁路的改革发展。

（二）货运重载战略

重载运输是除高速铁路以外，铁路现代化的又一个标志。重载运输是在先进的铁路技术装备条件下，扩大列车编组，提高列车重量的运输方式。

国际重载协会认为，重载铁路必须满足以下三条标准中的至少两条：经常、定期开行或准备开行总重至少为 8 000 吨的单元列车或组合列车；在长度至少为 150 千米的线路区段上，年计费货运量至少达 4 000 万吨；经常、正常开行或准备开行轴重 27 吨以上（含 27 吨）的列车。

世界上开展重载运输的国家还不是很多，只有澳大利亚、加拿大、中国、南非、美国、俄罗斯、巴西等国土幅员辽阔、资源丰富、铁路较为发达、大宗货物运输较多的国家有开通。当然，更主要的原因还是重载运输对铁路线路、机车车辆、行车组织等方方面面的要求比较高，一般国家目前还难以达到。正因为如此，重载运输才算得上未来铁路发展的方向之一。

重载运输对铁路线路有何特殊要求呢？由于重载运输的列车重量往往在 8 000 吨以上，按目前每节车载重 70、80 吨计算，大约需要 100 多节，连接起来有 1 000 多米之长。所以停靠重载列车的车站站线有效长度基本要达到 1 050 米，最好达到 1 700 米。另外，重载列车拉得多，爬坡自然困难，因此线的最大坡度不能超过 8‰～9‰，也就是说每 1 000 米的铁路线的上升幅度不得超过 8～9 米。因为载重量大，一般的轨道无法承载，必须铺设或更换每米重 60 千克以上的高强度钢轨，并配套同等强度的其他轨道构件。在有条件的线路地段，尽可能地铺设全断面淬火钢轨无缝线路，采用弹性扣件、硬质碎石道床、钢筋混凝土轨枕以及强化路基等。

重载运输的机车车辆最起码要拉得动、装得多、经得住折腾。拉得动是指牵引机车的功率要足够大，一台不够就用两台甚至三台。不过，使用的机车越多，协调越难，要求的行车技术越高。车辆要采用新材料、新结构和新工艺，尽可能减轻车辆本身的自重，增加货物的载重量。另外在车辆体积不超过一定的轮廓范围（即机车车辆限界）的同时，尽可能扩大车辆的容积。重载列车爬坡难，下坡也难。在长大下坡区段，只依靠机车的制动力很难将整个列车停住，这是因为数量众多的车辆下滑力大大超过机车的制动力。如果车辆仍按常规设计，列车在长大下坡地段就会发生颠覆事故。为此，重载列车中的部分车辆必须安装双管制动系统，使一部分车辆参与机车的制动，才能和其余车辆的下滑力相平衡，确保下坡地段的列车安全。开行重载列车的目的之一就是要降低运输成本，提高车辆的运用率。因此，重载列车一般均是采用固定编组的形式循环往复运行。这种固定编组循环运行列车的车辆结构必须牢固可靠，无需经常修理。

铁路重载货物运输是一项综合性的系统工程，它既包括了牵引动力、装货车辆、列车制动、多机牵引的同步操纵、线路结构、站场设置、电力供应等适合重载列车组成和运行的技术和装备，同时还包括重载运输要求的货源货流组织、列车装卸、行车安全、运营管理等不同于普通货物列车的运输组织方法，同时列车重量和长度的增加，也引出了列车动力学、轮轨关系、电子技术应用等许多新课题。各国铁路针对重载运输中的关键技术和运营问题，进行了大量研究工作，广泛采用了大轴重、长编组、交流机车及分散布置、机车遥控、长寿命轨道结构、重型钢轨、可动心轨大号道岔、径向转向架和铝合金等新型货车、电空制动、自动装卸车系统、固定联结杆连挂装置等技术，不断促进铁路重载运输的发展。

大秦线是中国铁路重载运输第一线，大秦线西起山西大同、东至河北秦皇岛，纵贯晋冀京津四省市，全长 653 千米，担负着全国六大电网、五大发电公司、380 多家主要电厂、十大钢铁公司和 6 000 多家工矿企业的生产用煤和出口煤炭运输任务，煤炭运量占全国铁路煤运总量的近 1/7，用户群辐射到我国 26 个省市区以及 15 个国家和地区。大秦线年设计运输能力 1 亿吨，一期工程的韩家岭至大石庄区段于 1988 年 12 月 26 日开通，二期工程的大石庄至柳村南区段于 1992 年 12 月 1 日开通。大秦铁路作为我国最重要的煤炭运输通道，经过持续扩能改造和技术创新，在机车同步操纵技术、大吨位货车制造与使用技术方面取得了突破性进展，在世界上首次实现机车无线同步操纵技术与 GSM-R 技术结合，在运力资源配置和运输组织上形成了独特的集疏运体系，大幅度提升了这条重载铁路的运输能力。大秦铁路大量开行 1 万吨和 2 万吨重载列车。2014 年 4 月 2 日 6 时 31 分，一列由 4 台电力机车牵引、编组 320 辆、总长 3 971 米、满载 3 万吨煤炭的试验列车，由北同蒲线袁树林站始发，经过12 小时 25 分钟、738.4 千米的运行，于当日 18 时 56 分安全顺利到达终点站大秦线柳村南站，3 万吨重载列车运行试验取得圆满成功，实现了我国铁路重载列车牵引重量从 2 万吨到 3 万吨的跨越，使我国成为世界上仅有几个掌握 3 万吨铁路重载技术的国家之一。这是我国铁路重载技术创新的重大突破，是我国铁路重载运输发展的新的里程碑。

四、客货运输改革深入推进、运输服务实现重大进步

改革创新是铁路奋进曲中永恒的旋律。中国铁路解开"破"与"立"的方程式，加强运输组织部署，调整运输供给结构，大力推进体制机制改革。从铁道部到中国铁路总公司再到中国国家铁路集团有限公司，铁路资源管理和运输生产力布局在不断优化调整，促进了运输服务转型升级。

党的十九大以来，铁路深化运输供给侧结构性改革，深入实施货运增量行动、客运提质计划和复兴号品牌战略，着力增加和优化客运供给，有效提高货运市场竞争力，持续提升运输服务和经营管理水平，人民出行和货物流转更加高效，交出了一张张亮丽的成绩单。

放眼神州大地，万里铁道风笛嘹亮，复兴号奔驰在祖国广袤的土地上，半日往返千里，让更多旅客感受复兴号的高品质服务。运营时速 350 千米的复兴号投入使用以来，铁路部门不断扩大复兴号开行规模和覆盖范围，深化复兴号客运服务品牌创建活动。

顺应时代发展，铁路开启 12306 网上订票，推动"一日一图"常态化，开发以复兴号为引领的系列化客运新产品，推广应用电子客票，提升智能化服务水平，积极推进市域铁路列车公交化开行等一系列不断改善提高的服务措施，让人民群众有了更多的安全感、获得感、幸福感。彻夜排队、一票难求的记忆已渐渐淡去，逐步消失在历史的长河中。2019 年全国铁路旅客发送量已达 36.60 亿人次。

在铁路客运服务质量全面提升的同时，中国铁路货运服务质量也保持着飞速的发展。路网运输能力和效率显著提升，货物发送量已稳居世界第一；品类全覆盖、服务全流程、经营全方位、管理全过程的货运组织改革成效显著，铁路现代物流发展迅速；搭建 95306 大宗商品服务平台，实现线上线下全覆盖。在国家重点物资运输、专业化运输方面，铁路以"六线六区域"为重点，继续加大西煤东运、北煤南运力度，全力承接港口疏港物资"公转铁"运量，大力发展集装箱多式联运业务，实现了全年货运增量以及集装箱、商品汽车和冷链物流运量的显著增长。2019 年全国铁路货运总发送量达 43.89 亿吨。全国 2014～2019 年客货发送量如图 1-19 所示。

全国铁路旅客发送量

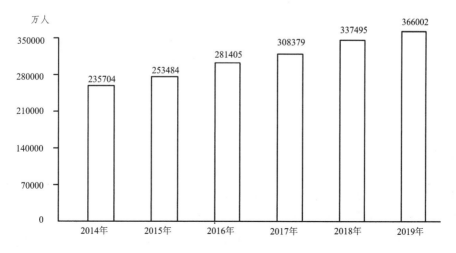

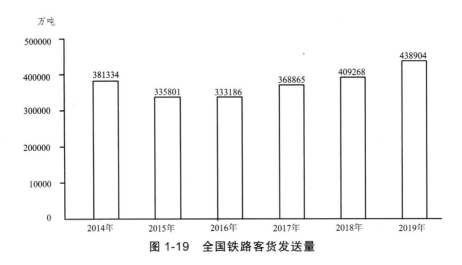

全国铁路货运总发送量

图 1-19 全国铁路客货发送量

五、铁路安全风险管理深入推进、运输安全持续稳定

深刻吸取"7·23"甬温线动车事故教训，从铁路安全工作规律出发，推进安全风险管理，围绕加强基础工作、强化过程控制、搞好应急处置等重点任务，建立和完善了一系列制度措施。按照"问题在现场、原因在管理、根子在干部"的思路，坚持从管理入手强化安全工作，促进了安全管理规范化、系统化、科学化。针对铁路安全风险特点，构建安全风险控制体系，不断加强对安全生产的有效掌控，稳步提升安全管理水平。在新建铁路特别是高速铁路大量投入运营、外部环境条件日益复杂的情况下，铁路安全实现持续稳定，杜绝了重特大铁路交通事故的发生，杜绝了客车较大责任事故的发生，是我国铁路历史上最为安全稳定的时期。

六、管理体制的创新

根据十二届全国人大一次会议批准的《国务院机构改革和职能转变方案》，实行铁路政企分离，组建中国铁路总公司，推动铁路走上了企业化、市场化运行轨道。着眼于增强铁路发展活力，加强顶层设计，完善制度体系，理顺总公司和铁路局两级法人企业的管理关系，确立铁路局市场主体地位，初步形成了适应社会主义市场经济要求的铁路管理体制和运行机制。按照国务院33号文件精神，深入推进铁路投融资体制改革，实行铁路分类建设，设立铁路发展基金，拓展铁路融资渠道，努力实现铁路建设和发展的良性循环。

目前，中国国家铁路确立了中国国家铁路集团有限公司（简称国铁集团）、铁路局集团有限公司（简称铁路局集团公司）、站段三级管理体制。国铁集团是经国务院批准，依据《中华人民共和国全民所有制工业企业法》设立，注册资金 10 360 亿元，由中央管理的国有独资企业。国铁集团以铁路客货运输服务为主业，实行多元化经营。负责铁路运输的统一调度指挥，负责国家铁路客货运输经营管理，承担国家规定的公益性运输，保证关系国计民生的重点运输和特运、专运、抢险救灾运输等任务的成功完成。负责拟定铁路投资建设计划，提出国家铁路网建设和筹资方案的建议。负责建设项目的前期工作，管理建设项目。负责国家铁路运输安全，承担铁路安全生产主体责任。铁路局是从事运输生产活动、具有法人地位、相对独立的经济组织，主要负责管内运输组织指挥工作。目前国铁集团下设18个铁路局集团公司和3个铁路专业运输公司，18个铁路局集团公司分别是中国铁路哈尔滨、沈阳、北京、太原、呼和浩特、郑州、武汉、西安、济南、上海、南昌、广州、柳州、成都、昆明、兰州、乌鲁木齐局集团有限公司和中国铁路青藏集团有限公司，以及中铁集装箱有限责任公司、中铁特货物流股份有限公司、中铁快运股份有限公司。站段是直接从事运输生产经营和安全管理的基层单位。各站段下设车间（领工区、队）、班组（工区）。站段按工作性质划分为运输单位、保障单位和服务单位。

（1）运输单位是指直接承担运输任务的基层站段。

车站是铁路运输生产的基层单位，是办理旅客和货物运输、货物装卸的生产场所。车站按生产任务量的大小和在国家政治、经济上的地位，分为特等、一等、二等、三等、四等、五等站六个等级；按技术作业的区别分为中间站（包括会让站、越行站）、区段站和编组站；按业务性质分为营业站和非营业站，营业站又分为货运站、客运站和客货运站。特等站一般为独立的基层单位，负责客货列车运输组织、列车编组和货物装卸等。

车务段是负责一、二、三、四、五等站的行政和客货运业务管理的基层单位，有的车务段还管辖特等站。

机务段是负责机车运用和检修，保证列车、调车动力牵引状态良好的基层单位。

动车段是负责动车组检修和整备作业，保证动车组状态良好的基层单位。

工务段是负责铁路线路养护维修，保证线路平稳、畅通的基层单位。

电务段是负责行车信号设备维修、保证列车信号指挥正常的基层单位。

车辆段是负责提供客货运车辆和检修车辆运行安全的基层单位。

客运段是担当列车乘务、负责旅客和做好旅行服务工作的基层单位。

（2）保障单位是指为完成运输生产任务提供必要保障的基层单位。如负责机车牵引供电的供电段、担当线路大修养护任务的工务大修段（工程段）、负责各种生产材料供应的材料供应段等等。

（3）服务单位是指为保证各基层生产单位正常生产和铁路职工安心工作，提供各种必要生产生活服务的单位。如房建生活段等。

第三节　中国铁路的发展规划

一、《中长期铁路网规划》

第一部《中长期铁路网规划》于2004年1月经国务院常务会议讨论通过，该规划是国务院批准的第一个行业规划，也是到2020年我国铁路建设的蓝图。规划提出：为适应全面建设小康社会的目标要求，铁路网要扩大规模，完善结构，提高质量，快速扩充运输能力，迅速提高装备水平。到 2020 年，全国铁路营业里程将达到 10 万千米，主要繁忙干线实现客货分线（专门建设客运专线。在建设较高技术标准"四纵四横"客运专线的同时，为满足经济发达的密集城市群的城际间日益增长的旅客运输需求，规划以环渤海地区、长江三角洲地区、珠江三角洲地区为重点的城际快速客运系统），复线率和电化率分别达到 50% 和 50% 以上，运输能力满足国民经济和社会发展需要，主要技术装备达到或接近国际先进水平。正是 2004 年 1 月通过的这份纲领性文件，促使青藏铁路提前一年建成通车，推动了全国铁路第六次大面积提速的成功实施，让大秦铁路突破世界重载运量极限，更推动了京津城际铁路的开通运营，开辟了中国高速铁路的新纪元。

2008 年 10 月，国家发展和改革委员会批准了《中长期铁路网规划（2008 年调整）》，原《中长期铁路网规划》正式被《中长期铁路网规划（2008 年调整）》所取代。调整后的规划，将 2020 年全国铁路营业里程规划目标由 10 万千米调整为 12 万千米以上，其中客运专线由 1.2 万千米调整为 1.6 万千米，电化率由 50% 以上调整为 60% 以上。调整后的规划进一步扩大路网规模，完善布局结构，提高运输质量，体现了原规划中"快速扩充运输能力、迅速提高装备水平"的要求。

2016 年我国正进入全面建成小康社会的决胜阶段，经济社会发展面临的新趋势新机遇，对铁路发展提出新的更高要求。一是推进供给侧结构性改革，要求扩大铁路有效供给。随着我国综合实力和国民收入稳步提高，"新四化"同步发展，运输需求不断扩大，客运将保持快速增长，货运结构变化显著。着眼"两个一百年"奋斗目标，主动适应和引领经济发展新常态，保持经济中高速增长、迈向中高端水平，必然要求增加铁路公共产品和服务有效供给，注重提高供给质量和效率，降低社会物流成本，补齐基础设施短板，全面增强铁路保障能力，为经济发展增添新动能。二是拓展区域发展空间，要求强化铁路的支撑引领作用。继续实施西部开发、东北振兴、中部崛起、东部率先的区域发展总体战略，重点实施"一带一路"建设、京津冀协同发展、长江经济带发展三大战略，推进城乡一体化和新型城镇化，实施贫困地区脱贫攻坚，必然要求建设横贯东中西、沟通南北方的铁路大通道，形成区域覆盖广泛、服务层次多样的现代铁路网络，支撑陆海双向全面开放、城乡区域协调发展。三是构建综合交通运输体系，要求发挥铁路绿色骨干优势。树立绿色发展理念，贯彻生态文明建设要求，加快转变交通发展方式，推进交通运输低碳发展，提升综合运输通道效能，必然要求合理配置交通资源、优化交通运输结构，充分发挥铁路运能大、效率高、排放少、占地省的比较优势和骨干作用，为构建现代综合交通运输体系和推进生态文明建设做出新贡献。四是贯彻总体国家安全观，要求提升铁路应急保障水平。维护国家安全稳定和长治久安，推进经济建设与国防建设融合发展，必然要求强化铁路快速投送能力，有效增强国防交通保障水平；统筹布设干线通道与辅助联络线路，增强路网灵活性、通达性与可靠性，不断提升应对突发事件及自然灾害的应急保障能力。五是厚植行业发展优势，要求建设现代铁路基础网络。当前，新一轮科技革命和产业变革与我国加快转变经济发展方式形成历史性交汇。站在新的历史起点上，我国铁路具备实现由大向强发展的内在条件和外在要求，必然要求抓住机遇，顺势而为，加快构建发达完善、竞争力强、引领发展的现代铁路网，促进运营管理、服务品质、人才科技、关联产业、治理能力等全方位提升。

2016 年 7 月，国务院常务会议审议通过了新修编的《中长期铁路网规划》，重点规划了 2020 年和 2025 年铁路建设任务，对 2030 年铁路网发展目标进行展望，提出构建布局合理、覆盖广泛、高效便捷、安全经济的现代铁路网络，全面提升铁路核心竞争力和服务保障能力，通过建设铁路网这一国民经济大动脉，使其发挥稳增长、调结构的作用，从而增加有效投资、扩大消费，进而支撑起经济社会的升级发展。应当说，此次新修编的《中长期铁路网规划》是国家立足新起点、适应新形势、针对未来的铁路发展蓝图做出的一次重要调整和顶层设计，具有重要的发展意义和鲜明的时代特色。

（一）新规划的指导思想

全面贯彻党的十八大和十八届三中、四中、五中全会精神，以邓小平理论、“三个代表”重要思想、科学发展观为指导，深入贯彻习近平总书记系列重要讲话精神，按照“五位一体”总体布局和“四个全面”战略布局，牢固树立和贯彻落实创新、协调、绿色、开放、共享的新发展理念，主动适应和引领经济发展新常态，推进供给侧结构性改革，遵循铁路发展规律，发挥铁路骨干优势作用，以增加有效供给、明晰功能层次、提升服务效能、兼顾效率公平为重点，着力构建布局合理、覆盖广泛、高效便捷、安全经济的现代铁路网络，全面提升铁路核心竞争力和服务保障能力，为构建现代综合交通运输体系、促进经济社会持续健康发展、实现“两个一百年”奋斗目标提供有力支撑。

（二）新规划基本原则

1. 支撑引领、创新发展

以改革创新的精神破解铁路建设难题，推进铁路转型升级、提质增效，不断增强铁路发展动能和可持续发展能力。兼顾经济效益与社会效益，通过扩大完善铁路基础设施网络和提升铁路运输服务水平，支撑和引领经济社会相关领域深度融合发展。

2. 科学布局、共建共享

统筹考虑人口城镇布局、产业资源分布、国土空间开发、精准扶贫脱贫、对外开放合作、国防战略等经济社会发展要求，坚持“一张网”规划，强化需求导向，科学布局网络，合理确定规模，扩大有效供给，让人民群众更具获得感。

3. 层次清晰、协调优化

统筹高速与普速、新建与既有、枢纽与通道以及不同地区铁路协调发展，注重路网配套设施系统协调，强化主通道，疏通微循环，实现网络结构优化、层次清晰和效率效益最大化。

4. 衔接高效、开放融合

以开放融合理念加强与“十三五”综合交通运输体系规划的有效衔接，做好与公路、民航、水运等其他交通方式发展通盘安排，构建现代综合交通运输体系，提升综合交通服务水平和运输效率。树立开放意识和国际视野，推进周边互联互通，形成国际运输通道，扩展国际合作发展新空间。

5. 安全可靠、绿色集约

牢固树立安全发展观念，深入实施军民融合发展战略，着力提高安全性和可靠性，提高国防交通和应急保障能力。坚持绿色发展，加强生态环境保护，综合高效利用土地、通道、岸线及枢纽资源，集约和引导空间综合开发利用。

（三）规划目标

到 2020 年，一批重大标志性项目建成投产，铁路网规模达到 15 万千米，其中高速铁路 3 万千米，覆盖 80% 以上的大城市，为完成"十三五"的规划任务、实现全面建成小康社会的目标提供有力支撑。到 2025 年，铁路网规模将达到 17.5 万千米，其中高速铁路 3.8 万千米，网络覆盖进一步扩大，路网结构更加优化，骨干作用更加显著，更好发挥铁路对经济社会发展的保障作用。对 2030 年的铁路发展进行展望，届时基本实现内外互联互通、区际多路畅通、省会高铁连通、地市快速通达、县域基本覆盖。

1. 完善全国铁路网的覆盖率

完成人口达到 20 万以上城市、资源富集区、货物主要集散地、主要港口及口岸，县级以上行政区之间的相互连接，形成便捷高效的现代化铁路物流网络，构建全方位的开发开放通道，提供覆盖广泛的铁路运输公共服务。

2. 建成现代化的高速铁路网

连接主要城市群，基本连接省会城市和其他人口 50 万以上大中城市，形成以特大城市为中心覆盖全国、以省会城市为支点覆盖周边的高速铁路网。建成相邻大中城市间 1～4 小时交通圈，城市群内 0.5～2 小时交通圈。提供安全可靠、优质高效、舒适便捷的旅客运输服务。

3. 打造一体化的综合交通枢纽

与其他交通方式进行高效衔接，形成系统配套、一体便捷、站城融合的铁路枢纽，实现客运换乘"零距离"、物流衔接"无缝化"、运输服务"一体化"。

（四）规划方案

1. 高速铁路网

为满足快速增长的客运需求，优化拓展区域发展空间，在"四纵四横"高速铁路的基础上，增加客流支撑、标准适宜、发展需要的高速铁路，部分利用时速 200 千米线路，形成以"八纵八横"主通道为骨架、区域连接线衔接、城际铁路补充的高速铁路网，实现省会城市高速铁路通达、区际之间高效便捷相连。

扫描二维码观看视频：
我国中长期高速铁路规划网

024

因地制宜、科学确定高速铁路建设标准。高速铁路主通道规划新增项目原则上采用时速250千米及以上标准（地形地质及气候条件复杂困难地区可以适当降低），其中沿线人口城镇稠密、经济比较发达，贯通特大城市的铁路可采用时速350千米标准。区域铁路连接线原则上采用时速250千米及以下标准。城际铁路原则上采用时速200千米及以下标准。

（1）构筑"八纵八横"高速铁路主通道。

①"八纵"通道。

沿海通道：大连（丹东）—秦皇岛—天津—东营—潍坊—青岛（烟台）—连云港—盐城—南通—上海—宁波—福州—厦门—深圳—湛江—北海（防城港）高速铁路（其中青岛至盐城段利用青连、连盐铁路，南通至上海段利用沪通铁路），连接东部沿海地区，贯通京津冀、辽中南、山东半岛、东陇海、长三角、海峡西岸、珠三角、北部湾等城市群。

京沪通道：北京—天津—济南—南京—上海（杭州）高速铁路，包括南京—杭州、蚌埠—合肥—杭州高速铁路，同时通过北京—天津—东营—潍坊—临沂—淮安—扬州—南通—上海高速铁路，连接华北、华东地区，贯通京津冀、长三角等城市群。

京港（台）通道：北京—衡水—菏泽—商丘—阜阳—合肥（黄冈）—九江—南昌—赣州—深圳—香港（九龙）高速铁路；另一支线为合肥—福州—台北高速铁路，包括南昌—福州（莆田）铁路。连接华北、华中、华东、华南地区，贯通京津冀、长江中游、海峡西岸、珠三角等城市群。

京哈—京港澳通道：哈尔滨—长春—沈阳—北京—石家庄—郑州—武汉—长沙—广州—深圳—香港高速铁路，包括广州—珠海—澳门高速铁路。连接东北、华北、华中、华南、港澳地区，贯通哈长、辽中南、京津冀、中原、长江中游、珠三角等城市群。

呼南通道：呼和浩特—大同—太原—郑州—襄阳—常德—益阳—邵阳—永州—桂林—南宁高速铁路。连接华北、中原、华中、华南地区，贯通呼包鄂榆、山西中部、中原、长江中游、北部湾等城市群。

京昆通道：北京—石家庄—太原—西安—成都（重庆）—昆明高速铁路，包括北京—张家口—大同—太原高速铁路。连接华北、西北、西南地区，贯通京津冀、太原、关中平原、成渝、滇中等城市群。

包（银）海通道：包头—延安—西安—重庆—贵阳—南宁—湛江—海口（三亚）高速铁路，包括银川—西安以及海南环岛高速铁路。连接西北、西南、华南地区，贯通呼包鄂、宁夏沿黄、关中平原、成渝、黔中、北部湾等城市群。

兰（西）广通道：兰州（西宁）—成都（重庆）—贵阳—广州高速铁路。连接西北、西南、华南地区，贯通兰西、成渝、黔中、珠三角等城市群。

②"八横"通道。

绥满通道：绥芬河—牡丹江—哈尔滨—齐齐哈尔—海拉尔—满洲里高速铁路。连接黑龙江及蒙东地区。

京兰通道：北京—呼和浩特—银川—兰州高速铁路。连接华北、西北地区，贯通京津冀、呼包鄂、宁夏沿黄、兰西等城市群。

青银通道：青岛—济南—石家庄—太原—银川高速铁路（其中绥德至银川段利用太中银铁路）。连接华东、华北、西北地区，贯通山东半岛、京津冀、太原、宁夏沿黄等城市群。

陆桥通道：连云港—徐州—郑州—西安—兰州—西宁—乌鲁木齐高速铁路。连接华东、华中、西北地区，贯通东陇海、中原、关中平原、兰西、天山北坡等城市群。

沿江通道：上海—南京—合肥—武汉—重庆—成都高速铁路，包括南京—安庆—九江—武汉—宜昌—重庆、万州—达州—遂宁—成都高速铁路（其中成都至遂宁段利用达成铁路），连接华东、华中、西南地区，贯通长三角、长江中游、成渝等城市群。

沪昆通道：上海—杭州—南昌—长沙—贵阳—昆明高速铁路。连接华东、华中、西南地区，贯通长三角、长江中游、黔中、滇中等城市群。

厦渝通道：厦门—龙岩—赣州—长沙—常德—张家界—黔江—重庆高速铁路（其中厦门至赣州段利用龙厦铁路、赣龙铁路，常德至黔江段利用黔张常铁路）。连接海峡西岸、中南、西南地区，贯通海峡西岸、长江中游、成渝等城市群。

广昆通道：广州—南宁—昆明高速铁路。连接华南、西南地区，贯通珠三角、北部湾、滇中等城市群。

（2）拓展区域铁路连接线。

在"八纵八横"主通道的基础上，规划建设高速铁路区域连接线，进一步完善路网、扩大覆盖。

东部地区：北京—唐山、天津—承德、日照—临沂—菏泽—兰考、上海—湖州、南通—苏州—嘉兴、杭州—温州、合肥—新沂、龙岩—梅州—龙川、梅州—汕头、广州—汕尾等铁路。

东北地区：齐齐哈尔—乌兰浩特—白城—通辽、佳木斯—牡丹江—敦化—通化—沈阳、赤峰和通辽至京沈高铁连接线、朝阳—盘锦等铁路。

中部地区：郑州—阜阳、郑州—濮阳—聊城—济南、黄冈—安庆—黄山、巴东—宜昌、宣城—绩溪、南昌—景德镇—黄山、石门—张家界—吉首—怀化等铁路。

西部地区：玉屏—铜仁—吉首、绵阳—遂宁—内江—自贡、昭通—六盘水、兰州—张掖、贵港—玉林等铁路。

（3）发展城际客运铁路。

在优先利用高速铁路、普速铁路开行城际列车提升运输服务和效率的同时，规划建设支撑和引领新型城镇化发展、有效连接大中城市与中心城镇、服务通勤功能的城市群城际客运铁路。京津冀、长三角、珠三角、长江中游、成渝、中原、山东半岛等城市群，建成城际铁路网；海峡西岸、哈长、辽中南、关中、北部湾等城市群，建成城际铁路骨架网；滇中、黔中、天山北坡、宁夏沿黄、呼包鄂榆等城市群，建成城际铁路骨干通道。

2. 普速铁路网

扩大中西部路网覆盖，完善东部网络布局，提升既有路网质量，推进周边互联互通，形成覆盖广泛、内联外通、通边达海的普速铁路网，提高对扶贫脱贫、地区发展、对外开放、保护国家安全等方面的支撑保障能力。到2025年，普速铁路网规模达到13.1万千米左右，并规划扩能改造2万千米左右既有线。

（1）形成区际快捷大能力通道。推进普速干线通道瓶颈路段、卡脖子路段及关键环节的建设，形成跨区域、多径路、便捷化的大能力区际通道。结合新线建设和实施既有铁路扩能，强化集装箱、快捷、重载等运输网络，形成高效率的货运物流网，提高路网整体服务效率，扩大有效供给。

京津冀—东北通道：利用京哈、津山、沈山、哈大、集通等铁路，实施京通、平齐等铁路扩能，构建北京（天津）—沈阳—哈尔滨—绥芬河（同江）、北京（天津）—通辽—齐齐哈尔—满洲里等进出关通道，连接京津冀、辽中南、哈长城市群。

京津冀—长三角、海峡西岸通道：利用京沪、京九、华东二通道、皖赣、金温、赣龙等铁路，建设阜阳—六安—景德镇、衢州—宁德、兴国—永安—泉州等铁路，实施皖赣等铁路改造，构建北京（天津）—济南—上海（杭州、宁波）、北京（天津）—商丘—南昌—福州（厦门）通道，连接京津冀、长三角、长江中游及海峡西岸城市群。

京津冀—珠三角、北部湾通道：利用京广、京九、湘桂、焦柳、大湛等铁路，建设龙川—汕尾等铁路，实施焦柳、洛湛南段扩能改造，构建北京—武汉—广州（南宁）、北京—南昌—深圳通道，连接京津冀、中原、长江中游、珠三角及北部湾等城市群。

京津冀—西北（西藏）通道：利用京包兰、临哈、南疆以及京广、石太、太中银、兰青、青藏等铁路，实施青藏铁路格拉段、南疆铁路等扩能改造，建设柳沟—三塘湖—将军庙铁路，构建北京（天津）—呼和浩特—乌鲁木齐—喀什、北京（天津）—石家庄—太原—兰州—西宁—拉萨通道，连接京津冀、兰西城市群及西藏地区。

京津冀—西南通道：利用京广、沪昆、南北同蒲、西康、襄渝、成昆、内昆等铁路，构建北京—西安（长沙）—川、渝、黔、滇通道，连接京津冀与滇中城市群。

长三角—西北通道：利用京沪、陆桥以及宁西铁路等，实施西平铁路、宝中铁路平凉至中卫段扩能、三门峡经禹州至江苏沿海港口铁路，构建长三角—西安—乌鲁木齐—阿拉山口（霍尔果斯）通道，连接长三角、中原、关中平原、兰西城市群。

长三角—成渝通道：利用京沪、宁西、宁启、铜九、武九、武襄渝、达成、成渝等铁路，实施南京—芜湖—铜陵—九江铁路等扩能改造，建设九江—岳阳—常德、黔江—遵义—昭通—攀枝花—大理铁路，规划研究沿江货运铁路，构建上海—南京（合肥）—武汉—重庆—成都沿江通道，连接长三角、长江中游、成渝城市群。

长三角—云贵通道：利用沪昆、金温铁路等，建设宁波（台州）—金华、温州—武夷山—吉安、赣州—郴州—永州—兴义铁路，实施衡茶吉铁路扩能，构建长三角、长江中游至云贵地区通道。

长三角—珠三角通道：利用沪昆、京九、京广等铁路，实施赣韶铁路扩能，连接长三角、珠三角城市群。

珠三角—西南通道：利用京广、沪昆、渝黔、广茂、黎湛铁路等，建设柳州—梧州—广州、韶关—贺州—柳州—百色铁路，实施渝怀、黔桂、南昆铁路扩能，构建珠三角至西南地区通道。

山东半岛—西北通道：利用胶济、石德、石太、太中银、兰新铁路等，建设平凉经固原至定西等铁路，构建山东半岛西向联系通道。西北—西南通道。利用兰新、陇海、宝成、包西、兰渝、西康、襄渝、渝黔、成昆、内昆等铁路，建设库尔勒—格尔木、格尔木—成都等铁路，构建西北（含呼包鄂榆）至西南地区通道。

同时，利用大秦、神朔、朔黄、张唐、新菏兖日、山西中南部、宁西等铁路，建设蒙西至华中地区、庆阳—黄陵、庆阳—平凉、神木—瓦塘等铁路，构建西煤东运、北煤南运、海（江）铁联运大通道，完善煤炭集疏运系统，提升煤运通道能力。

（2）面向"一带一路"国际通道。推进我国与周边互联互通，完善口岸配套设施，强化沿海港口后方通道。

西北方向：规划建设克拉玛依—塔城（巴克图）、喀什—伊尔克什坦、喀什—红其拉甫、阿勒泰—喀纳斯（吉克普林）、阿勒泰—吉木乃等铁路及满都拉、乌力吉、老爷庙等口岸铁路。

西南方向：实施南宁—凭祥铁路扩能，规划建设芒市—猴桥、临沧—清水河、日喀则—吉隆、日喀则—亚东、靖西—龙邦、防城港—东兴等铁路。

东北方向：实施集宁—二连浩特铁路扩能，规划建设伊尔施—阿日哈沙特、海拉尔—黑山头、莫尔道嘎—室韦、古莲—洛古河、虎林—吉祥、密山—档壁镇、南坪—茂山、开山屯—三峰、长白山—惠山、盘古—连釜等铁路。

沿海方向：以大连、秦皇岛、天津、烟台、青岛、连云港、上海、宁波-舟山、福州、泉州、厦门、汕头、深圳、广州、茂名、湛江、海口等沿海城市及重要港口为支点，畅通港口城市后方铁路通道及集疏运体系，构建连接内陆、铁海联运的国际交通走廊。

（3）促进脱贫攻坚和国土开发铁路。

扩大路网覆盖面。建设安康—恩施—张家界、赣州—郴州—永州—兴义、阜阳—六安—景德镇、温州—武夷山—吉安、兴国—永安—泉州、黔江—遵义—昭通—攀枝花—大理、宁德—南平、瑞金—梅州、建宁—冠豸山、韶关—贺州—柳州—百色、黄陵—庆阳—平凉—固原—定西、额济纳—酒泉、汉中—巴中—南充、贵阳—兴义、黄桶—百色、涪陵—柳州、泸州—遵义、师宗—文山、临沧—普洱等铁路。

完善进出西藏、新疆通道。建设川藏铁路雅安—昌都—林芝段、滇藏铁路香格里拉—邦达段、罗布泊—若羌—和田、成都—格尔木、柳沟—三塘湖—将军庙、西宁—玉树—昌都铁路，研究建设新藏铁路和田—日喀则段，形成进出西藏、新疆、青海及四省藏区的便捷通道。

促进沿边开发开放。建设韩家园—黑河、孙吴—逊克—乌伊岭、鹤岗—富锦、创业—饶河—东方红、东宁—珲春等东北沿边铁路，芒市—临沧—文山—靖西—防城港等西南沿边铁路。

（4）强化铁路集疏运系统。以资源富集区、主要港口及物流园区为重点，规划建设地区开发性铁路以及疏港型、园区型等支线铁路，形成干支有效衔接、促进多式联运的现代铁路集疏运系统，畅通铁路运输的"最先一千米"和"最后一千米"。

上述路网方案实现后，远期铁路网规模将达到 20 万千米，其中高速铁路 4.5 万千米。

3. 综合交通枢纽

统筹运输网络格局，按照"客内货外"的原则，优化铁路枢纽布局，完善系统配套设施，修编铁路枢纽总图。创新体制机制，统筹建设运营，促进同步建设、协同管理，形成系统配套、一体便捷、站城融合的现代化综合枢纽。研究制定综合枢纽建设、运营、服务等标准规范。构建北京、上海、广州、武汉、成都、沈阳、西安、郑州、天津、南京、深圳、合肥、贵阳、重庆、杭州、福州、南宁、昆明、乌鲁木齐等综合铁路枢纽。

（1）客运枢纽。按照"零距离"换乘要求，同站规划建设以铁路客站为中心、与其他交通方式有机衔接的综合交通体，特大城市要强化铁路客运枢纽、机场、城市轨道交通的便捷联接。实施站区地上地下立体综合开发，打造高效便捷的综合客运枢纽和产城融合发展的临站经济区。同步强化客运枢纽场站设施，完善动车段（所）、客运机车车辆以及维修设施，完善客运枢纽（高铁车站）快件集散等快捷货物服务功能设施。

（2）货运枢纽。合理布局铁路物流中心、铁路集装箱中心站及末端配送服务设施，扩大货物集散服务网络。按照"无缝化"衔接要求，完善货运枢纽多式联运、集装箱运输、邮政快递运输、国际联运以及集疏运等"一站式"服务设施，提升枢纽集散能力和服务效率。优化货运枢纽编组站，完善货运机车车辆设施。布局建设综合维修基地、应急救援基地以及配套完善铁路战备设施等。以发展枢纽型园区经济为导向，推进传统货运场站向城市物流配送中心、现代物流园区进行转型发展。

二、交通强国建设纲要

建设交通强国是以习近平同志为核心的党中央立足国情、着眼全局、面向未来做出的重大战略决策，是建设现代化经济体系的先行领域，是全面建成社会主义现代化强国的重要支撑，是新时代做好交通工作的总抓手。

（一）指导思想

以习近平新时代中国特色社会主义思想为指导，深入贯彻党的十九大精神，紧紧围绕统筹推进"五位一体"总体布局和协调推进"四个全面"战略布局，坚持稳中求进工作总基调，坚持新发展理念，坚持推动高质量发展，坚持以供给侧结构性改革为主线，坚持以人民为中心的发展思想，牢牢把握交通"先行官"定位，适度超前，进一步解放思想、开拓进取，推动交通发展由追求速度规模向更加注重质量效益转变，由各种交通方式相对独立发展向更加注重一体化融合发展转变，由依靠传统要素驱动向更加注重创新驱动转变，构建安全、便捷、高效、绿色、经济的现代化综合交通体系，打造一流设施、一流技术、一流管理、一流服务，建成人民满意、保障有力、世界前列的交通强国，为全面建成社会主义现代化强国、实现中华民族伟大复兴中国梦提供坚强支撑。

（二）发展目标

到 2020 年，完成决胜全面建成小康社会交通建设任务和"十三五"现代综合交通运输体系发展规划各项任务，为交通强国建设奠定坚实基础。

从 2021 年到 21 世纪中叶，分两个阶段推进交通强国建设。

到 2035 年，基本建成交通强国。现代化综合交通体系基本形成，人民满意度明显提高，支撑国家现代化建设能力显著增强；拥有发达的快速网、完善的干线网、广泛的基础网，城乡区域交通协调发展达到新高度；基本形成"全国 123 出行交通圈"（都市区 1 小时通勤、城市群 2 小时通达、全国主要城市 3 小时覆盖）和"全球 123 快货物流圈"（国内 1 天送达、周边国家 2 天送达、全球主要城市 3 天送达），旅客联程运输便捷顺畅，货物多式联运高效经济；智能、平安、绿色、共享交通发展水平明显提高，城市交通拥堵基本缓解，无障碍出行服务体系基本完善；交通科技创新体系基本建成，交通关键装备先进安全，人才队伍精良，市场环境优良；基本实现交通治理体系和治理能力现代化；交通国际竞争力和影响力显著提升。

到 21 世纪中叶，全面建成人民满意、保障有力、世界前列的交通强国。基础设施规模质量、技术装备、科技创新能力、智能化与绿色化水平位居世界前列，交通安全水平、治理能力、文明程度、国际竞争力及影响力达到国际先进水平，全面服务和保障社会主义现代化强国建设，人民享有美好交通服务。

（三）基础设施布局完善、立体互联

1. 建设现代化高质量综合立体交通网络

以国家发展规划为依据，发挥国土空间规划的指导和约束作用，统筹铁路、公路、水运、民航、管道、邮政等基础设施规划建设，以多中心、网络化为主形态，完善多层次网络布局，优化存量资源配置，扩大优质增量供给，实现立体互联，增强系统弹性。强化西部地区补短板，推进东北地区提质改造，推动中部地区大通道大枢纽建设，加速东部地区优化升级，形成区域交通协调发展新格局。

2. 构建便捷顺畅的城市（群）交通网

建设城市群一体化交通网，推进干线铁路、城际铁路、市域（郊）铁路、城市轨道交通融合发展，完善城市群快速公路网络，加强公路与城市道路衔接。尊重城市发展规律，立足于对城市的整体性、系统性、生长性的发展要求，统筹安排城市功能和用地布局，科学制定和实施城市综合交通体系规划。推进城市公共交通设施建设，强化城市轨道交通与其他交通方式衔接，完善快速路、主次干路、支路级配和结构合理的城市道路网，打通道路微循环，提高道路通达性，完善城市步行和非机动车交通系统，提升步行、自行车等的出行品质，完善无障碍设施。科学规划建设城市停车设施，加强充电、加氢、加气和公交站点等设施建设。全面提升城市交通基础设施智能化水平。

3. 形成广覆盖的农村交通基础设施网

全面推进"四好农村路"建设，加快实施通村组硬化路建设，建立规范化可持续管护机制。促进交通建设与农村地区资源开发、产业发展的有机融合，加强特色农产品优势区与旅游资源富集区交通建设。大力推进革命老区、民族地区、边疆地区、贫困地区、垦区林区交通发展，实现以交通便利带动脱贫减贫，深度贫困地区交通建设项目尽量向进村入户倾斜。推动资源丰富和人口相对密集贫困地区开发性铁路建设，在有条件的地区推进具备旅游、农业作业、应急救援等功能的通用机场建设，加强农村邮政等基础设施建设。

4. 构筑多层级、一体化的综合交通枢纽体系

依托京津冀、长三角、粤港澳大湾区等世界级城市群，打造具有全球竞争力的国际海港枢纽、航空枢纽和邮政快递核心枢纽，建设一批全国性、区域性的交通枢纽，推进综合交通枢纽一体化规划建设，提高换乘换装水平，完善集疏运体系。大力发展枢纽经济。

（四）交通装备先进适用、完备可控

1. 加强新型载运工具研发

实现3万吨级重载列车、时速250千米级高速轮轨货运列车等方面的重大突破。加强智能网联汽车（智能汽车、自动驾驶、车路协同）研发，形成自主可控的完整产业链。强化大

中型邮轮、大型液化天然气船、极地航行船舶、智能船舶、新能源船舶等自主设计建造能力。完善民用飞机产品谱系，在大型民用飞机、重型直升机、通用航空器等方面取得显著进展。

2. 加强特种装备研发

推进隧道工程、整跨吊运安装设备等工程机械装备研发。研发水下机器人、深潜水装备、大型溢油回收船、大型深远海多功能救助船等新型装备。

3. 推进装备技术升级

推广新能源、清洁能源、智能化、数字化、轻量化、环保型交通装备及成套技术装备。广泛应用智能高铁、智能道路、智能航运、自动化码头、数字管网、智能仓储和分拣系统等新型装备设施，开发新一代智能交通管理系统。提升国产飞机和发动机技术水平，加强民用航空器、发动机研发制造和适航审定体系建设。推广应用交通装备的智能检测监测和运维技术。加速淘汰落后技术和高耗低效交通装备。

（五）运输服务便捷舒适、经济高效

1. 推进出行服务快速化、便捷化

构筑以高铁、航空为主体的大容量、高效率区际快速客运服务，提升主要通道旅客运输能力。完善航空服务网络，逐步加密机场网建设，大力发展支线航空，推进干支有效衔接，提高航空服务能力和品质。提高城市群内轨道交通通勤化水平，推广城际道路客运公交化运行模式，打造旅客联程运输系统。加强城市交通拥堵综合治理，优先发展城市公共交通，鼓励引导绿色公交出行，合理引导个体机动化出行。推进城乡客运服务一体化，提升公共服务均等化水平，保障城乡居民行有所乘。

2. 打造绿色高效的现代物流系统

优化运输结构，加快推进港口集疏运铁路、物流园区及大型工矿企业铁路专用线等“公转铁”重点项目建设，推进大宗货物及中长距离货物运输向铁路和水运有序转移。推动铁水、公铁、公水、空陆等联运发展，推广跨方式快速换装转运标准化设施设备，形成统一的多式联运标准和规则。发挥公路货运“门到门”优势。完善航空物流网络，提升航空货运效率。推进电商物流、冷链物流、大件运输、危险品物流等专业化物流发展，促进城际干线运输和城市末端配送的有机衔接，鼓励发展集约化配送模式。综合利用多种资源，完善农村配送网络，促进城乡双向流通。落实减税降费政策，优化物流组织模式，提高物流效率，降低物流成本。

3. 加速新业态新模式发展

深化交通运输与旅游融合发展，推动旅游专列、旅游风景道、旅游航道、自驾车房车营地、游艇旅游、低空飞行旅游等发展，完善客运枢纽、高速公路服务区等交通设施旅游服务功能。大力发展共享交通，打造基于移动智能终端技术的服务系统，实现出行即服务。发展“互联网＋”高效物流，创新智慧物流营运模式。培育充满活力的通用航空及市域（郊）铁路市场，完善政府购买服务政策，稳步扩大短途运输、公益服务、航空消费等市场规模。建立通达全球的寄递服务体系，推动邮政普遍服务升级换代。加快快递扩容增效和数字化转型，壮大供应链服务、冷链快递、即时直递等新业态新模式，推进智能收投终端和末端公共服务平台建设。积极发展无人机（车）物流递送、城市地下物流配送等。

（六）科技创新富有活力、智慧引领

1. 强化前沿关键科技研发

瞄准新一代信息技术、人工智能、智能制造、新材料、新能源等世界科技前沿，加强对可能引发交通产业变革的前瞻性、颠覆性技术的研究。强化汽车、民用飞行器、船舶等装备动力传动系统研发，突破高效率、大推力/大功率发动机装备设备关键技术。加强区域综合交通网络协调运营与服务技术、城市综合交通协同管控技术、基于船岸协同的内河航运安全管控与应急搜救技术等的研发。合理统筹安排时速 600 千米级高速磁悬浮系统、时速 400 千米级高速轮轨（含可变轨距）客运列车系统、低真空管（隧）道高速列车等技术储备研发。

2. 大力发展智慧交通

推动大数据、互联网、人工智能、区块链、超级计算等新技术与交通行业深度融合。推进数据资源赋能交通发展，加速交通基础设施网、运输服务网、能源网与信息网络融合发展，构建先进的交通信息基础设施。构建综合交通大数据中心体系，深化交通公共服务和电子政务发展。推进北斗卫星导航系统应用。

3. 完善科技创新机制

建立以企业为主体、产学研用深度融合的技术创新机制，鼓励交通行业各类创新主体建立创新联盟，建立关键核心技术攻关机制。建设一批具有国际影响力的实验室、试验基地、技术创新中心等创新平台，加大资源开放共享力度，优化科研资金投入机制。构建适应交通高质量发展的标准体系，加强重点领域标准有效供给。

（七）安全保障完善可靠、反应快速

1. 提升本质安全水平

完善交通基础设施安全技术标准规范，持续加大基础设施安全防护投入，提升关键基础设施安全防护能力。构建现代化工程建设质量管理体系，推进精品建造和精细管理。强化交通基础设施养护，加强基础设施运行监测检测，提高养护专业化、信息化水平，增强设施耐久性和可靠性。强化载运工具质量治理，保障运输装备安全。

2. 完善交通安全生产体系

完善依法治理体系，健全交通安全生产法规制度和标准规范。完善安全责任体系，强化企业主体责任，明确部门监管责任。完善预防控制体系，有效防控系统性风险，建立交通装备、工程第三方认证制度。强化安全生产事故调查评估。完善网络安全保障体系，增强科技兴安能力，加强交通信息基础设施安全保护。完善支撑保障体系，加强安全设施建设。建立自然灾害交通防治体系，提高交通防灾抗灾能力。加强交通安全综合治理，切实提高交通安全水平。

3. 强化交通应急救援能力

建立健全综合交通应急管理体制机制、法规制度和预案体系，加强应急救援专业装备、设施、队伍建设，积极参与国际应急救援合作。强化应急救援社会协同能力，完善征用补偿机制。

（八）绿色发展节约集约、低碳环保

1. 促进资源节约集约利用

加强土地、海域、无居民海岛、岸线、空域等资源节约、集约、利用，提升用地、用海、用岛效率。加强老旧设施更新利用，推广施工材料、废旧材料再生和综合利用，推进邮件快件包装绿色化、减量化，提高资源再利用和循环利用水平，推进交通资源循环利用产业发展。

2. 强化节能减排和污染防治

优化交通能源结构，推进新能源、清洁能源应用，促进公路货运节能减排，推动城市公共交通工具和城市物流配送车辆全部实现电动化、新能源化和清洁化。打好柴油货车污染治理攻坚战，统筹油、路、车治理，有效防治公路运输大气污染。严格执行国家和地方污染物控制标准及船舶排放区要求，推进船舶、港口污染防治。降低交通沿线噪声、振动，妥善处理好大型机场噪声影响。开展绿色出行行动，倡导绿色低碳出行理念。

3. 强化交通生态环境保护修复

严守生态保护红线，严格落实生态保护和水土保持措施，严格实施生态修复、地质环境治理恢复与土地复垦，将生态环保理念贯穿交通基础设施规划、建设、运营和养护全过程。推进生态选线选址，强化生态环保设计，避让耕地、林地、湿地等具有重要生态功能的国土空间。建设绿色交通廊道。

（九）开放合作面向全球、互利共赢

1. 构建互联互通、面向全球的交通网络

以丝绸之路经济带六大国际经济合作走廊为主体，推进与周边国家铁路、公路、航道、油气管道等基础设施互联互通。提高海运、民航的全球连接度，建设世界一流的国际航运中心，推进 21 世纪海上丝绸之路建设。拓展国际航运物流，发展铁路国际班列，推进跨境道路运输便利化，大力发展航空物流枢纽，构建国际寄递物流供应链体系，打造陆海新通道。维护国际海运重要通道安全与畅通。

2. 加大对外开放力度

吸引外资进入交通领域，全面落实准入前国民待遇加负面清单管理制度。协同推进自由贸易试验区、中国特色自由贸易港建设。鼓励国内交通企业积极参与"一带一路"沿线交通基础设施建设和国际运输市场合作，打造世界一流交通企业。

3. 深化交通国际合作

提升国际合作深度与广度，形成国家、社会、企业多层次合作渠道。拓展国际合作平台，积极打造交通新平台，吸引重要交通国际组织来华落驻。积极推动全球交通治理体系建设与变革，促进交通运输政策、规则、制度、技术、标准"引进来"和"走出去"，积极参与交通国际组织事务框架下规则、标准制定修订。提升交通国际话语权和影响力。

（十）人才队伍精良专业、创新奉献

1. 培育高水平交通科技人才

坚持"高精尖缺"导向，培养一批具有国际水平的战略科技人才、科技领军人才、青年科技人才和创新团队，培养交通一线创新人才，支持各领域各学科人才进入交通相关产业行业。推进交通高端智库建设，完善专家工作体系。

2. 打造素质优良的交通劳动者大军

弘扬劳模精神和工匠精神，造就一支素质优良的知识型、技能型、创新型劳动者大军。大力培养支撑中国制造、中国创造的交通技术技能人才队伍，构建适应交通发展需要的现代职业教育体系。

3. 建设高素质专业化交通干部队伍

落实建设高素质专业化干部队伍要求，打造一支忠诚干净担当的高素质干部队伍。注重专业能力培养，增强干部队伍适应现代综合交通运输发展要求的能力。加强优秀年轻干部队伍建设，加强国际交通组织人才培养。

（十一）完善治理体系，提升治理能力

1. 深化行业改革

坚持法治引领，完善综合交通法规体系，推动重点领域法律法规制定修订。不断深化铁路、公路、航道、空域管理体制改革，建立健全适应综合交通一体化发展的体制机制。推动国家铁路企业股份制改造、邮政企业混合所有制改革，支持民营企业健康发展。统筹制定交通发展战略、规划和政策，加快建设现代化综合交通体系。强化规划协同，实现"多规合一""多规融合"。

2. 优化营商环境

健全市场治理规则，深入推进简政放权，破除区域壁垒，防止市场垄断，完善运输价格形成机制，构建统一开放、竞争有序的现代交通市场体系。全面实施市场准入负面清单制度，构建以信用为基础的新型监管机制。

3. 扩大社会参与

健全公共决策机制，实行依法决策、民主决策。鼓励交通行业组织积极参与行业治理，引导社会组织依法自治、规范自律，拓宽公众参与交通治理渠道。推动政府信息公开，建立健全公共监督机制。

4. 培育交通文明

推进优秀交通文化传承创新，加强重要交通遗迹遗存、现代交通重大工程的保护利用和精神挖掘，讲好中国交通故事。弘扬以"两路"精神、青藏铁路精神、民航英雄机组等为代表的交通精神，增强行业凝聚力和战斗力。全方位提升交通参与者文明素养，引导文明出行，营造文明交通环境，推动全社会交通文明程度大幅提升。

三、新时代交通强国铁路先行规划纲要

铁路是国家战略性、先导性、关键性重大基础设施，是国民经济大动脉、重大民生工程和综合交通运输体系骨干，在经济社会发展中的地位和作用至关重要。为深入贯彻党的十九大做出的建设交通强国的重大决策部署，落实党中央、国务院印发的《交通强国建设纲要》，在交通强国建设中当好先行，推动新时代铁路事业高质量发展，国铁集团制定了《新时代交通强国铁路先行规划纲要》。

（一）指导思想

以习近平新时代中国特色社会主义思想为指导，全面贯彻党的十九大和十九届二中、三中、四中全会精神，坚持稳中求进工作总基调，坚持新发展理念，坚持以供给侧结构性改革为主线，坚持人民铁路为人民，聚焦交通强国铁路先行，对标国际先进标准水平，着力固根基、扬优势、补短板、强弱项，加快推动铁路发展质量变革、效率变革和动力变革，全面打造世界一流的铁路设施网络、技术装备、服务供给、安全水平、经营管理和治理水平，率先建成现代化铁路强国，为全面建成社会主义现代化强国、实现中华民族伟大复兴中国梦提供有力支撑。

（二）发展目标

从 2021 年到 21 世纪中叶，分两个阶段目标推进。

到 2035 年，率先建成服务安全优质、保障坚强有力、实力国际领先的现代化铁路强国。基础设施规模质量、技术装备和科技创新能力、服务品质和产品供给水平世界领先，运输安全水平、经营管理水平、现代治理能力位居世界前列，绿色环保优势和综合交通骨干地位、服务保障和支撑引领作用、国际竞争力和影响力全面增强。

1. 现代化铁路网率先建成

铁路网内外互联互通、区际多路畅通、省会高效连通、地市快速通达、县域基本覆盖、枢纽衔接顺畅，网络设施智慧升级，有效供给能力充沛。全国铁路网20万千米左右，其中高铁7万千米左右。20万人口以上城市实现铁路覆盖，其中50万人口以上城市高铁通达。

2. 创新引领技术自主先进

铁路自主创新能力和产业链现代化水平全面提升，铁路科技创新体系健全完善，关键核心技术装备自主可控、先进适用、安全高效，智能高铁率先建成，智慧铁路加快实现。

3. 运输服务供给品质一流

高效率的全程服务体系和高品质的产品供给体系更加完善，全国 1、2、3 小时高铁出行圈和全国 1、2、3 天快货物流圈全面形成，人享其行、物畅其流，安全优质、人民满意。

4. 铁路运输安全持续稳定

人防、物防、技防"三位一体"的安全保障体系健全有力，本质安全水平、安全预防及管控能力、应急处置及救援能力全面提升，高铁和旅客列车安全得到可靠保障，铁路交通事故率、死亡率大幅降低。

5. 运营效率效益更加优良

运输效率、资源配置效率、资本运营效率持续提升，市场规模、经营发展质量不断跃升，主要运输经济指标保持世界领先，主要经营效益指标位居世界前列，国铁资本做大做优做强，国铁集团成为世界一流企业。

6. 铁路治理体系健全高效

党对铁路的全面领导坚强有力，铁路管理体制机制更加健全，制度更加完备，人才队伍精良，市场环境优良，发展活力增强，国铁企业的行业主体作用突出，治理体系和治理能力实现现代化。

7. 绿色骨干优势充分发挥

铁路与其他交通运输方式实现深度融合、优势互补，铁路比较优势更好发挥，铁路的客货运输市场份额持续提升，在现代综合交通运输体系中的骨干作用和地位明显增强。

8. 支撑引领作用全面增强

铁路服务经济社会发展的作用更加显著，应对突发事件及自然灾害、完成急难险重任务、服务重大战略、维护国家安全的能力全面提升，铁路成为社会主义现代化建设的重要支撑。

9. 国际竞争力影响力跃升

中欧班列成为具有国际影响力的世界知名铁路物流品牌，中国成为全球铁路科技创新高地，铁路走出去的产业链和价值链向中高端聚集，中国铁路国际竞争力和影响力显著提升。

到 2050 年，全面建成更高水平的现代化铁路强国，全面服务和保障社会主义现代化强国建设。铁路服务供给和经营发展、支撑保障和先行引领、安全水平和现代治理能力迈上更高水平，智慧化和绿色化水平、科技创新能力和产业链水平、国际竞争力和影响力保持领先，制度优势更加突出。形成辐射功能强大的现代铁路产业体系，建成具有全球竞争力的世界一流铁路企业。中国铁路成为社会主义现代化强国和中华民族伟大复兴的重要标志和组成部分，成为世界铁路发展的重要推动者和全球铁路规则制定的重要参与者。

（三）主要任务

1. 建设发达完善的现代化铁路网

（1）构建现代高效的高速铁路网。

贯通高速铁路主通道，优化提升高速铁路通道网络功能和级配结构。科学有序推进区域性高速铁路建设，扩大高速铁路网覆盖范围。适时推进既有高速铁路通道的平行线路建设，强化繁忙高速铁路主通道能力。建成以高速铁路主通道为骨架、区域性高速铁路衔接延伸的发达高速铁路网，构建快速综合交通网的主骨架。

（2）形成覆盖广泛的普速铁路网。

建设川藏等进出藏、疆铁路，优化完善普铁主干线通道。加强地区开发性及沿边铁路建设，畅通铁路集疏运体系及路网"前后一千米"。实施既有线扩能改造，消除干线通道瓶颈，优化集装箱、快捷、重载等运输网，强化沿江等重点区域货运能力。建成以普铁主干线为骨架、区域性铁路延伸集散的现代化普速铁路网，形成干线综合交通网的主动脉。

（3）发展快捷融合的城际和市域铁路网。

在经济发达、人口稠密的城镇化地区构建多层次、大容量、通勤式、一体化的快捷轨道网，打造城市群综合交通网的主骨干。城市群中心城市之间及与其他主要城市间发展城际铁路，服务快速通勤及商贸出行。都市圈超大、特大城市中心城区与郊区、周边城镇组团间发展快速市域（郊）铁路，服务公交化便捷通勤出行。

（4）构筑一体衔接顺畅的现代综合枢纽。

按照"零距离"换乘要求，建设以铁路客站为中心的综合客运枢纽，强化枢纽内外交通有机衔接，促进客站合理分工及互联互通，推进干线铁路、城际铁路、市域（郊）铁路和城市轨道交通"四网融合"及与机场的高效衔接，实现换乘方便快捷。按照"无缝化"衔接要求，建设以铁路物流基地为中心的货运枢纽，完善货运枢纽集疏运体系、城市配送体系以及多式联运、换装转运体系，提升货运场站数字化、智能化水平，推动货运枢纽向现代综合物流枢纽转型。

2. 发展自主先进的技术装备体系

（1）提升基础设施技术装备水平。

提升基础设施全生命周期发展水平，推进设施数字化、智能化升级。完善无砟轨道结构体系和标准体系，优化服役性能品质，延长使用周期，提升无砟轨道紧急抢修、大修更换技术，推广应用自主先进的无砟轨道结构。推进工电技术装备标准化、简统化。自主研发新型智能列控系统、智能牵引供电系统、智能综合调度指挥系统以及新一代铁路移动通信系统。创新应用空、天、地一体化和智能化综合勘察设计装备技术。研发适应极复杂环境条件的超大、超深、超难工程建造装备技术，发展智慧工地等智能建造装备技术。

（2）加强新型载运工具研发应用。

加快复兴号系列化动车组研制，研究新一代高速动车组、智能动车组、城际及市域动车组、旅游新型列车，换代升级普速客车。研发高速货运动车组、3万吨级重载列车以及时速160千米及以上快捷货运、27吨及以上轴重重载货运、标准化集装化货运装备、新型冷链、驮背运输、跨境联运及特种货运等新型专用车辆。完善机车产品谱系，研制新一代电力、内燃、混合动力、新能源及多源制机车。研发应用智能大型养路机械、新型智能综合检测和综合作业装备以及智能检测监测、运营维护等技术。研发适应铁路走出去要求的系列载运装备及其运维体系。

（3）以新型基础设施赋能智慧发展。

加大5G通信网络、大数据、区块链、物联网等新型基础设施建设应用，丰富应用场景，延伸产业链条，统筹推进新一代移动通信专网建设，构建泛在先进、安全高效的现代铁路信息基础设施体系，打造中国铁路多活数据中心和人工智能平台，提升数据治理能力和共享应用水平。强化铁路网络和信息系统安全防护能力，确保网络信息安全。以推动新一代信息技术与铁路深度融合赋能赋智为牵引，打造现代智慧铁路系统。

3. 创新优质高效的运输服务供给

（1）构建舒适快捷的客运服务体系。

发展服务智慧工程，建设 12306 智慧服务信息系统，打造一站式全程畅行服务生态链，实现出行即服务。推进服务便捷工程，推行电子客票、刷脸进出站、无感支付、无感安检、验检合一和智能引导等便捷畅通服务，优化候乘及中转流程，完善无障碍出

扫描二维码观看视频：
铁路旅客运输服务
质量监督监察

行服务体系。打造服务满意工程，增强服务供给的市场感知和即时响应能力，建立健全服务质量标准和评价指标体系。实施服务品牌工程，深入实施高铁服务品牌战略，提升一日往返、夕发朝至等品牌优势，打响中国铁路服务品牌。

（2）发展集约高效的货运物流体系。

构建覆盖全国的铁路物流服务网络，加快人、货、车、场等全要素全过程数字化、网联化和高效匹配，发展无人智慧场站，推进货运装卸作业及物流仓储、装卸设备及配载智能化。深化"门到门"全程物流服务模式，大力发展铁路集装箱运输，提高专业物流发展水平，建设设施高效衔接、信息互联共享、装备标准统一、票据一单到底、快速换装转运的多式联运体系。发展"外集内配、绿色联运"的现代绿色物流体系。完善 95306 货运服务信息系统，构建智慧公共信息服务平台，实现在线受理、跟踪查询、电子票据、结算办理、货物交付及客户管理等一站式服务。

（3）拓展服务新业态新模式新领域。

深化铁路与旅游、文化等产业融合发展，创新旅游专列等定制产品。发展高铁＋航空、高铁＋共享汽车等联程联运服务，增设高铁无轨站。培育城际、市域（郊）新型市场，完善政府购买服务政策和市场化运营机制，扩大中短途客运市场规模。发展快捷货运和高铁快运，强化铁路运输和两端配送有机衔接，完善枢纽快运集散服务功能。依托 12306、95306 平台及铁路大数据中心，深化铁路网和互联网双网融合，发展铁路数字经济和网络经济。推动铁路与现代物流融合发展，发展互联网＋高效物流，推动铁路货运向综合物流服务商转型。

4. 厚植效率效益优良的经营实力

（1）推动效率变革提升。

创新列车运行图编制，提高调度指挥水平，优化运输产品结构，促进高普融合互补，高效配置运力资源，精准匹配市场需求。推进高铁达标提速，缩短追踪时间，优化开行方案，增加开行密度。深入挖潜提效，提高普客开行质效。实施货物列车提速达速，优化车站生产组织，发展重载直达、班列直达等先进运输组织方式，实行客车化开行管理，提高全程送达效率。完善移动装备及设施设备高效运用机制，提高使用效能和养修效率。深化生产组织和劳动组织改革，强化精细精益管理，推行智慧先进手段，优化人力资源配置，提高劳动生产效率，提高物资管理效能。

（2）做大做优做强主业。

深化运输供给侧结构性改革，扩大产品有效供给，创新市场营销体系，加强新线市场培育，提高运营管理水平，促进铁路增运、增收、增效，形成若干家营业收入规模上千亿元级的铁路运输企业集团，筑牢铁路经营发展"底盘"。向精细管理、科技进步、改革创新要效率和效益，对标高质量发展要求，突出运输效率、经营效益等指标考核导向，深化节支降耗、提质增效，多措并举降低铁路建设、运营、养维、财务等成本，不断提高运输经营发展水平。

（3）提升经营开发水平。

围绕商旅服务、物流商贸、工程建设、研发制造、网络信息、金融保险及土地综合开发等领域，深入推进资产专业化、集约化和规模化经营开发，打造若干营业收入上百亿元、过千亿元的非运输业经营板块，提高非运输业营收占比和创收创效水平。推进资产资本化、股权化和证券化，推动优质资产股改上市和上市企业再融资，积极稳妥推进国铁企业混合所有制改革，实施市场化债转股，优化资本布局和债务结构，提高资本配置效率和运营效益，放大资本功能和价值。促进国铁资本与资本市场深度融合，打造一批铁路优秀上市企业。

5. 提升持续可靠的安全发展水平

（1）提升安全生产管理水平。

树牢安全发展理念，强化红线意识，坚守安全底线，健全完善人防、物防、技防"三位一体"安全保障体系，深化强基达标，从严务实抓基层、打基础、强基本。强化安全责任体系，完善全员安全生产责任制，严格安全生产责任追究。完善依法治理体系，健全安全生产法规制度和标准规范，完善安全投入保障机制。健全预防控制体系，推进安全双重预防机制建设，强化关口前移、源头治理、科学防范和精准治安。强化重大安全关键管控措施，提高应对处置和防控能力。依法治理铁路安全环境，健全综合治理联动机制，落实各方责任，依法开展护路治路，合力建设平安铁路。

（2）确保设施设备本质安全。

完善铁路基础设施和装备安全技术标准规范，提升关键设施全生命周期安全性、可靠性、耐久性及安全防护、快速修复能力。完善铁路工程建设质量管理体系，建设铁路精品工程，确保工程建设质量安全，确保新线依法高质量开通运营。落实质量安全终身负责制，完善铁路质量标准管理和质量失信惩戒制度，严把设施设备产品源头供给质量和本质安全。深化修程修制改革，建立健全设施设备养维和评价标准体系，推进全生命周期云端智能健康管理，提高维修检修专业化、集约化、精准化、智能化及造修一体化水平。

（3）增强兴安强安保障能力。

加大智能检测监测安全保障技术应用，提高运行状态自感知、设备故障自诊断、导向安全自决策水平。加大大数据、人工智能等新技术应用，增强安全数据和问题隐患、运行状态和性能规律等集成管理、智能分析和预警预告能力。加强沿线安全防护工程建设，构建空天、地、车一体化的智能监控系统，建设自然灾害以及异物侵限、周界入侵智能监测预警系统，实现关键监测预警信息实时上车交互并与列控、调度指挥系统互联。完善自然灾害防控体系，增强铁路防灾减灾能力。在安全关键及高危工种岗位探索应用自动化、机械化、智能化技术，在有人值守岗位推行无人值守、远程监控，降低劳动强度，减少劳动用工，防范安全风险。

（4）提高铁路应急处置和救援能力。

建立健全铁路应急管理体制机制、法规制度和预案体系。加快国家铁路救援基地建设和应急救援专业化队伍建设，加强专项培训和常态化应急演练，研发高铁救援的新型技术装备，提高救援队伍专业化技术装备水平，加强特殊极端情况下应急救援技术研究应用。建立健全应急联动机制，强化社会协同能力，构建高效反应、立体联动的应急救援体系，提高应急处置能力和应急救援水平。

6. 强化科技创新的支撑引领能力

（1）推进科技创新产业化应用。

面向铁路建设、运营主战场，强化应用基础研究，深化铁路建设、运营、安全等重点领域关键技术创新和产业化应用。强化现代工程建造技术创新应用，攻克川藏铁路等艰险复杂、极端条件铁路工程建造、生态保护、运营维护等重大工程成套技术难题。推进关键技术装备自主研发和迭代升级，提升产业链现代化水平。深化基础设施及运行系统提质改造关键技术创新，提高全生命周期服役性能和运营品质。构建系统完备、先进适用、自主可控、世界领先的中国铁路技术标准体系，形成自主创新应用生态体系和全产业链体系。

（2）突破掌握关键核心技术。

面向世界铁路科技前沿，加强基础理论研究和关键核心技术攻关。深化高铁关键核心技术自主创新，系统掌握智能高铁、智慧铁路关键硬核技术，推进信息系统、关键零部件、基础元器件及基础材料等核心关键技术自主化，实现自主安全可控。加强可实现工程化、产业化的前沿技术研究，自主创新建立时速 400 千米及以上高速铁路技术标准、更快捷货运列车、更先进重载铁路等成套关键技术体系。加强高速磁浮铁路系统前沿技术研究储备，积极跟踪低真空管（隧）道高速列车等技术发展动态。

（3）完善铁路科技创新体系。

发挥我国制度优势和市场优势，强化国铁集团的主导作用，完善以企业为主体、产学研用深度融合的创新体系，构建高效开放的创新联合体，形成跨学科、跨领域的协同攻关机制。健全科技创新和成果转化激励机制，完善科技创新投入保障机制。统筹推进以国家川藏铁路技术创新中心为重点的世界级科技创新平台建设，推进资源开放共享合作，提高科技创新资源配置效率。

7. 改革创新科学高效的现代治理体系

（1）完善和发展铁路制度优势。

坚持全国一张网、全路一盘棋、铁路运输统一调度指挥，以制度优势提升铁路治理效能。推动铁路重点领域法律法规制定修订，加快构建系统完备、科学规范、运行有效的铁路制度体系，构建完善的法治化运行机制，提升依法治路和依法治企能力。运用大数据、互联网等现代信息技术提升治理体系和治理能力现代化水平。

（2）深入推进铁路企业改革。

完善中国特色国铁现代企业制度，健全公司法人治理结构和市场化经营机制。积极推动国铁资本授权经营体制改革。研究推进关联优势企业股权划入和交叉持股，优化国铁资本和铁路产业布局。完善管控模式和运行机制，优化国铁集团和铁路局集团公司两级职能及管理关系，强化国铁集团的战略决策、制度建设、资源配置、安全监督、财务管控、绩效考核等职能，在全路更好统一调度指挥、统一技术标准、统一制度规范、统一市场清算、统一监管考核；落实铁路局集团公司市场经营主体地位和安全主体责任，提升安全质量、运营管理、市场开发、增收创效、成本控制及科技创新等职能。

（3）推动布局结构优化调整。

理顺政府与企业、企业与市场、国铁集团与所属企业的关系。以股份制改造为牵引，带动国铁资本布局结构优化、经营机制改革创新、企业管理水平提升、资本价值创造放大。深入研究推动运输企业布局优化调整，推动专业运输公司向现代物流企业转型。加快合资铁路公司重组整合和股权调整，搭建干线通道铁路公司和区域铁路公司。整合重组非运输业，培育打造领军企业。

（4）建立健全市场化运营机制。

充分发挥中国铁路调度指挥中心平台作用，健全运输调度指挥制度，统筹协调跨线运输组织，高效公平配置路网资源。构建科学完善的铁路行业市场化清算体系，完善公平公开的中国铁路财务清算平台，构建统一开放、公平竞争的铁路运输市场体系。完善铁路市场化委托运输（营）管理模式。科学界定铁路公益性运输和公益性铁路范围，建立健全核算评估和补贴机制。推进铁路运价市场化改革，灵活用好运价政策。优化公平竞争的市场环境，提升优质市场的主体活力。

（5）大力培育弘扬优秀铁路文化。

推进优秀铁路文化传承创新，加强重要铁路文物、遗迹遗存、重大铁路工程的保护利用。建设铁路科创展示中心，打造铁路科技创新文化园。弘扬以青藏铁路精神为代表的铁路精神，增强行业凝聚力和战斗力。创作优秀铁路文艺精品，丰富铁路精神文化产品。讲好中国铁路故事，提高文化软实力。营造文明候乘环境，引导旅客文明出行。

8. 发挥节能环保的绿色铁路优势

（1）提高绿色铁路承运比重。

构建以干线铁路、高速铁路和城际市域铁路为骨干、与其他交通方式紧密衔接的大容量、集约化快速轨道客运系统，引导更多旅客选择铁路绿色出行，提高铁路承运比重。构建以铁路为主体的绿色低碳经济货运网络体系，推动大宗货物和中长途货物运输向铁路转移，引导适宜货源通过铁路运输，促进运输结构深度调整，降低社会物流成本。

（2）集约节约利用资源和能源。

科学布局线路和枢纽设施，集约节约利用土地、通道、桥位、枢纽及水资源，推进场站及周边综合立体联动开发。推广应用新型节能材料、工艺、技术和装备。加强新旧设施更新利用，推广建筑施工材料、废旧材料等回收循环综合利用，推进建设渣土等资源化利用。优化铁路用能结构，提升能源综合使用效能。淘汰高耗低效技术装备。推广使用能源智能管控系统，利用自然采光和通风。

（3）强化生态保护和污染防治。

践行生态选线选址理念，强化生态环保设计，依法绕避生态敏感区、脆弱区等国土空间。依法落实生态保护和水土保持措施，严守"三条"控制线，严格实施生态环境修复、地质环境治理恢复和土地复垦。推进铁路绿化工作，建设绿色铁路廊道。推进铁路清洁能源化、绿色低碳化。强化铁路节能环保监测管理，推进污染达标治理。有效防治铁路沿线噪声、振动。

9. 拓展互利共赢的开放合作空间

（1）打造互联互通铁路通道网络。

积极推进与周边国家铁路基础设施互联互通，构建互联周边、联通亚欧、辐射"一带一路"的铁路国际运输大通道。加强与其他国家铁路规划建设对接，注重分类施策，推进重点项目共商共建共享。加快西部陆海新通道建设，高效衔接"一带一路"，提升内联外通水平，助力陆海双向开放。

（2）完善国际铁路物流服务体系。

围绕发挥中欧班列战略通道作用，开辟境外新通道，培育班列枢纽城市，合作建设境外枢纽节点，形成便捷高效的国际铁路联运网络。加强统一品牌建设，推进智慧便利大通关，打造丝路数字班列。优化班列运行线路，促进中转集结和集拼集运，完善境外经营网络，扩展稳定回程货源，统筹推进铁海联运，拓展供应链服务，提高班列发展质量效益。深化多层次多领域合作，建立统一规则体系，发挥中欧班列运输联合工作组作用，完善班列国际合作机制。

（3）深化铁路国际交流与合作。

积极主办或参与高水平国际铁路交流活动，加强铁路国际交流互鉴和对外宣传。完善国铁集团在企业层面牵头铁路走出去工作机制。发挥中老铁路、雅万高铁"一带一路"标志性工程项目示范引领作用，推进铁路全方位高质量走出去。积极参与铁路国际组织重要活动，深化铁路国际规则和标准制定合作，不断增强在铁路国际组织中的话语权。加快中国铁路技术标准国际化，提升中国铁路品牌的国际影响力。

10. 突出精良专业的人才队伍建设

（1）造就高水平科研人才。

加大科技拔尖人才培养和引进，设立高端创新人才工作站，造就一批高水平的铁路科技领军人才、青年科技人才和创新团队。推进铁路高端智库建设，培养和引进高端智库型人才。加强铁路国际性人才培养，形成一批熟悉国际规则、具有国际视野的专家、学者和科研团队，建立健全国际铁路组织人才输送机制。

（2）建设高技能产业大军。

培养涵盖铁路勘察设计、工程建设、装备制造、运营维护及科技创新等领域的专业技术人才和高技能人才，造就一支素质优良的知识型、技能型、创新型现代铁路产业队伍。加强产业技能实训基地和技能大师工作室等平台建设，建立健全首席工程师、首席技能大师等制度。弘扬新时代劳模精神和工匠精神，培养更多新时代铁路大国工匠和能工巧匠。

（3）培养高素质干部队伍。

打造一支对党忠诚、勇于创新、治企有方、兴企有为、清正廉洁的高素质铁路干部队伍。推进铁路干部交流任职，强化干部队伍梯次配备建设。大力发现培养选拔优秀年轻干部。着力培养高级管理人才特别是经营管理人才，培育壮大铁路企业职业经理人队伍。造就一批优秀铁路企业家队伍，激发和弘扬企业家精神。注重培养专业精神和专业能力，历练增强斗争精神和斗争本领。

11. 当好经济社会发展的支撑引领

（1）增强经济发展新动能。

平衡扩大有效投资和防范债务风险关系，优化铁路基础设施建设重点和投资结构方向，保持合理有效投资规模，统筹推进铁路传统基础设施建设和新型基础设施融合应用，精准补短板、强弱项、促升级、提效率，全面提升铁路基础设施体系发展质量和现代化水平。

（2）强化重大战略支撑能力。

加快实施一批战略性、标志性重大铁路项目，更好支撑京津冀协同发展、长江三角洲区域一体化发展、粤港澳大湾区建设、长江经济带发展、黄河流域生态保护和高质量发展、雄安新区建设、成渝双城经济圈建设等重大战略实施，有力支撑西部大开发、东北全面振兴、中部地区崛起、东部率先发展。加快城际和市域（郊）铁路发展，打造"轨道上"的城市群和都市圈，服务支撑城镇化高质量发展和城乡融合发展。

（3）促进扶贫减贫和国土开发。

推动革命老区、民族地区、边疆地区及中西部欠发达地区对外铁路通道建设，完善资源富集、人口相对密集地区具有扶贫减贫、国土开发及沿边开发开放功能的铁路规划建设，扩大铁路网络覆盖通达，提升铁路公共服务水平，为巩固脱贫攻坚成果、服务乡村振兴战略发挥支撑作用。

（4）推动铁路军民融合深度发展。

贯彻国家总体安全观，建立健全高效协调机制，推进铁路建设发展与国防建设、军事运输、战时应战和应急保障、科技创新和标准规范等深度融合，提升铁路对国防军队建设及国家总体安全的保障能力。增强铁路职工国家安全和军民融合意识。推进北斗卫星导航系统应用。

（5）发挥"高铁＋"支撑引领作用。

依托高铁通道和枢纽助力发展高铁经济，打造经济高质量发展新动力源。发挥高铁车站辐射带动作用，科学推进高铁站区及周边综合开发建设，发展站城一体融合的临站经济。发挥高铁通道网络优势，促进要素合理流动和资源高效配置，引导产业有序转移和推动新旧动能转换，发展高铁与城镇、产业、旅游等现代经济体系深度融合的通道经济。

（四）交通强国、铁路先行是时代的召唤

1. 交通强国、铁路先行是中国铁路的历史传承

回顾我国铁路发展历程，特别是中华人民共和国成立后的铁路发展历程，可以看到，在党的领导下，铁路勇当先行的本色始终没有变。铁路产业大军历来都极具执行力，从革命战争年代到社会主义建设时期，再到改革开放新阶段，"解放军打到哪里，铁路就修到哪里""勇当开路先锋""当好国民经济发展的火车头"……这些犹在耳畔的铮铮誓言，始终彰显着铁路人忠诚担当的政治品格，展现了铁路人奋勇争先的精神风貌。

党的十九大代表、第十二任"毛泽东号"机车组司机长刘钰峰说："与党中央保持高度一致，是我们一代又一代铁路人的政治优势。"

勇当先行的优良传统，之所以能够代代传承，是因为铁路人始终顺应时代潮流、听从时代召唤、勇立时代潮头。

"经过长期努力，中国特色社会主义进入了新时代，这是我国发展新的历史方位。"党的十九大做出的这一重大论断，吹响了全党全国人民向"两个一百年"奋斗目标、向实现中华民族伟大复兴奋勇前进的冲锋号角。

进入新时代，我国社会主要矛盾已经转化为人民日益增长的美好生活需要和不平衡不充分的发展之间的矛盾。铁路运输主要矛盾也已经由运能严重不足、无法满足正常运输需求，转化为人民日益增长的美好生活需要与不平衡不充分的运输供给之间的矛盾。这一历史性变化，对铁路工作提出了许多新要求。

作为国民经济大动脉、大众化交通工具，作为国家重要基础设施、重大民生工程，铁路必定要与伟大的时代同心同向、同频共振。抓住历史契机，发扬光荣传统，在交通强国建设中勇当先行，是新一代铁路人光荣而神圣的历史使命。

2. 交通强国、铁路先行，是中国铁路人自信的宣言

"复兴号奔驰在祖国广袤的大地上……。"习近平主席 2018 年新年贺词，给中国人民以极大的鼓舞，让 200 万铁路干部职工心潮澎湃。"复兴号高速列车迈出从追赶到领跑的关键一步。"习近平总书记在中国科学院第十九次院士大会、中国工程院第十四次院士大会的重要讲话中，再次给中国铁路人以巨大的激励和鞭策。

改革开放至今的 40 年，特别是党的十八大以来，中国铁路砥砺奋进，为我们在交通强国中当好先行创造了极为有利的条件。我国铁路技术标准和装备水平大幅提升。2014 年～2020 年，是历史上我们铁路投资最集中、强度最大的时期，到 2020 年 7 月底，全国铁路营业里程达到 14.14 万千米，其中高铁 3.6 万千米，占世界高铁总量近 70%，铁路电气化率、复线率分别居世界第一和第二位，动车组上线运营达 3665 组，电力机车占比达到 1.37 万台，载重 70 吨及以上货车占比达到 50%。高速铁路、高原铁路、高寒铁路、重载铁路等技术均达到世界先进水平。

我国铁路技术经济水平全面跃升。我国铁路客运周转量、货运发送量、换算周转量、运输密度等主要运输经济指标稳居世界第一。网上办理货运业务比例超过 70%，互联网售票比例达到 70%，人们彻夜排队购买火车票的情景已成为历史。中国高铁"四纵四横"网络提前建成运营，不仅改善了人民群众的出行条件，而且带动了沿线经济增长和相关产业结构优化升级，推动了区域、城乡协调发展和生态文明建设。

党对国铁企业的领导全面加强，我国铁路管理体制实现重大变革。国铁集团党组落实"两个一以贯之"的要求，一手抓国铁企业党的领导和党的建设，一手抓建立现代企业制度，继 2013 年 3 月顺利实施铁路政企分开重大体制改革之后，2017 年又顺利实施 18 个铁路局公司制改革和铁路总公司机关组织机构改革，国铁企业在建立现代企业制度、法治化市场化经营上迈出重要步伐。

3. 交通强国、铁路先行，是广大人民群众对铁路的殷切期待

刷脸进站、高铁订餐、自主选座、微信买票、无线上网……亿万人民群众实实在在地感受到了铁路的新变化，纷纷为铁路出行的美好体验应援、点赞。人民对美好生活需要越增长，对铁路高质量发展的期待就越迫切，越希望得到更加便捷、快速、多样化的铁路服务，由"走得了"变为"走得好"、由"苦在囧途"变为"乐在途中"、由"基本需求"变为"享受体验"……人民群众的出行需求迎来了深刻的转型升级。人民对美好生活的向往就是铁路企业的奋斗目标。顺应人民新期待，满足百姓新需求，提供更加安全、有序、温馨的服务，让广大人民群众体验更美好，铁路责无旁贷、必须先行。

客运如此，货运亦如此。广大人民群众不仅希望有货运得出、运得畅，也希望运输更经济，物流成本低。降低全社会物流成本，铁路在行动。2017年，铁路降低电气化附加费；通过取消合并等措施，调整12项货运杂费；规范专运线代运营、代维护收费和其他货运经营服务性收费项目，累计为客户节约物流成本近100亿元。数据显示，铁路货物周转量在全社会货物周转量中的占比每提高1个百分点，可使社会物流成本在GDP中的比重降低0.05个百分点、节省约400亿元，提升铁路运输市场份额对于降低社会物流成本具有显著效果。对比全社会货物运输成本和货物周转量可以看到，目前，铁路以7%的运输费用承担了14%的货运任务，在彰显重大责任感的同时，充分反映了铁路扩大运输市场份额还有着很大的发展空间。

践行创新、协调、绿色、开放、共享的新发展理念，充分发挥铁路在综合交通运输体系中的骨干作用，实现节能降耗、降低物流成本，铁路必须以只争朝夕、时不我待的责任感和使命感勇于担当、奋勇前行，让人民群众有更多的幸福感、获得感、安全感。

4. 交通强国、铁路先行是铁路服务国家战略的必然选择

国家铁路的战略定位，决定了中国铁路必须鼎力担当、先行发展。2018年2月28日，备受世人瞩目的北京至雄安铁路正式开工。不久的将来，以京津雄为核心、辐射全国的高铁通道将精彩呈现，铁路对县级行政区和京津冀核心区10万人口以上中心城镇将全部覆盖。在长江经济带发展规划上，铁路的战略支撑作用同样引人注目。到2020年，呈现在世人眼前的将是一张与长江经济带"一轴、两翼、三极、多点"新格局相适应的多节点、网格化、高效率现代化铁路网，将是一个"带内畅通、南北通达、辐射全国"的铁路客运网络和铁水分工合理、相互融合的综合物流运输体系。

2016年、2017年，习近平主席先后出席在波兰举行的中欧班列首达波兰（欧洲）仪式、在哈萨克斯坦举行的中哈亚欧跨境运输视频连线仪式。时至今日，中欧班列已成为"一带一路"建设的标志性成果。实现区域协调发展，推动"一带一路"建设，要求铁路搭建起新通途。打赢蓝天保卫战、打好精准脱贫攻坚战，同样呼唤铁路展示新作为。

2019年年初，唐山市政府与铁路共同开启曹妃甸港铁路集疏运体系建设，紧锣密鼓"公转铁"，2018年铁路将承担1 500万吨疏港物资运输，2019年将达到4 000万吨。2020年，京津冀区域"公转铁"将达到2亿吨以上，可减排氮氧化物16.5万吨，这个数字是京津冀地区机动车大气污染排放量的18%。

5. 交通强国、铁路先行是铁路高质量发展的应有之义

铁路实现高质量发展，必须明确历史方位，坚持目标和问题导向，既要乘势而上，又要迎难而上，切实解决好高质量发展过程中面临的困难和挑战。

我国是世界上高铁建设和运营规模最大的国家，也是高铁运营场景和外部环境最为复杂的国家。尤其是站在世界领先位置继续前进，没有可借鉴的现成经验和坐标。探索和把握高铁发展规律，提升安全保障能力，实现高铁持续安全，还有大量难题需要攻克。

（五）交通强国、铁路先行，实现铁路现代化

复兴号风驰电掣，奔驰在祖国广袤的大地上；中国铁路标准走出去，落户印尼雅万、中

老铁路、中泰铁路；中欧班列日夜驰骋，构建"一带一路"铁路国际物流体系。

中国铁路奋勇当先，全路正按照国铁集团党组的部署，在安全、运营、建设发展、改革创新、党的建设等各方面努力奋斗，像永不停歇的火车头，开启率先实现铁路现代化的新征程。

1. 中国铁路安全发展，体现了总体国家安全观的重要思想

铁路先行，安全最重要。党的十九大报告中 55 次关于"安全"的表达，充分体现了习近平总书记提出的总体国家安全观，昭示了党对人民的深情大爱。

推进铁路高质量发展，最有力的保障是安全，最重要的指标是安全，最大的风险和挑战也是安全。中国特色社会主义进入新时代，国铁企业以习近平新时代中国特色社会主义思想为指导，持续为全面建成小康社会和现代化建设提供强有力支撑，必须确保铁路特别是高铁和旅客安全万无一失。确保高铁和旅客安全万无一失，是政治红线。在全面建成小康社会决胜期、"两个一百年"奋斗目标历史交汇期，铁路发展劲头十足，高铁列车大量开行，工程项目纷纷上马，安全形势错综复杂。越是领跑，越要践行安全发展理念，坚持安全第一、预防为主、综合治理，持续提升人民的获得感、幸福感、安全感。确保高铁和旅客安全万无一失，是职业底线。安而不忘危，治而不忘乱。安全生产始终是铁路人的神圣职责，居安思危、知危图安、尽职尽责、主动担当，用最严密的制度、最可靠的技术、最有效的措施，构建人防、物防、技防"三位一体"安全保障体系。

（1）坚持不懈强化安全管理基础。

健全覆盖各层级各岗位的安全生产责任制和安全履职考评考核机制，形成更加科学规范的安全生产责任体系，建立各专业上下贯通、横向衔接的专业管理体系和工作机制，优化生产组织和劳动组织，强化主要行车工种岗位准入管理，保证关键岗位人员素质动态达标。

（2）坚持不懈强化设备质量基础。

加强设备质量源头控制；探索实行主要行车固定设备等级管理，优化配置检修维护资源，逐步实现关键设备、部件寿命期健康管理，创新高铁基础设施维护管理模式，推进高铁工务、电务、供电现场综合维修生产一体化；深化移动设备修程修制改革，推动实现专业化集中检修；推进安全检测监测设备统型和功能融合共享，提升设备质量技防能力。

（3）坚持不懈强化现场控制和应急处置。

进一步推进安全生产标准化建设，提升站段组织控制能力、车间班组现场管控能力；严格落实安全风险管控和隐患排查治理双重预防机制；加强应急救援指挥体系和应急处置能力建设，实现现场应急处置规范有序。

（4）为确保高铁和旅客安全万无一失，还需要综合治理。

需全面提高高铁环境治理和安防水平，打造平安铁路，使铁路先行的基础坚如磐石。

2. 中国铁路精准发力，不断深化铁路运输供给侧结构性改革

进入新时代，人民群众对铁路运输和服务品质的要求越来越高。国铁集团紧紧抓住人民日益增长的美好生活需要与不平衡不充分的铁路运输供给这一主要矛盾，着力于铁路运输质量变革、效率变革、动力变革，推出了一系列重大举措。

（1）推行客运提质计划，不断满足人民群众对美好旅行生活的需求。

加快推进旅客运输由生产组织向市场经营的转型发展，准确把握市场需求，挖掘运输潜力，创新高铁产品市场化开行机制，最大限度增加有效供给。进一步改善旅客出行体验，优化完善12306网站和手机App服务功能，推进高铁主要车站Wi-Fi系统建设，扩展车站服务台功能，加强重点旅客服务，扎实开展站车"厕所革命"，构建动车组列车市场化票价体系，理顺动车组列车各席别票价比价关系，完善"铁路畅行"服务体系，引入社会优势资源搭建动车组Wi-Fi出行服务平台，不断满足大众化、个性化、信息化和智能化出行需求。

（2）开展货运增量行动，为打好污染防治攻坚战特别是打赢蓝天保卫战做出应有贡献。

全面贯彻落实习近平总书记关于调整运输结构、增加铁路货运量的重要指示精神，提高政治站位，强化责任担当，巩固扩大铁路货运量快速增长态势。坚持目标导向，实现货运增量三年行动目标。坚持抓重点、补短板、强弱项，围绕扩大北煤南运直达和快捷运输能力、打通京津冀和长江经济带运输瓶颈、解决好"前后一公里"运输，加大货运设施设备投入力度。优化运输组织，打好"六线六区域"攻坚战。坚定不移地推进货运承运清算和货票电子化，全面改革创新铁路货运管理体系。加强与地方政府和上下游企业的合作，积极为铁路货运增量创造条件。

（3）实施复兴号品牌战略，稳步扩大复兴号开行范围。

建成复兴号系列产品体系、技术体系和运营管理体系，将复兴号打造成为新时代中国高铁的标志性品牌，扩大通达覆盖地区，扩大时速350千米运营，推动复兴号走出去。全面强化复兴号安全保障措施，坚守确保高铁和旅客安全的政治红线和职业底线，强化动车组质量管控，提升运营安全管理水平。不断提升复兴号客运服务品质，打造复兴号客运服务品牌，推进"高铁网＋互联网"的"双网融合"，强化客运服务保障。全面推进复兴号技术创新，加快研制系列产品，深入推进京张高铁复兴号智能型动车组重大科研攻关。强化复兴号品牌战略组织保障，加强高铁人才培养，做好复兴号品牌宣传，进一步做强做优复兴号品牌。

（4）以改革开放为动力，依靠科技创新和管理创新双轮驱动，全面推动铁路高质量发展。

3. 中国铁路建成发达完善的现代化铁路网，是铁路先行的重要标志

铁路先行，需要科学有序、安全优质推进铁路建设。适应新的形势新的要求，铁路建设要更加注重服务国家战略，更加注重质量安全，更加注重投资效益，更加注重为运输经营服务，更加注重改革创新，更加重视依法依规建设，推动铁路建设沿着正确方向持续健康发展。

（1）强化对国家战略的支撑保障作用。紧密对接国家发展战略，确保京张高铁按期建成开通，为北京冬奥会提供高质量的运输服务保障；加快推进京津冀和雄安新区铁路规划建设，优化完善长江经济带区域铁路规划，服务国家区域协调发展战略。

（2）科学做好项目规划和前期工作。突出补短板、重配套、强弱项，优先安排服务国家战略、提升路网整体功能、促进综合交通融合发展的项目，着力解决铁路发展不平衡不充分的问题。严把项目前期工作质量，建立评价机制，提升建设项目的经济性。

（3）依法依规推进项目实施。加强沟通协调，形成攻坚合力。对在建项目，严把工期节点；对计划开通项目，严格验收程序，按期开通运营；对拟新开工项目，全面落实各项前置条件，务求高质量开工。

（4）加大质量安全管控力度。建立健全铁路建设质量安全管控体系，严格落实质量安全红线管理规定，严格合同管理，完善参建企业和供应商信用评价体系，落实质量终身负责制。

（5）全面强化管理责任。整合优化工程质量监督力量，深化建设标准化管理，深化铁路分类分层建设，推行委托运输与委托代建相结合等模式，依靠高质量管理推进铁路建设高质量发展。

（6）全力打造精品工程。以"精品工程、智能京张"和北京至雄安城际铁路为重点，精细设计、精益建造，推广先进施工技术，创新工装工艺工法，打造一批精品工程，实现从设计水平、建造质量到运营功能的系统最优。以一流的铁路建设管理、一流的铁路建造技术、一流的铁路工程质量，打造世界一流的高铁网。当代铁路人正在彰显着开路先锋的气魄和作为。

4. 中国铁路的最大优势，是坚持党的领导、加强党的建设

全面推进党的政治建设、思想建设、组织建设、作风建设、纪律建设，把制度建设贯穿其中，深入推进反腐败斗争。

（1）坚定不移推进政治建设。坚持以"四个意识"为政治标杆，坚决维护习近平总书记的核心地位，坚决维护党中央权威和集中统一领导，确保国铁企业改革发展的正确方向，严守党的政治纪律和政治规矩，严肃党内政治生活，不折不扣贯彻落实党中央决策部署和对铁路工作的指示要求，完成党中央交给的各项工作任务。

（2）坚定不移推进思想建设。坚持用习近平新时代中国特色社会主义思想武装思想、指导实践、推动工作，深入开展"不忘初心、牢记使命，交通强国、铁路先行"宣讲活动，大力培育铁路企业文化，精心讲好铁路故事，教育引导200万干部职工坚定理想信念，坚持不懈奋斗。

（3）坚定不移推进组织建设。适应新时代铁路改革发展新要求，坚持党管干部、党管人才原则和好干部标准，着力提升领导班子整体功能，深入推进"百千万人才"工程，全面加强领导班子和干部人才队伍建设。推进"两学一做"学习教育常态化制度化，深入推进运输一线党支部建设三年基础工程，修订和落实铁路企业党支部建设纲要，实施"三会一课"质量年，制定落实铁路企业党建工作责任制实施办法，形成加强基层党建工作合力。

（4）坚定不移推进作风建设。

认真落实习近平总书记关于进一步纠正"四风"、加强作风建设的重要批示，严格执行铁路总公司党组关于贯彻落实《中共中央政治局贯彻落实中央八项规定实施细则》的实施办法，对规避组织监督、顶风违纪的，无论职务高低，坚决从严查处、通报曝光。

（5）坚定不移推进纪律建设。

认真贯彻落实党风廉政建设责任制实施办法，全面推动"两个责任"落实，聚焦政治纪律、组织纪律、廉洁纪律、群众纪律、工作纪律、生活纪律"六项纪律"，发挥巡视利剑作用，用好监督执纪"四种形态"。

【训练与思考】

1. 参观铁路博物馆、铁路企业等单位，使学生亲身感受我国铁路事业的发展。

2. 专题研讨会。

（1）研讨题目：《与中国铁路同行》《中国铁路的改革发展之路》。

（2）方法：

• 将学生随机分为两大组，每个大组中 3~4 人为一小组。

• 学生抽取研讨题目，提前一周将研讨题目及要求通知学生准备。

• 每小组根据研讨主题确定小组发言主题，并围绕小组主题收集有关资料和信息，通过小组讨论，形成小组观点，撰写发言提纲及论文。论文文体不限，可以是案例分析、调研报告、论文，也可以是其他文件，字数 1 800~2 000 字，并附有中、英文摘要。专题研讨会由 1~2 名学生主持。

• 每个小组发言时间不超过 15 分钟，其中一人为主发言，约 10 分钟，小组其他学生补充发言共约 5 分钟。

• 每个小组发言后，由教师提问，该组学生记录老师提问后，可立即发言，也可在各小组发言后集中回答。

• 研讨会结束时，由教师对研讨会的情况进行点评。

（3）目的和要求：专题研讨会注重知识的应用，体现语言表达能力、信息处理能力、自学能力、合作协调能力、外语能力的培养，从而树立学生立足铁路、服务铁路的信心和决心，思考如何适应铁路职业生活。

第二章　铁路职工职业素质

【任务与学习】

1. 了解铁路"高、大、半"的行业特征。
2. 掌握铁路职工职业素质的要求。
3. 了解铁路职业素质培养的基本途径。

第一节　中国铁路的行业特征

铁路运输企业是社会化大生产的行业代表，点多线长、互联成网、覆盖省区、贯通全国，是一个时空、地域跨越广阔的超大型企业。为了完成运输生产任务，要求车、机、工、电、辆等各系统、各部门、各单位和各工种紧密联系、协同动作。因此，我们通常将铁路运输企业表述为具有"高、大、半"性质的企业。

一、高度集中

高度集中是由铁路的自然属性所决定的。从自然结构上看，铁路点多线长、纵横交织、连片成网，基层单位和人员流动分散，遍布全国各地，属典型的网络型产业，具有规模型、范围型经济和网络型结构的特性。这一特性决定了铁路只有保持路网功能的完整性和运输组织的统一性，实行一体化的规范运作，才能有效发挥路网的整体功能，维护正常的运输生产秩序，释放和发展运输生产力，保证有限运力资源的使用达到最高的效率和最佳的效益。从运输管理上看，在我国四通八达的铁路网上，每天有成千上万的客货列车昼夜不间断的快速运行，运输组织和日常管理极为复杂，必须实行集中统一指挥，按照科学合理的运输组织方案、列车运行图，组织全路车务、机务、工务、电务、车辆等生产站段所组成的庞大、复杂的运输生产体系来完成。只有这样，才能保证铁路运输的正常有序，列车的安全运行。从社会职能上看，铁路作为国民经济的大动脉，交通运输体系的骨干，是国家重要的宏观调控工具，必须坚决贯彻落实党中央、国务院关于国民经济发展宏观调控的战略决策和部署，从全国一盘棋的大局出发，服从服务于我国经济社会发展的总体规划。这就要求铁路职工一定要牢固树立全局观念和整体意识，顾大局、识大体、讲团结、做奉献，始终把国家和人民的利益放在第一位。按照高度集中、统一指挥的原则，坚决做到局部服从整体、小局服从大局。

二、大联动机

铁路运输企业本身由许多系统、单位和部门组成，运输生产的整个过程，是由车、机、工、电、辆、后勤服务等各部门多工种协同动作，国铁集团、铁路局集团公司、基层站段共同完成的，犹如一架大联动机，像钟表一样准确有节奏地运转。在这个复杂的系统中，旅客从购票、上车到下车出站；货物从进站承运到卸车交付；列车从编组、运行到解体，都要经过很多道工序和作业过程，每一名铁路职工都是整个运输生产过程中的重要一环，肩负着保证运输安全畅通、提供良好服务的光荣使命，可谓"牵一发而动全身"。由于铁路是在广阔的空间、长距离的运行中连续进行动态作业的，特别是成功实施六次大面积提速之后，列车运行速度越来越快、载重量越来越大、车流密度越来越高，要保证这架大联动机正常运转、运输生产安全有序，就必须要求各个部分、各个环节协调一致，密切配合，互相支持。要求每一名职工、每一项作业在时间、空间和秩序上和谐统一，按照运输组织方案和列车运行图的要求，严格执行标准化作业，准确、准时地完成各自的工作。如果任何一个系统、部门、岗位各自为政或者稍有疏忽，都有可能造成"一处不通影响一线，一线不通影响一片"的严重后果，使这架大联动机联不起来、运转不了，变成分割机、盲动机，整个铁路陷于瘫痪。因此，铁路由于大联动机的特点，客观上要求必须实行集中统一指挥，各系统、各部门、各工种之间，一定要联劳协作、环环相扣。

三、半军事化

我国铁路有着深厚的军队情结。建国前夕，在先期解放的东北地区，人民解放军就对全区 5 000 多千米铁路实行军管，第四野战军还组建了铁道纵队，铁路职工和解放军战士一道并肩作战，共同投入到解放战争的战火硝烟之中，修复铁路线路，抢运军用物资，支援前线战事，保证"解放军打到哪里，铁路就修到哪里"，为解放全中国屡建功勋。1949 年初，中央军委决定，成立中央军委铁道部，任命我军高级指挥员滕代远为中央军委铁道部部长。同年 5 月，中央军委决定将第四野战军铁道纵队改编为铁道兵团，任命滕代远为中国人民解放军铁道兵团司令员兼政治委员。中华人民共和国成立后，原中央军委铁道部改组为中央人民政府铁道部，滕代远任部长。

进入和平发展时期，铁路作为一部集中统一指挥的大联动机，运输生产的计划性非常强，必须要有严格的组织纪律性，管理呈现出半军事化的鲜明特征。长期以来，铁路职工以饱满的政治热情、严明的组织纪律、冲天的革命干劲，在全国人民中赢得了"不穿军装的解放军"的美誉。"命严方可肃军威"。"严字当头，铁的纪律"，是铁路管理的一大特色，也是运输安全有序的重要保证。铁路正是靠严格的组织纪律，统一的意识和行动，才能做到高度集中、统一指挥以保证大联动机的正常运转，保证运输安全生产。铁路的半军事化管理，更多地集中在调度指挥和行车组织等运输生产部门。铁路大联动机和全路一盘棋的特点，决定了铁路各部门必须强调高度的组织纪律性。如果任何一个岗位的职工不遵守纪律、自行其是，都会给运输全局工作带来严重影响和损失。强调高度的组织纪律性，体现在运输生产上，必须严格执行调度计划，不能用任何借口拒不执行；体现在作业上，必须严格执行规章制度按标准化作业，一点不差、差一点不行；体现在各部门配合上，必须从运输全局出发，坚决服从集中统一指挥，相互支持，密切合作，不能各自为政，更不能制造障碍，影响全局利益；体现在上下级关系上，也要像军队一样，服从命令，听从指挥，有令则行，有禁则止。每名职工必须坚守岗位、恪尽职守、遵章守纪，确保铁路运输大动脉的安全畅通。

第二节　铁路职工职业素质的特征

铁路有着"高、大、半"的鲜明特征，是肩负着国民经济"先行官"神圣使命的重要行业。铁路职工具有特别能吃苦、特别能战斗的优良传统，在我国社会主义建设中做出了突出贡献，经受了严峻的考验，也得到了全社会的广泛认可。在新的历史条件下，市场竞争日益激烈，这对铁路从业人员的素质提出了更高更严的要求，要求每一名铁路职工必须具有合格的职业素质。

一、政治素质

铁路作为国民经济的大动脉、国家重要基础设施和大众化交通工具，是国家综合交通运输体系中的骨干，在我国经济社会发展中肩负着极其重要的责任，发挥着举足轻重的作用。"人民铁路为人民"是铁路职业活动的根本宗旨。这一宗旨决定了铁路具有多重属性，要求铁路企业的生产活动达到几个目标：① 国家目标，即完成国家重点运输任务。例如，煤炭、石油、粮食、化肥等重点物资以及抢险救灾物资和军用物资等的运输，满足经济社会发展和人民群众生产生活对铁路运输的需要。② 企业目标，即取得一定的经济效益，维持企业的正常运转。只有提高铁路自身的经济效益，不断改善职工的生产生活条件，才能增强企业的凝聚力和向心力，吸收大量优秀人才，提高铁路职工队伍的整体素质，为实现良好的社会效益提供人才支持和物质保证。③ 社会目标，即通过运输生产活动，为社会提供更多更好的服务。例如，每到春耕时节，铁路大力组织运力运送种子、化肥、农药等支农物资，积极支援"三农"工作；每到夏季用电高峰，铁路即组织集中抢运电厂发电用煤，满足各大企业和城乡居民用电；每到 7、8 月，铁路都加开摘棉农民工专列，方便摘棉农民工顺利进出新疆；每到节假日，铁路又加大节日物资运输力度，全方位满足社会对铁路运输的需求。作为一名铁路职工，首先在政治上要爱国爱路，要有高度的责任感和使命感，要有强烈的大局意识，一切从国家和人民利益出发；要敬业爱岗，忠于职守，顾全大局，对人民负责，在突发事件中能以党和人民的利益为重。

二、道德素质

人无德不立，国无德不兴。铁路作为运输服务的窗口行业，遍及全国、连接城乡、辐射面广，历来受到社会公众和舆论的高度关注，铁路不仅对国民经济起着举足轻重的作用，而且对整个社会文明和道德风尚影响很大。铁路职工的一言一行，不仅仅代表自己，更代表着铁路的整体形象，甚至在接待外宾时还代表着国家形象。因此，铁路职工必须自觉遵守铁路职业道德，做到尊客爱货，热情周到，廉洁自律，秉公办事，团结协作，顾全大局，注重质量，诚实守信。要珍惜铁路的声誉，不断提高服务质量，满足旅客、货主日益增长的多样化、高层次的需求，为企业在日益激烈的市场竞争中赢得主动。例如，被原铁道部树为先进典型的新民车站，创造了一套为人民服务的好方法。他们事事为人民利益着想，处处为旅客、货主提供方便。车站的职工们为了方便旅客问事，利用业余时间一起学习方言土语；根据人们在旅行生活中的需要，自制小工具供旅客使用；遇到不熟悉如何货运办理手续的货主就主动帮助办理。他们坚持为人民服务"从小事做起、从本职做起、从细微之处做起"的做法，充分体现了铁路职工良好的精神风貌。

三、业务素质

普速铁路六次提速后，时速 200 千米及以上动车组列车的开行，对线路基础、牵引供电等设备的养护维修质量和精度要求极高。从线路基础看，线路必须具有非常好的平顺性，路基必须具有非常强的承载力和非常好的刚度均匀性，道床必须具有很好的弹性和密实度，轨道结构必须非常稳固，钢轨所有几何尺寸必须达到非常高的精度要求，整个线路基础必须保持动态优良和质量稳定。从现场作业看，在时速 200 千米运行条件下，技术标准必须非常科学严密，规章制度不能有任何疏漏，作业程序必须规范，所有作业人员必须具有较高的专业技能。以南昌局集团公司提速标准线作业质量要求为例，静态轨距控制在 ±1 毫米，提速地段轨距千分率控制在 0.5‰，相邻四根轨枕间的轨距变化不得超过 1 毫米，线路平顺性误差只有几根头发丝粗细。如此高标准的施工要求，如果没有较高的专业技能和丰富的专业知识是难以胜任的。因此，负责时速 200 千米及以上线路的维修、列控系统使用、动车组维修等重要工作的员工；动车组司机、动车组客运乘务员、行车指挥等重要岗位职工，都必须经过专业培训考试，获得合格证才能上岗。作为一名合格的铁路职工，一定要认真学习并掌握专业知识，刻苦钻研业务，熟记本岗位的作业标准和应知应会，熟练掌握操作技能，不断提高自身业务素质，适应形势发展的要求。

四、工作作风

铁路具有点多线长、流动分散、全天候露天作业的工作特点。全国有 7 万多公里线路、几千个小站、上万个工区，大批职工必须流动作业，风餐露宿，其中有一部分职工需要远离集体独立作业，沿线饮水、吃饭、洗澡、就医、子女入学入托都比较难，文化生活单调，这就要求我们铁路职工必须不怕困难，吃苦耐劳，安心本职，甘于寂寞，在"急、难、险、重"任务面前知难而进，雷厉风行；在工作作风上，要做到"严、细、实"，严格要求，一丝不苟，顽强拼搏。

【案例】 沈阳局集团公司一个只有 16 名职工的四等站——小东站，在 50 多年的历程中，一代又一代小东人立足本职，艰苦创业，用中国铁路职工特有的方式，不断探索铁路安全生产的规律，总结提炼出执行规章制度"一点不差，差一点也不行"的小东精神，塑造了"坚守岗位一刻不离，作业标准一项不漏，监视运行一丝不苟，标准用语一字不差"的站风，成为全路中间站安全生产的一面旗帜，先后荣获"全国五一劳动奖状""全国青年文明号"等各项荣誉 400 多个，为我们树立了严守规章保安全的学习榜样。

五、法纪素质

铁路安全责任重如泰山，直接关系到国家和人民生命财产的安全和社会的稳定，牵系着千家万户的幸福。安全不稳，局无宁日，路无宁日。铁路犹如一架大联动机，为了保证这架联动机昼夜不停地正常运转，沿线各铁路局集团公司、各站段、各工种、各岗位，必须相互衔接，紧密配合，准时而有序地协调动作，才能维护正常的铁路运输秩序。为此，国家制定了《铁路法》等法律，国务院制定《铁路安全管理条例》等法规，铁路部门制定了《铁路技术管理规程》《行车组织规则》《行车组织细则》《段管理工作细则》和《车站行车工作细则》等一整套严密的规章制度。这些规章制度都是铁路职工在长期运输生产实践中经验的结晶，也是安全生产过程中历次重大事故血的教训的凝结。铁路各工种须通过这些规章制度进行协调，各岗位职工也必须通过规章制度来规范作业行为。作为一名铁路职工，必须要有法纪意识，要自觉遵守国家的法律法令，知法守法，依法办事，通过正常渠道表达合理诉求、通过合法手段维护自身权益；要按照规章制度规定的各种行为规则，一丝不苟地完成生产作业行为，做到严守"两纪"，按章操作，令行禁止。

铁路"高、大、半"的突出特征，对铁路职工最核心、最关键、最根本的要求是顾全大局，强调高度的组织纪律性。长期以来，我们正是充分发挥这种优势，在铁路建设中才取得了辉煌成就，为国家繁荣富强做出了重要贡献。当前，我国正处在贯彻落实科学发展观，推进社会主义小康社会建设的关键时期，铁路改革发展也进入了关键阶段。适应经济社会发展需要深入推进新时代铁路建设，实现交通强国的奋斗目标，迫切需要全路职工特别是新入路的职工很好地把握铁路行业的突出特征，顾全大局，团结奋斗，做到一切行动听指挥，遵章守纪不走样，确保运输安全正点、畅通无阻，不断开创铁路改革发展的新局面。

第三节　提高铁路职工职业素质的基本途径

一、在学习中充实自己，不断提高自身素质

（一）加强政治理论学习

科学理论是行动的指南。为了做好工作，中国特色社会主义理论体系和习近平总书记的系列重要讲话精神，学习党和国家的方针政策、法规法令，学习铁路有关文件规定，明确当前和今后一个时期的主要任务，用正确的理论武装头脑，分清是非，明辨事理，不断提高分析问题和判断问题的能力，保持清醒的政治头脑，搞清楚哪些是该做的，哪些是不该做的。要学习铁路各个时期先进典型和模范人物的事迹，继承和发扬铁路优良传统，大力弘扬爱国主义、集体主义、社会主义思想，遵守铁路职工职业道德规范，见贤思齐，扬善抑恶，树立正确的世界观、人生观、价值观和荣辱观，增强爱岗敬业、遵章守纪、吃苦奉献的自觉性。

（二）不断钻研专业知识

珍惜难得的专业学习机会，熟悉和掌握铁路的各项规章制度，熟悉和掌握车、机、工、电、辆等不同专业基本理论、基本知识和基本技能，为做好铁路工作打牢坚实基础。

（三）掌握科学文化知识

掌握一定的科学文化知识，既是干好铁路工作的基础，又能体现一个人的学识修养。作为一名铁路职工，如果没有必备的文化科学知识，就难以做好本职工作，甚至不能履行起码的职业责任。

【案例】 某站有一名年轻的货运员，接到一宗发往浙江义乌的搬家货，因缺乏地理知识，将"义乌站"错办成河南的"义马站"。货主几经周折，三个月后才拿到棉花被褥，这时隆冬已快过去。由此可见，作为一名铁路职工，要履行自己的职业责任，达到让人民放心满意的标准，就必须认真学习和掌握一定的科学文化知识，比如必要的数学知识、化学知识、物理知识、地理知识和计算机知识等，不断丰富自己的文化底蕴。

二、在实践中磨炼自己，立足岗位锻炼成才

随着铁路现代化的不断推进，铁路技术装备和科技水平不断提升。作为一名现代铁路职工，不但需要扎实的专业理论知识，更需要掌握熟练的实际操作技能。我们要利用一切实践机会，认真学习作业标准，熟练掌握实际操作技能。要虚心向老师傅学习，在实际工作中不断充实自己、丰富自己、完善自己，立足岗位锻炼成才。

【案例】 58岁的共产党员、呼和浩特局集团公司包头西车辆段轮对质量检查员刘怀玉为我们作出了榜样。刘怀玉1969年从包头铁路工程学校毕业，分配到呼和浩特局集团公司包头西车辆段。38年间，他干遍了车辆行业苦、累、脏、重、险、繁的全部工种，干一行爱一行，干一行精一行。凭着满腔的劳动热情和爱岗敬业的责任心，在平凡的工作中干出了不平凡的业绩。他利用每天坐通勤车的两个多小时时间学习，前前后后写了40多万字的学习笔记。他孜孜不倦地汲取知识营养，练就了精湛的业务技能，被誉为"神尺子"。他探索总结出了"转、敲、听、测、搓"五字轴承检查法的"绝活"，并创造了两轮高低标准不差1毫米的全国铁路车辆轮对安全检查单项最高纪录，成为高级工人技师、全路的技术标兵，曾荣获"火车头奖章""优秀共产党员十大标兵""内蒙古自治区和全国劳动模范"等荣誉称号。

三、在发展中完善自我，自觉塑造完美人格

（一）讲理想

理想是人生奋斗的精神支柱。国家的发展、民族的振兴、企业的兴衰与个人命运紧密相连。我们只有把个人的命运与祖国的命运、企业的命运联系在一起，才能实现人生的最大价

值。新时期，我们党确定的马克思主义指导思想、中国特色社会主义共同理想、以爱国主义为核心的民族精神和以改革创新为核心的时代精神、以社会主义荣辱观为基本内容的社会主义核心价值体系，是全党全国各族人民团结奋斗的共同思想基础。我们每个铁路职工都应以这一核心价值体系为目标，树立正确的世界观、人生观和价值观，加强自我修养，做到爱国爱路、知荣明辱、爱岗敬业、尽职尽责，遵纪守法、廉洁自律，团结协作、顾全大局，勤俭节约、艰苦奋斗、顽强拼搏、无私奉献，在推进交通强国的伟大事业中建功立业。

（二）讲责任

事业心和责任感是一种精神境界。有理想、有道德、有文化、有纪律，都与责任相联系，都通过履行责任来体现、来升华。敬业才能成就事业，尽责才能赢得尊严。每个人只有在全面履行责任的过程中，才能使自己的潜在能力得到充分的挖掘和发挥；每个人只有在推动社会的进步中，才能实现自身的发展。讲责任，体现着生活的价值，映照着人生的意义。逃避责任、坐享其成、虚度光阴，这样的人生是没有价值的。勇敢地担负起自己的责任，人生才会充实，生活才有意义。

【案例】 33 岁的共产党员赵军，1995 年从部队退伍后来到呼和浩特局集团公司集宁工务段福生庄养路工区当上了一名线路工。福生庄养路工区地处三面环山的风口，夏季高温酷暑难耐，冬季严寒滴水成冰，春秋风沙不断，线路病害时有发生，工作条件十分艰苦。在这个组建于 1948 年，有着"全国五一劳动奖状""火车头奖杯""全国学习型先进班组""铁道部先进集体""内蒙古自治区先进集体"等 400 多项荣誉称号的先进集体里，赵军怀着对养路事业的无限热爱，始终保持着军人特有的"铁的纪律和严谨的工作作风"的本色不变，带领工区的工友们，以"安全责任大于天、严守规章不走样、苦练硬功争上游、甘当道石不言苦、团结共进创和谐"的坚定信念，凭着苦干实干拼命干的精神，创造了全国铁路干线养路工区安全生产第一纪录，实现了 59 年安全无事故，续写了福生庄养路工区安全生产的辉煌。他自己也从一名普通的线路工成长为工区第三十任工长。一代又一代福生庄养路工人，59 年如一日，"永远当好铺路石"的精神，正是千千万万铁路职工应该学习和弘扬的精神。作为一名新时期的铁路职工，我们也应像赵军那样，以对党和人民高度负责的精神，干一行、爱一行、钻一行、精一行，勇挑重担敢于创新，精益求精、争创一流。

（三）讲服务

人生的价值在为人民服务中实现，生命的意义在为人民服务中升华。个人因为人民服务而高尚，社会因为人民服务而温暖。服务行业特别是窗口行业的服务水平如何，展示着国家、民族和地区的形象。全社会倡导为人民服务，窗口行业要发挥示范作用。铁路作为社会的窗口，要始终坚持"人民铁路为人民"的服务宗旨。在建设小康社会的大背景下，作为一名铁路职工，要做到尊客爱货，热情周到，从一句热情的话语、一个友善的举动，从应该做、能够做的一件件小事做起，自觉做好服务工作，不断提升服务质量，努力营造一个个热情服务的文明窗口，为形成整个社会良好道德风貌的大环境做出应有贡献。

（四）讲奉献

奉献是一种真诚自愿的付出行为，是一种纯洁高尚的精神境界。奉献，既是做人的基本品质，又是个人全面发展的内在要求。对绝大多数铁路职工来说，奉献是日复一日、年复一年的岗位实践。

【案例】 全国劳动模范王建贞，现任乌鲁木齐局集团公司库尔勒车务段红山渠站站长。红山渠站地处全国闻名的"三十里风区"，一年当中，8级以上大风近300天，12级以上大风司空见惯。大风天气里，职工拴着保险带、戴着防护镜，才能完成接车作业。在这样艰苦的环境，王建贞一干就是10年。这10年，她没能同家人过一个团圆年，10个春节都是在车站过的。她把车站当成自己的家来建设和守护，带领休班职工平场地、清垃圾、掏石坑、运沙土，栽活了红山渠站区第一片红柳。针对风区临时停留车辆实施防溜这一关键环节，她集思广益补充完善了相关的规章制度，被乌鲁木齐局采纳并推广。10年中，红山渠站没有发生过一起违章违纪事件，成为艰苦地区的一面旗帜。王建贞被评为铁路系统"全国十大敬业奉献模范"候选人。作为新一代铁路工人，我们要继承和发扬体现铁路特色、闪耀着奉献光华的"一点不差，差一点也不行"的小东精神、"艰苦奋斗、无私奉献"的巴山精神、"挑战极限、勇创一流"的青藏铁路精神和"永远当好铺路石"的福生庄精神等，立足岗位、埋头苦干，艰苦创业、不怕困难、无私奉献、争创一流，在平凡岗位上做出非凡业绩，在吃苦奉献中实现人的价值。

【训练与思考】

1. 观看或听取铁路职工先进人物的视频报告或现场报告，了解铁路职工的素质要求。

2. 采访一家铁路企业，了解铁路行业的特征。

• 活动宗旨：通过采访铁路运输企业，帮助学生认识铁路，加深对铁路行业特征的理解，培养热爱铁路、自觉适应铁路行业特征的职业习惯。

• 采访内容：围绕铁路企业运输的生产过程，通过对运输生产组织指挥系统工作人员的采访，使学生了解铁路的局情和路情，加深对铁路"高、大、半"行业特征的理解，在实践中培养铁路职业意识。

• 采访范围：铁路运输站段。

• 组织方式：以班级为单位，分成小组进行。组长在教师的指导下，负责组内成员的分工、协调工作，通过会议等形式进行沟通，集中团队的智慧，完成采访方案的制订、完善等工作。

• 活动进程：

◆ 准备阶段：进行成员分工，初步确定采访对象，对选题进行大致了解，预计用时一周。

◆ 实践阶段：按照采访方案进行采访，了解铁路行业特征，预计用时一个下午。

◆ 分析阶段：对采访结果进行归纳总结，形成本次活动结论，此阶段预计用时一周。

◆ 成文阶段：小组成员交流心得体会，依据前三阶段的成果确立报告内容及行文方式，预计用时一周。

第三章　中国铁路精神

【任务与学习】

1. 了解中国铁路的光荣革命传统。
2. 熟知新中国铁路精神在不同历史时期的内容与特点。
3. 把握新时代铁路精神的基本内涵和时代特色。

在我国铁路漫长的发展历程中，一代又一代的铁路职工为了民族解放、国家富强和铁路发展，不怕牺牲、英勇斗争、艰苦创业，谱写了一曲曲报效祖国、服务人民、自强不息、拼搏奉献的壮丽凯歌，涌现出一大批可歌可泣的英雄人物，创造了举世瞩目的辉煌业绩，形成了优良的作风和光荣的传统，凝成了宝贵的精神财富。今天，我们了解我国铁路悠久的历史，继承发扬光荣的革命传统，大力弘扬铁路人的崇高精神，对于增强全路职工的自豪感、荣誉感和主人翁责任感，肩负历史使命，履行神圣职责，大力推进和谐铁路建设，有着重要的促进作用。

第一节　中国铁路的光荣革命传统

一、我国铁路工人的光荣革命历史

自1876年我国诞生了第一条铁路——吴淞铁路至今，我国铁路已经走过了140年的历程。中国铁路工人伴随着工业资本主义在近代中国的出现而诞生，是中国最早的产业工人的一部分，铁路行业是近现代中国工人阶级集中的几个主要部门之一。中国最早的铁路，可以看到帝国主义在中国的权力与利益的掠夺与争夺，从19世纪末到中华人民共和国成立以前的铁路史，具有浓厚的半殖民地半封建色彩，是帝国主义列强巧取豪夺中国的主权，与封建统治者和官僚买办勾结在一起，掠夺中国资源，压迫剥削中国人民与中国铁路工人的历史，身处"三座大山"压迫下的中国的铁路工人，在近代的工业大生产中，逐渐提高阶级觉悟，与帝国主义侵略者、清王朝、北洋军阀和国民党反动政府进行斗争，因而旧中国铁路的发展史，也是一部中国铁路工人阶级的革命史、斗争史，是中国近现代反帝反封建斗争和中国工人运动史的一个浓缩，在长期的革命斗争中，中国铁路工人形成了以"二七"大罢工为代表的革命形象和光荣传统。

在铁路发展的进程中，许多铁路职工参与的重要事件，对中国革命产生了重大而深远的影响，成为一座座不朽的历史丰碑。

我国早期的工人运动，参加的主要是海员和铁路工人，铁路工人的斗争开始是自发性的，但一产生就具有反帝、反封建的性质。铁路工人的早期斗争主要从直接反对工头和监工开始，如，1891年的津沽铁路唐山机厂工人反抗外国工头的斗争，1910年、1914年、1920年津浦铁路浦镇机厂工人驱逐总工头的罢工，都表现出爱国主义的特点；1911年5月，在粤汉、川汉铁路发生的轰轰烈烈的"保路运动"，具有更明显的爱国主义和民主革命的性质，它加速了武昌起义的爆发，点燃了辛亥革命的导火索，对此，革命先驱孙中山先生评价说："若没有四川保路同志们的起义，武昌革命或者要迟一年半载。"

五四运动后，在中国共产党的领导下，中国铁路工人运动转向自觉性的斗争。毛泽东同志曾说："中国工人运动还是从长辛店铁路工人开始的。"五四运动前后，毛泽东、王尽美、邓中夏、刘少奇等老一辈革命家，到京汉铁路的长辛店、郑州、江岸等地区的铁路工人中间，宣传革命道理，成立工人组织，创办学校，成立俱乐部，培养了第一批工人党员，了解和指导铁路工人运动，在毛泽东等的领导和指导下，铁路工人的罢工斗争此起彼伏，并从以改善生活为目的的经济斗争，发展为反对军阀、争取自由的政治斗争。1922年9月安源路矿（萍乡煤矿和株萍铁路的合称）工人大罢工，其主要口号是"从前是牛马，现在要做人"，罢工斗争的目的是"使无产阶级团结起来，形成无产阶级支配社会的潜伏势力"。1922年9月6日，粤汉铁路工人大罢工，粤汉铁路工人俱乐部联合会发表的《罢工宣言》说："我们为解除压迫，维护团体，改良生活，增高人格，不能不与工贼奋斗，不能不有这最后一举。""我们为生存而奋斗，为人格而奋斗，不达目的，誓死不止。"图3.1是长辛店工人俱乐部向各工会报告罢工胜利消息的信件。

1923年前，虽然一次又一次的斗争体现了铁路工人的团结性、革命性，但至"二七"大罢工之前，铁路工人的斗争，主要是经济斗争。在中国共产党的领导下，京汉铁路工人举行了震惊中外的"二七"大罢工，这次大罢工是中国工人阶级从改良生活的经济斗争转变到争取自由的政治斗争的主要表现，是第一次工人运动高潮的顶峰，是中国工人阶级直接反对帝国主义、封建军阀统治的英勇斗争，充分显示了铁路工人的政治觉悟和革命力量，这是中国工人阶级正式登上政治舞台的一次伟大斗争，共产国际为"二七"斗争发表的宣言指出："中国工人阶级已经登上了世界的政治舞台。"图3.2是京汉铁路总工会召开成立大会时全体代表合影。

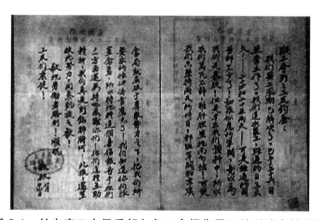

图3.1　长辛店工人俱乐部向各工会报告罢工胜利消息的信件

图 3.2 京汉铁路总工会召开成立大会时全体代表合影

在后来的北伐战争、抗日战争、解放战争中，铁路工人一直秉承"二七"光荣传统，英勇战斗在"打倒帝国主义""打倒封建军阀"和"为争自由而战，为争人权而战"的旗帜下，在党的领导下，开展了一系列政治斗争、武装斗争和经济斗争，为解放全中国建立了卓越功勋。

在抗日战争中，日本帝国主义对中国实行野蛮侵略，一开始就对铁路交通实行严密控制，依托铁路推行其法西斯政策和实施各种暴行，因此，铁路工人最早目睹到日本侵略者的凶残暴戾，最早感受到惨遭奴役的痛苦，陷入日军的残酷统治和水深火热的亡国惨痛之中。中国铁路工人在中国共产党的领导下，同仇敌忾，奋起反抗，前赴后继，艰苦奋战，把条条铁道线变成杀敌的战场。从"九一八"到"七七"事变，从中原沦陷到日寇投降，中国铁路工人从未停止过与日本侵略者的斗争，他们为拯救民族的危亡而不屈不挠，为捍卫民族的大义而英勇无畏，在战胜日本帝国主义的光荣史册里，中国铁路工人留下了鲜红的一页。活跃在津浦铁路鲁南段和临枣线上，令日寇闻风丧胆的鲁南铁道游击队，是铁路工人英勇善战抗击日寇的代表，"爬上飞快的火车，像骑上奔驰的骏马，车站和铁道线上，是我们杀敌的好战场……"，这首脍炙人口的歌曲，是他们抗日战斗生活的生动写照。

解放战争时期，铁路工人积极参加护路、护厂、抢修铁路的斗争，配合人民解放军的战略进攻，提出了"解放军打到哪里，铁路就修到哪里，火车就开到哪里"的响亮口号，在当时的军委铁道部的统一指挥下，冒着枪林弹雨，迎着硝烟炮火，边修铁路，边抢运战争物资，成为名副其实的"开路先锋"，有力地为解放战争的最后胜利提供了支援。"铁牛精神"是这一时期铁路工人精神的集中体现。

1947 年解放战争进入关键阶段，大批军用物资需要运往前线，但由于缺少机车，铁路运力明显不足。而当检修车间工人把一台报废的机车——ㄇㄎ1 型 96 号蒸汽机车千方百计修复起来后，绥化机务段司机杜先扬主动提出包乘这台机车，并动员包乘组全体人员为支援解放战争挑重担，精心保养，潜心研究机车性能，拜检修工人为师，掌握了日常检修技术，发现毛病自己动手修，出乘时全神贯注观察线路，保证了列车趟趟安全正点。1948 年，东北铁路总局推行"大开汽门，高提手把"的新操纵法，杜先扬带头响应，创造了当时技术速度每小时 40 千米的一项新纪录。到 1949 年 2 月 14 日，杜先扬包乘的 96 号机车，18 个月安全走行 10.6 万千米，创造了多拉快跑的新成绩，绥化机务段将 96 号机车命名为"铁牛号"机车。

东北铁路首届职工代表及劳模大会授予杜先扬特等英雄称号，号召全东北铁路学习"铁牛号"经验。此后，"铁牛运动"从机务部门扩展到车务、工务、电务、车辆等其他部门，"多拉快跑，趟趟正点"的"铁牛号"经验推广后，激发了许多机车乘务人员的积极性，很快扭转了运输被动局面。

二、铁路工人的传统革命精神

中国铁路工人，是中国工人阶级的杰出代表，有着光荣的革命斗争传统，在长期的革命历程中，突出表现出以下具有铁路人特色的传统精神。

（一）最坚决的反帝爱国精神和不怕牺牲的革命英雄主义精神

中国铁路工人受到帝国主义、官僚买办资产阶级、封建势力的三重压迫，这种压迫的残酷性为世界各民族少见，特别是某些监工、段长、厂长、处长等帝国主义爪牙采用最野蛮的手段进行重重压榨和人身侮辱，使得铁路工人拥有最坚决、最彻底的革命斗争性。在长期的革命斗争和生产实践中，以坚定的理想信念、顽强的革命精神、强大的集体力量和严格的组织纪律性，成为中国工人阶级的杰出代表，邓小平同志曾高度评价说："中国铁路工人是中国工人阶级最先进、最有组织的一部分。"

政治的先进性、革命的坚决彻底性，体现为革命意志上的坚定性、气节上的革命英雄主义。在"二七"惨案后工人中流行过一首歌："军阀手中铁，工人项上血，颈可断，肢可裂，奋斗的精神不消灭！劳苦的群众们！快起来团结！"这是"二七精神"的生动表述，在敌人的血腥屠杀面前，林祥谦、施洋等英烈和楷模，前赴后继，宁死不屈，英勇献身，用信念、热血和生命铸就了"二七精神"，"二七精神"成为铁路人光荣革命传统的象征。

（二）高度的组织性和纪律性

中国铁路工人与最先进的生产方式相联系，一开始就富有组织性和纪律性。1923年的京汉铁路罢工，作为一场万人参加的大罢工，开始不到三小时，就实现了总同盟罢工，所有客车、货车一律停开，工人一致表示，"不得总工会命令，不开工"，罢工开始后，军阀军队到处强迫工人开工，均遭遇失败，充分显示了中国铁路工人高度的组织性和纪律性。

（三）特别能吃苦、敢于打硬仗的精神

在战火纷飞的年代，无论是解放战争时期，"解放军打到哪里，铁路就修到哪里，火车就开到哪里"的铁路人，还是抗美援朝期间筑起一条"打不断、炸不烂"的钢铁运输线的铁道兵和铁路职工，他们都为前线运输的畅通出生入死、艰苦奋斗，他们展现了铁路人历经一切艰难困苦而始终不辱使命的风范，印证了铁路人是一支特别能吃苦、敢于打硬仗的队伍。

第二节 当代中国铁路精神

一、新中国铁路精神建设

新中国的铁路精神是铁路工人"二七"革命传统的继承和发展。中华人民共和国成立后，中国铁路由中华人民共和国成立前技术设备落后、分布极不平衡、发展缓慢、没有自主管理权的状况，建设成为现代的铁路运输规模和体系，可以说，新中国铁路大规模建设和发展的历史，即是一部铁路人的创业史，在铁路人的几十年创业历程中，形成了具有铁路特色和时代特征的铁路（企业）精神。

铁路（企业）精神是铁路为实现组织目标而在长期的运输生产和经营管理过程中形成的，并为铁路员工所认同的群体意识，它是铁路的共同价值观、理想信念、企业目标、职业心理等因素的总和。共同价值观是铁路（企业）精神的基础。铁路（企业）精神是铁路员工和铁路企业的精神支柱，铁路精神是铁路文化的基石，铁路（企业）精神是中国特色社会主义企业精神在铁路企业的体现。

铁路企业精神的基本内容分为以下方面。

（一）"人民铁路为人民"的路风

路风是铁路的精神风貌，是铁路的价值观念、企业目标、企业精神、经营特色、职业道德、职业纪律、传统习惯等的综合反映，是铁路（企业）精神的主要体现。《铁路路风管理办法》之二"铁路路风建设管理工作规则"第一条阐述了铁路路风建设的重要意义，路风建设关系"人民铁路为人民"宗旨的落实，关系铁路职工队伍素质的提高，关系铁路事业的兴衰荣辱，在铁路走向市场、拓展市场中发挥重要作用。

早在20世纪50、60年代，在"二七精神"的基础上，铁路员工就形成了"人民铁路为人民"的路风。"人民铁路为人民"是铁路路风建设的根本。在国民经济的恢复和建设中，铁路员工以其无私的奉献精神、严格的组织纪律性、优良的服务态度、廉洁的工作作风，被誉为"不穿军装的解放军"。

20世纪80年代，铁道部在坚持"人民铁路为人民"的路风总要求不变的同时，根据实际情况先后提出和完善了路风的主要内容。1982年提出"安全正点、尊客爱货、优质服务"作为路风的主要内容。1983年又将路风的主要内容发展为"严字当头，铁的纪律，团结协作，优质服务"，这一时期，在路风建设和铁路精神的建设中，涌现出了"衡广精神""大秦精神"这样的范例。"衡广精神"的内涵是"顽强拼搏，依靠科学，团结协作，创新开拓"。"大秦精神"的核心是"吃苦奉献，争创一流"。

20世纪90年代，路风建设逐步走向法律化、制度化、规范化，路风管理的长效机制不断完善。自1990年始铁路先后发布了《关于严禁以车谋私的规定》《铁路路风建设管理工作规则》《铁路路风监察监督办法》《铁路路风问题判定及处罚实施办法》《关于严禁以票谋私的规定》《关于加强铁路客货运输和延伸服务收费管理的规定》《关于客货窗口单位路风建设的若干规定》《关于发生路风问题到部交班的暂行规定》《铁路路风通报实施办法》等9个规定、规则、办法。1998年，铁道部重新修订并发布了《铁路路风管理办法》和《违反铁路路风管理办法的行政处分规定》，将重新修订的《关于严禁以车谋私的规定》等9个制度、规范和办法，统称为《铁路路风管理办法》并重新发布实施，进一步规范了窗口单位职工的行为，在路风建设上做到了有章可循，有法可依。鉴于过去在路风问题的处罚上存在法规不健全、标准不明确，存在畸轻畸重的现象，为此专门制订了《违反铁路路风管理办法的行政处分规定》，对发生路风问题的处罚建立了规范的量化标准。1992年2月颁布的《铁路路风建设管理工作规则（试行）》明确提出路风的主要内容为："廉洁自律，尊客爱货，安全正点，优质服务。"

近年来，全路在大力推进铁路创新发展的进程中，紧抓铁路建设、经营管理、路风建设三大基本任务，围绕运输生产经营这个中心，坚持不懈地抓路风工作，倡导"路风就是形象，路风就是效益"，不断深化"人民铁路为人民"的宗旨教育，将《铁路路风管理办法》作为路风的重要内涵，加强制度建设和检查监督，注重源头治理，以规范经营行为、提高服务质量为路风工作重点，把遏制以车以票谋私、乱收费乱加价、粗暴待客等惯性路风问题作为重中之重，努力解决旅客货主反映强烈的热点难点问题，纠正损害群众利益的不正之风，推行"以人为本，旅客至上"的服务理念，为全面深入推进铁路跨越式发展、促进经济社会又好又快发展创造良好的环境，积极提高铁路的公信力，维护铁路良好形象，路风工作取得了显著的成效，广大干部职工维护路风路誉的自觉性明显增强，赢得了社会各界的赞誉。

（二）"爱国爱路，顾全大局"的精神

铁路在中国诞生之时，就被赋予"铁路救亡""铁路立国"的使命，在民主革命时期，铁路工人的反帝反封建斗争铸就了爱国主义的光荣传统。新中国成立以后，从铁路的性质来说，铁路是国家的重要基础设施，是大众化的交通工具，是为国民经济服务、为社会服务的，而且铁路企业主要是国有企业，国家是铁路最大的投资主体，因而铁路企业具有公益性与企业性相统一的性质。这一性质决定了铁路运输有义务和职责，为国家利益、人民利益做贡献，创造良好的社会效益。从铁路运输的地位来看，铁路是国民经济的大动脉，是我国主要的运输方式，国民经济的发展，尤其是有关国计民生的物资运输，离不开铁路的有力支持和奉献。因此，在社会主义建设的各个历史时期，铁路职工继承发扬爱国的光荣传统，不断增强政治责任感和使命感，以强烈的爱国之心、报国之志，始终坚持把国家和人民的利益放在第一位，把加快铁路发展、确保安全畅通视为神圣职责和最大光荣，以当好先行官为己任，充分发挥铁路在国民经济和社会发展中的重要作用，艰苦奋斗，辛勤劳动，忘我奉献，建成覆盖全国、连接城乡、四通八达的铁路网。加快实现技术装备现代化，深入实施提速和重载战略，大幅提升运输能力，不断提高运输效率和服务质量，全力确保煤炭、粮食、石油等关系国计民生的重点物资运输，全力确保运输安全和大动脉的畅通无阻，使中国铁路的面貌发生了翻天覆地的变化，为经济社会发展和人民生活水平提高，提供了有力的铁路运输支持，充分地表现出铁路人"爱国爱路，顾全大局"的精神。

多年来，作为经济发展的先行官，铁路建设和运输生产为国家和地方经济发展做出了重

要贡献。在铁路网建设方面，近年来，在铁路新线立项、选线、设计中，充分考虑国土开发、国防建设、民族地区发展需要，建设了青藏铁路等一大批重点项目，目前已经进行了青藏铁路等公益性铁路建设项目；在铁路"十一五"规划中，重点规划西部地区铁路，在新疆维吾尔自治区、青海省、云南省、内蒙古自治区等地区大量规划建设铁路新线，使西部路网总规模达到 3.5 万千米，大大改善民族地区的交通闭塞状况；在新线建设施工中，坚持"修一条铁路、带动一方经济、造福一方百姓"的筑路宗旨，投入大量人力、物力和资金，为沿线百姓架桥修路，新建方便日常交通的基础设施，提供各种配套服务，沿线各族群众亲切地把这些桥梁起名为"便民桥""连心桥""代表桥""爱民桥""幸福桥""路地情大桥"，把许多铁路称为致富路、幸福路。在支持地方经济发展方面，以青海为例，铁路一直以来都以支持青海的经济社会发展作为己任。青海是个资源大省，但由于受地理条件的限制，青海省的经济社会发展对铁路运输的依赖性很强。长期以来，铁道部在青海企业产品外运特别是钾肥运输上，都尽最大努力提供运力，2007 年春运后，青海中小企业生产的钾肥出现积压，3 月 7 日，原铁道部与青海省领导确定集中运力抢运 70 万吨钾肥，从 3 月 11 日起，青藏铁路公司在铁道部的大力支持下，加强与青海省有关部门的协调配合，全力以赴抢运钾肥，4 月 12 日，青藏铁路公司提前圆满完成青海钾肥抢运任务，在 33 天内铁路共组织开行钾肥专列 352 列，装车 11 639 车，抢运钾肥 70.4 万吨，有效改善了青海省钾肥企业的经营状况，为 2007 年各钾肥生产企业正常开工生产打下了良好基础。对此，2007 年 5 月，青海省人民政府致函铁道部，感谢铁道部组织突击抢运青海钾肥，并希望今后一如既往地支持青海经济社会发展，信中还指出，近年来，在国家实施西部大开发战略政策的推动下，青海基础设施建设步伐不断加快，固定资产投资规模逐年加大，各行各业都呈现出快速协调发展的态势，这与铁道部的大力支持是分不开的。

在确保重点物资运输方面，铁路部门坚决服从全国一盘棋的部署，坚持社会效益重于国家利益、企业经济效益的原则，一切从大局利益出发，一切服从大局，为了维护国家利益、人民利益、社会效益，不计铁路的得失，甚至牺牲企业效益来实现社会效益，勇挑重担，急国家之所需、人民之所急。长期以来，铁路以满足国民经济的发展需要为首要己任，把国家利益、社会效益放在首位，坚持确保重点物资运输的原则，在运力紧张、盈利微薄、甚至吃亏的情况下，对煤炭、冶炼、石油、化肥、粮食、棉花等关系国计民生的物资运输，对军事运输、特运专运、对抢险救灾运输、对重点企业运输需求、对节日物资、对供应港澳地区的生活物资运输、对季节性物资运输，始终优先组织运输，全力保证运力，为化解国民经济运行中的困难做出了重要贡献。以煤炭资源的运输为例，长期以来，我国的工业化发展，对煤炭的运输需求量不断增大，煤炭运输主要靠铁路，占铁路货运的 40% 左右，而由于煤炭资源是我国工业的主要能源，煤炭的铁路运价是由国家控制的，不是按市场化定价，一方面国家规定的煤炭运价一直偏低，另一方面煤炭运输车辆运用效率低，导致了铁路的煤炭运输是微利生产，据粗略统计，每运 1 000 吨煤，与运输同等量的其他物资相比，铁路就要多投入 1 亿元成本，少收入 4 000 万元运费，但北京铁路局将煤从山西运到华东，用于发电，每 1 000 吨煤可增加 150 亿元的产值。铁路从大局出发，在运能紧张的情况下，为缓解电煤供应紧张状况，强调"保电煤，就是讲政治，保电煤，就是顾大局"，始终把煤炭作为确保的重点运输物资，完成的煤炭运量年年上升，2006 年全国铁路煤炭运量达 13.8 亿吨，比上年增长 6.8%，满足了电力用煤高峰的需要。对粮食的运输，铁路部门也按照国务院的统一部署，不计得失及时完成运输任务，2003年第四季度，南方部分地区粮食供应紧张，粮价快速上涨，铁路立即组织粮食抢运，集中运力保证东北地区粮食外运，突击抢运东北地区粮食1 426万吨，为确保粮食安全、稳定市场供应做出了积极贡献。在确保重点物资运输过程中，在运力配置和资源协调的过程中，各单位和全体职工表现出全路统一认识，以大局为重，做到听从统一指挥，服从统筹安排。

上述这些都是铁路职工"爱国爱路、顾全大局"光荣传统在新时代的展现。

（三）"遵章守纪，严谨细致"的精神

铁路企业具有"高、大、半"的特点，是一个高度集中、半军事化的联动机，铁路运输的生产过程，是通过联劳协作完成的，牵涉到车务、机务、工务、电务、车辆、客运、货运、装卸等不同的业务部门，各个部门又有许多不同的工种、不同的岗位，各铁路局、各站段成千上万的职工，分布在全国各地的沿线，分散作业，却又相互关联、互相控制，所谓"一处不通影响一线，一线不通影响一片"，各尽其职，协调动作，环环相扣，才能实现安全有序，完成生产任务。铁路运输生产的特点和工作环境，使铁路职工形成了安全第一、遵章守纪、严谨细致的工作作风，铁路职工的这种工作作风，是铁路运输生产安全的保障，是人民群众生命和财产安全的保障，是铁路生存和发展的保障。

中华人民共和国成立以来，铁路各级组织、各单位始终如一地坚持铁的纪律从严治路，要求铁路职工也要像军人一样，以分秒计时，令行禁止，按章办事，坚决服从命令听从指挥，做到统一思想、统一行动，实行全路一盘棋，从而逐步形成了铁路部门"严字当头、铁的纪律"的优良传统。"严字当头"，就是发扬严格要求、严格管理的工作作风，用严明的纪律规范职工的职工行为；"铁的纪律"，就是极其严格的、具有强制性和约束力的、铁路企业和职工必须无条件服从和遵守的行为准则。这是运输安全生产实践的客观要求，是推进铁路事业不断创新发展的重要保证。中华人民共和国成立初期，为彻底改变旧中国铁路长期形成的分线管理、各自为政、效率低下的状况，铁道部建立了集中领导、分级管理、统一调度指挥的全国铁路管理体制，制定了一系列的管理办法和规章制度，特别是1950年2月颁布的《铁路技术管理规程》，使中国铁路第一次有了统一遵循的基本法规，为实行铁的纪律、从严治路的运输管理奠定了良好基础。几十年来，铁路部门依靠健全完善的、严格的规章制度管理，不断增强职工的组织纪律性，提高遵章守纪的自觉性，使铁的纪律、从严治路的优良传统得到巩固和发扬。全路出现了许多坚持铁的纪律、严格执行规章制度的先进集体。沈阳局小东站几十年如一日坚持严格管理，标准作业，执行规章制度"一点不差、差一点也不行"；北京局"毛泽东号"机车组50多年来，无论是在什么情况下，都能够自觉做到听从命令，服从指挥，认真瞭望不臆测，检修保养不马虎，执行规章不含糊，始终保持安全生产的良好成绩。

（四）"艰苦创业，甘于奉献"的精神

铁路是一个比较艰苦的行业，对职工的技能和身体、心理素质要求都较高。从一线工作岗位的特点说，铁路点多线长、流动分散，全天候露天作业，冬练三九，夏练三伏，工作场所往往是苦累脏险俱全，许多职工还需要远离集体、风餐露宿、独立作业，特别是客货列车365天周而复始、昼夜不停地运行，生产任务十分繁重，安全责任和精神压力巨大；从铁路

建设的工作环境来说，在幅员广大、地形条件复杂多样的国土上进行大规模的铁路建设，生活和施工条件艰苦，经常遇到技术上的难题，铁路建设者们要在严寒、酷暑、风沙、缺水种种艰苦条件下生活，在戈壁、沙漠、风区、荒漠、大山、高寒地带克服困难完成施工任务。然而，长期以来，铁路职工工作在艰苦的岗位上，时刻牢记使命，坚决履行职责，像一颗颗道钉一样，甘于寂寞，默默工作，任劳任怨，无私奉献，将"特别能吃苦、敢于打硬仗"的精神发扬光大，凝练成艰苦创业、甘于奉献的时代精神。图 3.3 和下文提到的成昆铁路就是很好的例子。

图 3.3　成昆铁路

　　成昆铁路的建设者更是用艰苦创业、不畏艰难险阻、不惜牺牲生命的精神，创造了在外国专家断言根本不能修建铁路的"禁区"建成铁路的奇迹。成昆铁路营业里程全长 1 090.9千米，沿线山高谷深，川大流急，气候多变，不仅地形复杂，地势险峻，而且由于历次构造运动的影响，地质情况极其复杂，存在着山坡崩坍、落石、滑坡、泥石流等各种不良物理地质现象，至今仍使穿越成昆铁路的人们心惊胆战，新的地质运动也较活跃，全线有 500 多千米位于烈度 7~9 度地震区，有三分之一的路段落在地震地区，凿穿大山数百座，修建隧道427 座，架设桥梁 653 座，桥梁隧道总长 400 多千米，平均每 1.7 千米一座桥梁，每 2.5 千米一座隧道，在这样的地理环境下修建现代化铁路，其工程之艰巨，为世界铁路建设史上所罕见。工程在 1958 年 7 月"大炼钢铁"之风中开工，1964 年 8 月，成昆线大会战拉开了序幕，建设者在施工过程中跨越地形障碍，克服地势高差，转战于高山深谷之间，在人迹罕至的深山峡谷搭起帐篷，在"气死猴子吓死鹰"的悬崖峭壁上凿山放炮，最艰巨的是在"地质禁区"的崇山峻岭中开凿出近 345 千米的隧道。不仅自然条件恶劣，而且后勤保障物资供应不足，但建设者们士气高昂，历尽艰辛，创造出功垂千秋万代的业绩，谱写出新中国筑路史上的壮烈诗篇，成昆铁路建设过程中，许多铁道兵指战员、铁路员工冒着危险，排除险情，不少人光荣负伤，有的甚至献出了宝贵的生命，一路上几乎每个新建火车站都有一个烈士陵园或墓地，平均每一千米铁轨就有两三名建设者为之牺牲。原中央军委副主席刘华清上将在谈到"三线"建设时，曾经说："在当时困难的政治、经济、自然条件下，广大干部、工人、知识分子、解放军官兵所表现出的艰苦奋斗精神，是永远值得发扬的宝贵精神财富。"一位社会学家评价：成昆铁路和攀钢建设至少影响和改变了西南地区 2 000 万人的命运，使西南荒塞地区的发展整整提前了 50 年。

（五）"尊客爱货，优质服务"的精神

铁路作为大众化的交通工具，是一个有着文明服务优良传统的行业，随着我国经济社会发展，人民群众对铁路的服务要求也越来越高，新形势要求铁路必须进一步规范服务行为、提高服务质量，切实解决关系旅客货主切身利益的问题，最大限度地消除影响社会和谐的因素，促进社会主义和谐社会建设。第六次大面积提速，是推进铁路跨越式发展的重要一步，是更好地服务国民经济和人民群众的战略举措，它不仅是铁路运输能力和技术装备的一次跨越，也是铁路服务水平、管理质量的一次新提升，展示铁路新的服务形象。如果服务工作不到位，就会使提速产生的良好社会效应大打折扣，甚至会在一定程度上阻碍铁路跨越发展的进程。所以，要继承发扬铁路行业文明服务的光荣传统，牢固树立"以人为本，旅客货主至上"的服务理念，把服务质量搞上去，进一步提升服务标准，推进技术装备进步，改进服务设施设备，加强服务文化建设，优化站车服务环境，创新服务产品和方法，尊重每一位旅客、货主的人格、尊严、感情、权益，以及风俗习惯、宗教信仰，想方设法为旅客、货主提供各种便利条件，千方百计为他们排忧解难，努力提供更加安全快捷、方便舒适和人性化的现代服务，用最好的服务质量，让旅客、货主满意程度最大化。

在长期的服务实践中，铁路职工形成了以"人民铁路为人民"服务宗旨为核心，以"尊客爱货、优质服务"为主要内容的服务文化和传统，涌现出一大批全心全意为旅客、货主服务的先进典型，像朱莲香、史改梅、吕玉霜、王凤莲、何颖，以及北京—沈阳 T11/12 次"英雄列车"、北京—乌鲁木齐 T69/70 次"五讲四美的长廊"、北京局"036"服务组等等，成为激励全路职工优质服务、无私奉献的鲜明导向。全国劳动模范、大连站问事处服务员吕玉霜，在问事处这一平凡的服务岗位上工作了 20 多年，共接待南来北往的旅客近 400 万人次，没有一次错误回答，没有接到一个旅客投诉电话，被人民群众称为"滨城天使"，她每天都要解答许多旅客的问题，在吕玉霜看来，每个问题的背后，都有一颗焦躁困惑的心，解答好旅客的每一次问询，都会给旅客莫大的安慰，让旅客出门在外如同在家。在服务中将心比心，时时处处设身处地为旅客着想，做到百问不烦，人性的善良与美好，就会在这一问一答之间得到传递和弘扬。吕玉霜是这么想的，也是这么做的。她业务技能强，熟练掌握全国主要铁路干线、几千个车站和上百对旅客列车的到发时间，中间站换乘时间及旅客须知等，熟记大连及周边地区的各大企事业单位的方位和公共汽车线路，对旅客的提问总是对答如流，被旅客称为铁路的"活地图"，她为旅客做的好事难以计数，人们不约而同地把她比作当代的"活雷锋"。原南京西站多年来弘扬"事事马上办、处处给方便、时时保安全、人人是窗口"的企业精神，培育了一代又一代心系旅客、货主，一心一意为旅客、货主服务的新人。

近年来，客运积极开展"树标塑形"活动，各项服务工作明显改进，推动了客运服务整体水平的提升，社会测评总体满意度逐步提高，新的铁路提速调图的实施进一步带动了客运服务理念、服务方式的转变。伴随动车组的开行，推出了专窗售票、专区候车、专用通道等服务，旅客引导系统进一步完善，创新了动车组保洁、餐饮服务机制，初步建立了动车组服务标准体系，树立起了新的客运品牌。深受旅客欢迎的服务品牌数量进一步增加，直达特快旅客列车增至 26 对，夕发朝至旅客列车增至 337 列，6 500 多辆普通客车得到翻新改造，中西部地区客车数量逐步增加，列车档次和舒适度进一步提高；一大批客运站实施了新站改建或高站台、无柱雨棚建设，服务设施进一步改善；全面开展了提速适应性培训，客运人员综

合素质明显提高。同时，在货运方面，进一步深化了星级优质货场创建活动，结合"两整合一建设"和大客户战略，探索试行了新的货运办理方式，初步建立了铁路电子商务平台，进一步规范了保价理赔服务；结合新图实施，对货运产品进行了优化，跨局大宗货物直达列车运行线增加到 406 条，覆盖全国主要煤矿、电厂、钢厂、港口等大客户；"五定班列"运行线增加到 121 条；行邮、行包专列普遍增加了编组辆数，运行时速最高达到 160 千米；集装箱、双层集装箱班列和小汽车运输等现代物流运输方式进一步发展。新图实施以来，动车组列车基本保证了正点运行，总的客车始发和终到正点率分别达到 99.9%和 99.3%，客货运输服务工作上了一个新台阶，展示了铁路新形象。

二、和谐铁路建设时期铁路精神的发展

当前，弘扬和发展铁路精神，是深入推进和谐社会与和谐铁路建设的客观需要。铁路作为国民经济大动脉、大众化交通工具、服务社会的窗口行业，在构建和谐社会中担当着非常重要的角色，是社会和谐和国家稳定的重要依托，如何办好让人民群众满意的铁路，是社会和谐在铁路运输工作中的具体体现，如果路风路貌出问题，群众对铁路有意见，甚至产生激烈的情绪，就会损害铁路形象，影响社会和谐的总体环境。为此，铁路提出了跨越式发展战略，确定了"运能充足、装备先进、安全可靠、管理科学、节能环保、服务优质、内部和谐"的和谐铁路建设目标任务，坚持服务经济社会发展全局，进一步提高铁路运力保障能力，持之以恒抓住优质服务和路风建设不放松，努力树立和维护铁路良好的公信形象，在新的形势下，铁路精神得到了新的发展，铁路精神建设取得了显著成效。

在和谐铁路建设的新时期，铁路精神发展成为展示当代铁路职工崇高的思想境界和鲜明的时代精神，这就是：严守法纪、清正廉洁，自觉抵制以车以票谋私不正之风的从严律己精神；心系旅客，胸装货主，满腔热情提供优质服务的尽职敬业精神；立足本职，顾全大局，努力塑造铁路新形象，自觉为路风路誉增光添彩的无私奉献精神；勇于创新，大胆实践，为不断提高铁路运输能力和服务质量出力献策的开拓进取精神。这些时代精神，向社会展示了人民铁路为人民的良好风貌，是全路精神文明建设的宝贵财富，必将在铁路跨越式发展中不断发扬光大，成为全面深入推进和谐铁路建设的强大精神动力。

当代铁路精神的发展过程中，涌现出大量的先进职工个人和团队，给全路干部职工树立了学习的榜样，他们产生于直接为旅客、货主服务的客运、货运、公安、车辆和多经等铁路系统各部门，多数是生产一线的干部职工，具有广泛的代表性，他们当中既有多年来踏踏实实为旅客货主服务、自觉维护路风路誉的老典型，也有在铁路跨越式发展和体制改革进程中涌现出来的新典型，这些先进典型是当代铁路职工精神风采的集中表现和生动缩影，例如，发明"四字检车法"、安全检车 9 万多辆无漏检的检车员王德明；以候车室为家、把"036"这个客运员的胸牌号做成一个铁路优质服务品牌的客运值班员王凤莲；把旅客当亲人、将服务境界无限拓展的列车员张志全；技术精湛、诚待货主、被誉为"超限大王"与"工人专家"的货运值班员莫拥吉；爱路爱车、开设"故障 110 程利甫专线"的机车司机程利甫；身怀绝技的"机车神医"司机于荣昌；践行"安全在心里，安全在手中"的养路工长凌荣海；能熟练驾驭"洋设备"的"土专家"电工郭晋龙；中华技能大奖获得者供电段高级技师赵大坪；

练就站车查堵和追逃"神眼"的优秀铁道卫士刘云。他们用热爱岗位、尽责尽职、确保安全、甘于吃苦，诠释了爱国护路、顾全大局等铁路的传统精神，用勤学科学、技术精湛、争干一流、创新变革、品牌服务，确立当代铁路技术工人的新形象。

而和谐铁路形象最具代表性的代言人，是一些先进集体及其精神概括，包括青藏铁路精神、福生庄养路工区精神、抗震救灾精神。

呼和浩特局福生庄养路工区是严守法纪的榜样。该工区在一个九曲十八弯、线路基础磨损严重、重载运输密度大、防灾抗灾能力弱的养路难区，一代又一代的养路工人，把"理由再大不如安全责任大，人情再大没有规章制度大"作为信念，几十年如一日，认真履行"要让通过的列车永远安全"的庄严承诺，将"标准化作业、执行规章制度不走样"作为铁律，把每件任务的质量精确到毫米、差一毫米也不行作为工作标准，自觉做到检查不检查一个样、活多活少一个样、好干难干一个样、天气好坏一个样、从始至终一个样，创造了自1948年8月工区组建以来59年安全生产无事故的奇迹。

青藏铁路精神的内核，是"挑战极限、勇创一流"精神，是顾全大局、无私奉献、万众一心、共创大业的大局精神。青藏铁路的建成并实现安全运营，是全路团结协作，有效调动一切有利因素、集中力量办大事的典范，青藏铁路人当属新时期中国铁路职工的楷模。青藏铁路海拔4 000米以上的地段占全线85%左右，年平均气温在零摄氏度以下，大部分地区空气含氧量只有内地的50%~60%，高寒缺氧，风沙肆虐，紫外线强，自然疫源多，被称为人类生存极限的"禁区"，在青藏铁路建设和运营中，10多万建设大军和铁路职工面对"生命禁区"凭着"氧气缺士气不缺，海拔高追求更高"的英雄气概，攻克了"高原冻土""高原缺氧""高原生态环境"三大世界性工程难题，经受住了各项严峻考验，仅用五年时间修成了这条世界总里程最长、穿越冻土里程最长、海拔最高的高原铁路，谱写了世界铁路史上的光辉篇章。青藏铁路运营以来，为青藏线无私奉献成为一种常态。在全国铁路系统中，青藏铁路公司的自然环境是最艰苦的，尤其是格尔木车务段管辖路段为1 234.5千米，是全路管辖里程最长、条件最艰苦、海拔最高的车务段，在管辖的49个车站中，12个车站地处海拔2 800米的地段，37个车站地处海拔2 800米至4 500米的地段，针对高海拔缺氧地区的实际情况，该车务段的一项特殊工作是，夜间每隔3小时必须把所有睡眠中的职工叫醒一次，以避免心力交瘁或衰竭死亡，同时，由于处在经济欠发达地区，职工的收入普遍偏低。但是，全线员工以苦为荣，以苦为乐，保持良好的精神状态，很多干部职工主动申请要求到最艰苦的地方去工作，依靠奉献精神，取得了喜人的运输生产成绩，在确保人员安全进出青海、西藏两地的同时，物资运量大幅提升，仅2008年1—5月份，青藏铁路公司的运输收入就比去年同期增长了76.27%。青藏铁路的建设和运营，孕育出了"挑战极限，勇创一流"的青藏铁路精神，达到了中华民族伟大精神的新高度，获得了"青藏铁路这一成功实践再次向世人昭示，勤劳智慧的中国人民有志气、有信心、有能力不断创造非凡的业绩，有志气、有信心、有能力屹立于世界先进民族之林。建成青藏铁路这一壮举将永载共和国的史册"的称赞。

抗震救灾精神则再次展现了铁路职工高度的政治觉悟、强烈的责任感、崇高的奉献精神、过硬的工作作风。2008年"5·12"大地震发生后，铁路想灾区所想，急灾区所急，坚持安全第一，快速反应，日夜兼程，特事特办，采取超常措施，紧急抢运援建灾区活动房和救灾物资，组成大规模运送抗震救灾部队，充分展示了铁路识大体、顾大局、讲奉献、负责任的良好形象，为夺取抗震救灾的全面胜利做出了突出贡献。而此前，在南方2008年1月的50

年未遇的冰雪灾害时期，春运遭遇大冰冻，返乡人员严重滞留铁路车站，仅广州火车站就滞留了十几万人，妥善处理滞留人员临时安置、疏散，解决他们的吃饭、保暖、就医问题，以最快的速度恢复行车秩序，疏运滞留旅客等任务十分艰巨。在关键时刻，铁路做出了巨大的牺牲，广大铁路职工承受了巨大的压力，坚决落实上级领导的指示，即"通路、保电、安民"。"通路"就是要保证公路、铁路主干线畅通，"保电"就是要使被损坏的电网尽快恢复，"安民"就是要把广大群众的生活安置好，特别是滞留的旅客。铁路职工积极采取抗救措施，较快恢复了京广铁路线等铁路主干线运输秩序。同时，非灾区的铁路部门与职工，服从调度，迅速救援，铁道部紧急调来130多台内燃机车驰援湖南，替代电力机车，从北方各局抽调100余名工程师前来帮助，并将发电车、发电机送往铁路沿线断电地点，紧急调动车皮抢运抗冰抢险救灾物资，保障了冰灾期间的电煤供应。总之，在震灾、冰灾面前，铁路再次树立了敢于承担责任、善于打硬仗的形象。图3.4是南平工务段铁路职业全力以赴抗冰灾的场景。

图 3.4 南平工务段全力以赴抗冰灾

三、新时代铁路精神的内涵和特点

党的十八大召开以来，铁路企业贯彻落实习近平新时代中国特色社会主义思想，主动适应经济发展新常态，坚定不移贯彻新发展理念，推动铁路高质量发展。按照中央关于深化国有企业改革的部署要求，积极推进加快建立现代企业制度、向法治化市场化迈进的经营管理机制改革，逐步深入实施公司制改革，不断深化铁路供给侧结构性改革，有力地促进了铁路高质量发展。全国铁路客货运量实现持续增长，铁路运输安全保持持续稳定，铁路建设投资规模达到历史高位，铁路科技创新取得新成绩，铁路绿色发展成效明显，进入建设和发展的新时代。在铁路事业的发展中，铁路精神呈现出新时代的新特征，2014年中国铁路总公司将新时代铁路精神凝练为"安全优质、兴路强国"。"安全优质、兴路强国"的铁路精神在新时代突出表现为铁路担当、不懈创新、优质服务等精神。

（一）"安全优质、兴路强国"新时代铁路精神的基本内涵

"安全优质、兴路强国"的新时代铁路精神，高度概括了铁路企业在深入推进铁路事业进

程中的价值追求，深刻揭示了新时期铁路人的精神风貌，既体现了独特的行业特征，又彰显了鲜明的时代要求，充分反映了中国铁路建设发展的精神文化传承，是社会主义核心价值观在铁路的具体体现，是激励全路干部职工推进铁路改革发展的强大精神支撑和不竭动力源泉。

安全是铁路人的首要职责。安全，就是要深刻认识安全工作是铁路的"饭碗工程"，以高度的责任心和严谨务实的作风，牢固树立强基达标、安全发展的观念，确保铁路大动脉安全畅通。"安全第一""安全大如天""安全责任重如泰山"，生动描述了安全对于铁路的重要性。从铁路在国家综合交通运输体系的地位和功能来看，铁路是国民经济的大动脉，国家重要基础设施，大众化的交通工具。铁路安全事关人民群众生命财产安全，事关国民经济发展和社会稳定大局，事关党和政府的形象和声誉，确保安全是铁路人的政治责任和社会责任，确保高铁和旅客安全万无一失在新时代已经上升到国家安全发展战略高度。从实现铁路自身发展的角度来看，安全决定市场，决定效益，是铁路的生存之本，与铁路人的利益紧密相关，保安全就是保"饭碗"。从铁路安全工作的特点和规律来看，铁路点多线长，多工种协同作业，是一部环环相扣的大联动机，安全风险无时不在、无处不有，安全始终是铁路工作的重中之重，是做好各项工作的根本前提和保证，每名铁路人都应当以安全为己任，自觉做安全生产的"守护神"，确保安全万无一失，坚决守住国铁企业的政治红线和职业底线。

优质是铁路人的职业追求。优质，就是要坚持"人民铁路为人民"的服务宗旨，竭诚为广大旅客货主提供安全、高效、便捷的服务，最大限度地满足旅客货主需求。

首先，铁路是联系民生最紧密的行业之一，服务是铁路的本质属性。铁路不仅是经济工程，发展工程，更是民生工程，推动铁路改革发展，最终目的是为促进经济社会发展和更好地满足人民群众美好生活需要提供更好的服务，优质是铁路本质属性的必然要求。服务行业的特质决定了铁路工作的优劣得失，应当由铁路的服务对象去评判和检验，人民群众满意是评价铁路工作的根本价值标准，赢得人民群众满意的唯一途径，就是提供优质服务，优质是把"人民群众满意"作为检验铁路工作好坏的根本标准。

其次，优质是铁路实现高质量发展的内在要求，是赢得市场、增收创效的重要保证。随着我国综合实力和国民收入稳步提高，国民经济中高速增长、迈向中高端水平，必然要求增加铁路公共产品和服务有效供给，注重提高供给质量和效率，降低社会物流成本，而在国家运输体系不断完善、运输形式不断丰富的新形势下，旅客货主对运输服务拥有了更多的选择，面对激烈的市场竞争，只有着眼于满足人民美好生活需要对铁路服务的新期待新要求，不断优化服务环境，提高服务质量，打造服务品牌，提供优质服务，真正让人民群众对铁路服务有更美好的体验，才能吸引客流货源，赢得市场，赢得铁路的发展空间，优质是塑造铁路良好形象的必然要求，提质增效是铁路发展的有效途径。

兴路是铁路人的职业理想。兴路，就是要坚定不移贯彻新发展理念，深入贯彻党中央、国务院关于铁路工作的部署和要求，深化铁路改革，加快推进铁路建设，进一步提升技术装备水平，提高企业经济效益，增强铁路自身发展能力，实现铁路高质量发展。铁路是国民经济大动脉、关键基础设施和重大民生工程，是综合交通运输体系的骨干和主要交通方式之一，在我国经济社会发展中的地位和作用至关重要。铁路关系国计民生，兴路是繁荣社会主义市场经济、全面建成小康社会的时代要求。铁路的发展，承载着一代又一代铁路人的光荣与梦想，振兴铁路始终是中国铁路人励精图治、上下求索的激昂主线和鲜明航标，兴路是铁路人世代不变的光荣使命。在铁路深化改革加快发展的新形势下，打造市场化、现代化、国际化的一流企业，已经成为铁路人的共识和期盼，兴路是当代铁路人的共同愿景。铁路兴衰直接关系着铁路人的福祉，铁路实现高质量发展，才能让干部职工更好地共享铁路发展成果，兴路是实现好、维护好、发展好铁路人切身利益的根本途径。

实现铁路的高质量发展，从落实《交通强国建设纲要》来看，到2050年，铁路将实现3万吨级重载列车和时速250千米级轮轨高速货运列车等方面的重大突破，技术储备研发时速400千米级高速轮轨客运列车系统，将最终形成运输保障能力强大、战略支撑有力、运输服务高效、资源环境友好的功能完善、服务一流、绿色环保的现代化铁路网，从《中长期铁路网规划》中可以看出，牢固树立和贯彻落实创新、协调、绿色、开放、共享的新发展理念，主动适应和引领经济发展新常态，推进供给侧结构性改革，遵循铁路发展规律，发挥铁路骨干优势作用，以增加有效供给、明晰功能层次、提升服务效能、兼顾效率公平为重点，着力构建布局合理、覆盖广泛、高效便捷、安全经济的现代铁路网络，全面提升铁路核心竞争力和服务保障能力，为构建现代综合交通运输体系、促进经济社会持续健康发展、实现"两个一百年"奋斗目标提供有力支撑。当前，持续推动铁路高质量发展，就是要求坚持"五个发展"相统一。要坚持创新发展，推动铁路管理创新和科技创新，为国铁企业发展不断注入新的动力和活力；坚持协调发展，统筹推进常态化疫情防控和铁路安全稳定、改革发展重点工作，推动铁路事业可持续发展；坚持绿色发展，充分发挥铁路节能环保优势，为打好污染防治攻坚战多做贡献；坚持开放发展，充分发挥中欧班列战略通道作用，推进境外重点项目建设，服务"一带一路"建设；坚持共享发展，始终践行"人民铁路为人民"的宗旨，增强人民群众的获得感、幸福感、安全感。当前铁路要着眼党和国家事业全局，突出质量变革、效率变革、动力变革，围绕铁路建设补短板强弱项、提高铁路客货运输服务质量、深化铁路科技和管理改革创新等，确保圆满完成铁路"十三五"规划目标，为实现"十四五"铁路工作良好开局打下坚实基础。

强国是铁路人的崇高社会理想。强国，就是要充分发挥铁路在国家综合交通运输体系中的骨干作用，为推动经济社会持续健康发展当好先行，为实现中华民族伟大复兴的中国梦贡献力量。在中国铁路发展的百年征程中，历代铁路人在本职岗位上努力践行着报效祖国、振兴中华的豪迈誓言，以强国为神圣使命是铁路人的光荣传统。全面推进中国特色社会主义伟大事业，实现国家的繁荣富强，需要安全可靠的运力支持，需要把铁路的发展转化为现实生产力，铁路人必须责无旁贷地当好先行，以强国为神圣使命是铁路人义不容辞的责任担当。国家强则铁路兴，铁路和铁路人的前途命运，从来都与祖国的发展进步紧密相连，铁路梦是中国梦的行业表达，只有祖国强大、人民幸福，才有铁路的兴旺发达，才有铁路人的美好生活，以强国为神圣使命是实现铁路梦的必然选择。

"安全优质、兴路强国"所包含的四个方面的要素，分别阐明了铁路的发展根基、铁路的本质属性、铁路的奋斗目标、铁路的先行本色，相互关联，构成了新时代铁路精神的有机整体。

从新时代铁路精神的构成要素看，四个方面深刻揭示了铁路人在工作中必须要面对和处理的基本价值关系，即如何认识和处理自己与本职工作、服务对象、企业、国家的关系。新时代铁路精神明确了铁路人对待本职工作，必须坚持确保安全的价值取向，把危及安全视为坚决不能触碰的"高压线";铁路人对待服务对象,必须坚持优质服务的价值取向,把维护路风路誉视为最基本的职责;铁路人对待企业,必须坚持敬业奉献的价值取向,把为铁路发展建功立业视为最大的荣耀;铁路人对待国家,必须坚持"交通强国铁路先行"的价值取向,把立足铁路职业岗位报效祖国,为民族复兴做贡献视为最崇高的荣誉。

从新时代铁路精神的层次结构看,四个构成要素形成了两个层面:"安全"和"优质"从实践层面强调铁路人的职业操守,具有较强的行为规范作用,在新时代铁路精神的总体架构中居于基础地位;"兴路"和"强国"从理想信念层面突出铁路人的信念追求,具有较强的精神激励作用,在新时代铁路精神的总体架构中居于统领地位。安全优质是新时代铁路精神的"体",兴路强国是新时代铁路精神的"魂","体"为"魂"所支配,"魂"为"体"所承载。同时,"兴路"在两个层次中起着承上启下的作用,它是铁路改革发展的目标追求,既反映安全优质的工作成效,又体现报国强国的实践要求。这种上下承接的关系,使得新时代铁路精神的两个层面相互贯通、紧密衔接。

新时代铁路精神的四个构成要素相辅相成,明晰了铁路人的基本价值遵循。安全优质是兴路强国的重要前提,只有实现了安全优质,铁路才能具备生存的根基和发展的空间,才能实现兴路强国的目标和理想;兴路强国是安全优质的动力源泉,只有站在兴路强国的高度去认识和对待铁路工作,才能更好地激发起铁路人强烈的使命感和高度的责任心,才能为实现安全优质提供强大的动力。兴路强国对安全优质起到定向作用,安全优质对兴路强国具有保障功能。兴路强国把安全优质的职业追求升华为对铁路事业的忠诚和对伟大祖国的热爱,安全优质把兴路强国的理想追求具体化为确保安全、优质服务的生动实践。这种内在统一使新时期铁路精神的四个方面、两个层次你中有我、我中有你,紧紧地联系在一起。

(二)培育和践行新时代铁路精神的重大意义

新时代铁路精神是铁路人理想信念和价值追求的凝聚与升华,是行业特色与时代精神的有机统一,大力培育和践行新时代铁路精神,对于在铁路系统深化社会主义核心价值观教育,继承和发扬铁路优良传统,提升铁路走向市场的软实力,凝聚推进铁路改革发展的正能量等方面,具有十分重要的现实意义和深远的历史意义。

1. 培育和践行新时期铁路精神,是深入开展社会主义核心价值观教育的时代要求

实现中华民族伟大复兴的中国梦,既要靠经济、科技、军事等硬实力,更离不开思想、文化、价值观等软实力。核心价值观是一个国家软实力的根本。党的十八大报告从国家、社会和公民三个层次,明确了社会主义核心价值观的重要内容,倡导富强、民主、文明、和谐,倡导自由、平等、公正、法治,倡导爱国、敬业、诚信、友善,强调要积极培育和践行社会主义核心价值观。社会主义核心价值观是中华民族的兴国之魂,培育和践行社会主义核心价值观,是强基固本,维护社会和谐稳定,实现国家长治久安的根本要求。

新时代铁路精神是社会主义核心价值观在铁路的具体体现。首先,新时代铁路精神把安全优质上升为团结兴路的奋斗目标,进而升华为铁路人立志强国的崇高理想,体现了社会主义核心价值观在国家层面倡导的"富强、民主、文明、和谐"的价值目标。其次,新时代铁路精神着眼于铁路服务社会、服务人民的本质属性,突出强调通过优质服务,履行铁路在融

治社会关系和营造健康向上社会环境中的责任，体现了社会主义核心价值观在社会层面倡导的"自由、平等、公正、法治"的价值取向。再次，新时代铁路精神既彰显了铁路人以路为家、爱岗奉献的职业情操和服从大局、勇当先行的爱国情、强国志，也表现了铁路人对安全工作的敬业实干和对服务对象的诚信友善，体现了社会主义核心价值观在公民层面倡导的"爱国、敬业、诚信、友善"的价值准则。

对于全路 210 余万干部职工而言，学习和弘扬新时代铁路精神，就是要立足铁路实际，积极培育和践行社会主义核心价值观。个体的价值选择，是社会价值观的重要基础。个体秉持怎样的精神追求和价值取向，决定着一个社会的精神面貌，塑造着一个时代的气质。聚个体为群体、积"小我"为"大我"、集小气候为大气候，才能形成全社会认同和践行社会主义核心价值观的主流。铁路行业想要培育和践行社会主义核心价值观，就要从企业作为、职工行为入手，塑造好"小我"，把弘扬新时代铁路精神作为社会主义核心价值观在铁路落地生根的有效抓手，通过日常教育、实践活动、示范引领等措施，使社会主义核心价值观的总体要求和基本内涵落实到铁路工作的各个方面。

2. 培育和践行新时代铁路精神，是推进铁路改革发展的迫切需要

当前，我国正处于全面建成小康社会的决胜阶段，经济社会发展面临着新趋势、新机遇，我国发展仍然处于战略机遇期，但机遇和挑战都有新的发展变化，亟待加快形成以国内大循环为主体、国内国际双循环相互促进的新发展格局，新时代为铁路建设发展带来了新的历史机遇，铁路进入快速发展时期，同时也对铁路发展提出新的、更高的要求。总体上看，当前我国铁路运能紧张状况基本缓解，瓶颈制约基本消除，基本适应经济社会发展的需要。但也应看到，与经济发展新常态要求相比、与其他交通运输方式相比、与发达国家水平相比，我国铁路仍然存在不足，主要体现在：一是路网布局尚不完善，区域布局不均衡，尤其是中西部地区发展不足，路网覆盖仍需进一步扩大；二是运行效率有待提高，重点区域之间、主要城市群之间的快速通道存在通而不畅，部分跨区域通道能力仍然紧张；三是结构性矛盾较突出。网络层次不够清晰，城际客运系统发展缓慢，现代物流、综合枢纽、多式联运等配套设施和铁路集疏运体系以及各种交通运输方式衔接有待加强；四是支持政策尚需强化。随着铁路快速发展，铁路建设资金筹集难度增加，债务不断攀升，经营压力加大，铁路发展面临新挑战，需进一步加大政策支持，继续深化铁路改革。

在新形势下铁路发展面临新挑战，需要落实"依靠改革应对变局、开拓新局"的要求，统筹谋划和深化推进国铁企业改革，进一步激发推动铁路高质量发展的内生动力，切实增强铁路企业的竞争力、创新力、控制力、影响力和抗风险能力，推动铁路转型升级。党的十八大以来，铁路适应新时代经济社会的发展需要，实施政企分开管理体制改革，积极推进铁路投融资体制改革，客货运输组织改革，加快构建适应市场经济要求的铁路管理模式和运行机制，尤其是近年来，我们在加快推动国铁企业股份制改造，抓住公司制改革契机，持续深化体制机制改革创新，国铁企业建立现代企业制度方面取得一定进展，公司制条件下的国铁企业运行机制初步建立，铁路行业市场化机制建设迈出重要步伐，党的建设有机融会贯通公司治理并得到全面加强，为推进国铁企业治理体系和治理能力现代化建设奠定了重要基础，国铁企业体制机制改革发展迈出新的步伐，铁路依靠改革迈上发展的新台阶。

当前，铁路改革发展进入了一个极为关键的时期，随着铁路改革和市场化进程的不断深

入，铁路未来发展面临的困难会更多、压力会更大、任务更繁重。要按照《新时代交通强国铁路先行规划纲要》提出的实现治理体系和治理能力现代化目标和重点任务，明确时间表、路线图和重大举措，推进国铁企业治理体系和治理能力现代化建设不断深化。要进一步健全公司法人治理结构，加快构建具有中国特色的国铁企业治理体系；认真贯彻中央关于《党委（党组）落实全面从严治党主体责任规定》，建立健全国铁企业党的领导制度，切实把党的领导落实到企业治理体系各环节；建立健全法治化市场化运营机制，全面提升市场化经营水平和依法治企能力；持续深化干部人事、劳动用工、收入分配三项制度改革，为企业改革发展注入活力；提高领导干部治理能力，促使领导干部严格按照制度履行职责、行使权力、开展工作，推动国铁企业治理体系和治理能力现代化建设落实落地。2020年7月中国国家铁路集团有限公司党组在学习中央全面深化改革委员会第十四次会议精神的会议上指出，今后三年是国铁企业改革发展的关键阶段，要认真落实《国企改革三年行动方案（2020—2022年）》，结合实际研究制定国铁企业三年改革行动方案，明确深化改革的路线图、时间表和具体举措，进一步加大重点领域的改革创新力度。要围绕铁路安全稳定、改革发展大局，以改革创新的精神，谋划和推进铁路安全、运输生产、经营管理、党的建设等重点工作，推进国铁企业治理体系和治理能力现代化，增强企业的发展活力和市场竞争力。总之，站在历史新起点上，铁路坚持社会主义市场经济改革方向，坚定不移以改革的思路和举措化危为机、推动铁路转型升级，持续深入的改革驱动正行其时，通过更深层次体制机制改革，推进国铁企业治理体系和治理能力现代化，建立现代企业制度，通过聚焦货运增量、客运提质和复兴号品牌战略三大举措，推动铁路运输供给侧结构性改革，打造安全可控、服务优质、效益良好、管理科学的市场化、现代化、国际化大型国有企业。依靠改革开创铁路事业新局面，实现铁路高质量发展，迫切需要大力培育和践行新时期铁路精神，新时代铁路精神是铁路人共同的奋斗目标和共有的价值遵循，是联结全路干部职工团结奋进的精神纽带，培育和践行新时代铁路精神，有利于统一思想和价值认知，引导全路干部职工敢于涉险滩、攻难关，破解铁路改革深层次问题，充分调动各方面改革创新、积极探索实践的积极性和创造性，为全路干部职工提供主动应对风险、不断锐意改革的坚固思想基础和强大精神支持，形成企业与职工共谋改革、共促发展的命运共同体。

（三）新时代铁路精神的突出表现形式

在铁路建设和发展的不同历史时期，形成了各具特色而又一脉相承的铁路精神，新时代铁路精神作为时代发展的产物，既是对铁路光荣传统和精神文化的传承和弘扬，又具有鲜明的时代特征，反映了铁路开拓创新、发展兴路的时代要求，展示了铁路人为实现中华民族伟大复兴当好先行的责任担当。进入新时代以来，铁路人始终遵循"人民铁路为人民"的宗旨，履行守护安全、确保畅通的天职，坚持无私奉献、热情服务的职业情操，厚植敬业爱岗、团结奋进的不变情怀，发扬胸怀祖国、敢于担当的光荣传统，而新时代铁路人对铁路精神的践行，又必然具有时代的新特点，突出表现为以下三种精神。

1. 铁路担当精神

铁路担当精神是兴路强国的强力表现，新时代的铁路人不忘中华民族伟大复兴的历史使命，深入贯彻落实"交通强国、铁路先行"战略部署，坚守国家铁路的战略定位，自觉履行在国家经济社会发展中的经济责任、政治责任、社会责任，奋勇担当作为，发挥大型国企在改革发展中的示范引领作用，成为践行创新、协调、绿色、开放、共享的新发展理念的先锋。新时代铁路担当的精神体现如下。

（1）铁路在贯彻新发展理念、实现国有企业做大做强方面勇于担当，发展的先行与示范作用更加突出。

近年来，铁路坚定不移贯彻新发展理念，实现了快速发展，建成了世界上最现代化的铁路网和最发达的高铁网，铁路建设投资规模达到历史高位。2019年全国铁路固定资产投资完成8 029亿元，连续六年保持在8 000亿以上。全国铁路营业里程达到13.9万千米，其中高速铁路达到3.5万千米。截至2020年7月底，全国铁路营业里程达到14.14万千米，其中高铁3.6万千米。交通运输部表示，预计到2020年年底，我国铁路营业总里程将达到14.6万千米，覆盖大约99%的20万人口及以上的城市。其中，高铁（含城际铁路）大约3.9万千米，继续领跑世界。

铁路企业的发展活力和市场竞争力不断提升，2013年以来，铁路客货运量连年增长。铁路部门2019年的《统计公报》显示，2019年全国铁路旅客发送量为36.60亿人次，增长8.4%。全国铁路货运总发送量为43.89亿吨，增长7.2%。2020年，尽管遭受了新冠肺炎疫情的冲击，铁路投资仍实现逆势增长，不仅如此，上半年铁路货运量也实现了逆势增长，数据显示，上半年国家铁路累计发送货物16.93亿吨，同比增长3.6%，国家铁路日均装车15.26万车，同比增长3.4%，单日装车、卸车联袂刷新历史纪录；客运量新冠肺炎疫情期间明显下降，全国铁路日均发送旅客量在2020年2月仅为128.4万人次，但铁路精准实施疫情防控，厉行节支降耗，有序稳妥恢复客运量，上半年铁路客运安全平稳有序，铁路客流企稳回升，6月份，全国铁路日均发送旅客553万人次，7月份全国铁路发送旅客2.07亿人次，环比增加3 995万人次，增幅达24%。7月25日，全国铁路发送旅客790万人次，创今年春节后单日客流新高。

作为国家重要基础设施、大众化的交通工具，铁路坚持安全发展理念，坚守国家和人民生命财产安全高于一切的政治责任，铁路运输安全持续稳定，为维护社会稳定做出了重要贡献。2013年至2019年，全国铁路未发生铁路交通特别重大、重大事故，铁路交通事故死亡人数持续下降。

铁路绿色发展成效明显，多年来坚持不懈地将节能减排和沿线绿化列为发展的重要指标，为持续推进污染防治、打赢蓝天保卫战、建设绿水青山发挥了重要作用。铁路统计公报显示，2013年至2019年，综合能耗逐年下降，主要污染物排放量显著降低。2013年国家铁路能源消耗折算标准煤1 743.0万吨，比上一年减少9.9万吨、降低0.56%。单位运输工作量综合能耗4.66吨标准煤/百万换算吨公里，比上一年减少0.08吨标准煤/百万换算吨公里、降低了1.7%。单位运输工作量主营综合能耗3.88吨标准煤/百万换算吨公里，比上一年减少0.02吨标准煤/百万换算吨公里、降低0.5%，国家铁路化学需氧量排放量2 103.3吨，比上一年减排40.1吨、降低1.9%。二氧化硫排放量3.55万吨，比上一年减排0.23万吨、降低6.1%。2019年国家铁路能源消耗折算标准煤1 634.77万吨，单位运输工作量综合能耗3.94吨标准煤/百万换算吨公里，比上一年下降3.2%。单位运输工作量主营综合能耗3.84吨标准煤/百万换算吨公里，比上一年降低0.9%，国家铁路化学需氧量排放量1 764吨，比上一年降低6.1%。二氧化硫排放量 5 430 万吨，比上一年减排 4 398 万吨、降低 44.7%。沿线绿化里程每年在 4 万千米以上，逐年增加，2018 年国家铁路绿化里程 4.83 万千米（《2019 年铁道统计公报》未列沿线绿化数据）。

（2）铁路在推动经济社会发展、履行社会责任方面勇于担当，大动脉的带动和助力作用更加突出。

新时代铁路人不忘初心，通过快速建设现代化路网和确保铁路大动脉畅通，加强了铁路拉动经济增长的"火车头作用"，为决战脱贫攻坚、决胜全面小康提供了有力支撑，做出了新的、更大的贡献。

《中长期铁路网规划》直接将提高对扶贫脱贫、地区发展、对外开放、国家安全等方面的支撑保障能力列入规划方案。《中长期铁路网规划》实施以来，铁路网规模、网络覆盖面按规划目标实现如期扩大，路网结构更加优化，"八纵八横"主通道为骨架、区域连接线衔接、城际铁路补充的高速铁路网快速推进，普速铁路网的扩能改造和规模扩大有序进行，铁路作为综合交通运输体系的骨干和主要交通方式之一，其作用将更加显著。铁路的建设，铁路网的延伸，带来了遇"铁"而兴、因"铁"脱贫的机遇，新时代的铁路将成为所覆盖区域人民的"脱贫致富之路"、地方的"跨越发展之路"。

以高铁对湖南省的发展贡献为例。2009 年，京广高铁武广段开通运营，湖南省进入高铁时代，2014 年，沪昆高铁湖南段开通运营，与京广高铁在长沙南站"握手"，形成"黄金十字"，2018 年，怀衡铁路开通运营，长沙、怀化、衡阳三地形成湖南高铁"金三角"，未来，黔常铁路将与在建的张吉怀、常益长两条高铁连接，湖南省 14 个市州将全部通高铁，形成高铁环线，截至 2020 年，湖南省铁路营运里程达 5 630 千米，其中高铁营运里程达 1 996 千米，湖南省将是名副其实的高铁大省。高铁快速延伸让三湘四水迎来幸福蝶变，2008 年，湖南省的地区生产总值开始跨上万亿元台阶，2012 年突破 2 万亿元，2016 年突破 3 万亿元，2019 年达到 39 752 亿元，逼近 4 万亿元；党的十八大召开以来，该省年均减贫人数 100 万人以上，怀化市溆浦县位于雪峰山主峰的北向延伸地区，居住着瑶族、土家族等民族，多年来山高路窄、经济落后，怀衡铁路开通运营，乘着高铁的东风，溆浦县驶入发展快车道，"溆浦鹅""溆浦瑶茶"被评为中国国家地理标志产品，"雪峰片片橘"被评为中国驰名商标，溆浦成为全国粮食生产先进县、全国粮食主产县、全国生猪调出大县。

（3）铁路在应对风险挑战、抗疫救灾方面勇于担当，应急保障和公益服务作用更加突出。

2013 年以来，铁路深化体制机制改革，建立健全法治化市场化运营机制，推进国铁企业的治理体系和治理能力现代化，取得显著成果，铁路应对风险挑战、应对突发事件及自然灾害的应急保障能力提升，铁路贯彻总体国家安全观，强化铁路快速投送能力，增强路网灵活性、通达性与可靠性，有效维护国家安全稳定和长治久安，增强国防交通保障水平，尤其是在面临 2020 年的新冠肺炎疫情、防汛救灾等特殊情况时，充分发挥战略通道作用和全国铁路"一张网"的体制机制优势，助力抗疫救灾和复工复产，彰显了"铁"的担当。

新冠肺炎疫情发生后，全国铁路闻令而动，在万里铁道线上打响抗疫战斗，高铁武汉站值班站长贾青青说的一段话概括了全路 210 万干部的态度："虽然不能像白衣战士一样救护患者，但站台就是我的战场，及时转运医护人员和物资，就是我们铁路人对防疫战斗最大的贡献。"铁路人科学精准做好疫情防控工作，巩固拓展货运增量，有序稳妥恢复客运量，为加快建立同疫情防控相适应的经济社会运行秩序当好先行者。《抗击新冠肺炎疫情的中国行动》白皮书这样记录铁路的贡献：疫情发生以来，中国国家铁路集团有限公司各级组织和 200 多万名干部职工始终听党指挥、冲锋在前，充分发挥铁路战略通道作用，优先保证疫情防控和关系国计民生的重点物资运输，全力打好货运增量攻坚战。今年 1 月至 5 月，国家铁路完成货物发送量 13.9 亿吨，同比增长 2.7%，为疫情防控阻击战取得重大战略成果和经济社会发展做出积极贡献。5 月，中欧班列累计开行 1 033 列、同比增长 43%，首次突破 1 000 列，发送货物 9.3 万标箱、同比增长 48%，单月开行列数和发送量均创历史新高。中国铁路为驰援全球战疫、保障国际供应链稳定畅通、促进我国外贸产业平稳发展提供了有力支撑。未录入"白皮书"的贡献还有，中欧班列上半年累计开行 5 122 列，同比增长 36%，6 月份开行 1 169 列，再创历史新高，中国铁路与时间赛跑，分秒必争，积极对接物资运输企业，主动上门指导装车人员，对集装箱、包装牛皮纸箱等进行消毒，确保装运规范，符合国际运输要求，在开展配车、吊装、编组、挂运等工作的基础上，合理铺画列车运行图，星夜兼程，将物资编挂转移到中欧班列集结地，大大提高了运输效率，让载着希望与爱心的中欧班列以最快速度抵达目的地，为各国疫情防控争取了宝贵时间，同时，铁路部门决定自 3 月 6 日至 6 月 30 日实施阶段性下浮货运杂费措施，向企业和货主让利约 3.8 亿元，积极对冲疫情对物流环节的影响。

图 3.5　旅客问询现场

图 3.6　装满物资的集装箱

除了"白皮书"肯定地保证疫情防控和物资运输，国铁集团还积极配合地方政府和用工企业开行定制务工人员专列，为助力企业复工复产、服务经济社会平稳运行做出铁路贡献。铁路精心组织复工返岗运输，了解复工复产安排和务工人员出行需求，做到按需开车；灵活制订运输方案，实行"点对点"运输；为务工人员办理团体车票业务，在安检、进出站、验票、候车等环节开辟绿色通道。自 2 月 16 日首趟务工专列开行，铁路上半年共组织开行务工人员专列 401 列、包车厢 1 531 辆，"点对点"运送务工人员 45.3 万人次。

抗疫有铁路贡献，防洪同样有铁路攻坚。2020 年入汛以来，铁路防汛形势十分严峻，京广、京九、沪昆、焦柳、成渝、川黔、湘桂、武九、皖赣、峰福等铁路沿线降雨量是往年的 2 至 3 倍，部分线路区段发生水害断道险情，严重影响铁路运输的安全秩序。面对严峻汛情，国铁集团全力做好防汛救灾和运输安全工作，迅速采取有力措施，确保了全国主要铁路干线和货运通道的安全畅通。在确保运输安全畅通的同时，铁路部门全力以赴保障防汛救灾物资和人员运输，强化调度集中统一指挥，与地方政府密切联系，及时掌握救灾物资的运输需求，开辟绿色通道，坚持特事特办、急事急办、随装随运，以最快速度送达灾区，为支援全国防汛救灾工作、保障灾区人民群众生产生活需要提供有力的运输支撑。

图 3.7　2020 年 7 月，信阳工务段职工清理线路两侧堵塞水沟

2. 不懈创新精神

不懈创新精神是兴路强国的动力之源，创新与改革双轮驱动，构成铁路发展的内生力，新时代铁路的改革与发展，依赖铁路科技创新、管理创新、制度创新，需要不懈创新的精神。创新是新时代铁路精神的华彩篇章，近年来，铁路坚持改革开放的战略选择和价值取向，铁路科技创新能力显著增强，铁路科技创新实现了历史性、整体性、格局性的重大变化，取得了令国人自豪、世界惊叹的巨大成就，以高速、高原、高寒、重载铁路发展为依托，工程建造、装备制造、系统集成等创新成果显著，自主发展能力与核心竞争力不断增强，建成了世界上最现代化的铁路网和最发达的高铁网，铁路总体技术水平迈入世界先进行列，高速铁路、重载铁路、高原高寒铁路、智能高铁技术等领域均达到世界领先水平。正是显著的铁路科技创新能力和创新成果，为铁路安全可靠、节能环保、便捷舒适、运输能力、运营组织等方面的提升提供了有力保障，从整体上、从全方位推动了我国铁路事业的高质量发展。2014—2019 年铁路科技创新和铁路行业相关标准发布统计表如表 3.1 所示。

表 3.1　2014—2019 年铁路科技创新和铁路行业相关标准发布统计表

年份＼成果	铁路科技创新成果获国家科技奖励奖数量	铁路行业相关标准发布数量
2013 年	5 项科技成果荣获 2013 年度科学技术奖，其中《三索面三主桁公铁两用斜拉桥建造技术》荣获国家科技进步一等奖，《高速铁路供电综合监控技术与装备》《桥建合一及功能可视化立体疏解客流铁路车站设计建造技术》《湿陷性黄土地区高速铁路修建关键技术》荣获国家科技进步二等奖，《新型自密实混凝土设计与制备技术及应用》荣获国家技术发明二等奖。铁路 6 项专利荣获第十六届中国专利奖优秀奖	发布了 73 项行业标准，主持和参加修订了国际铁路联盟（UIC）标准、国际电工组织牵引电器标委会（IEC/TC9）标准、国际标准化组织标准共 11 项
2014 年	5 项科技成果荣获 2014 年度国家科学技术奖，《基于自主技术平台的系列化大功率交流传动电力机车研发及应用》《高速铁路关键基础设施综合检测及评估技术》《高水压浅覆土复杂地形地质超大直径长江盾构隧道成套工程技术》《中国中铁技术创新体系升级版工程》均获国家科技进步二等奖，《大跨度漂浮型铁路斜拉桥列车制动响应智能控制新技术》获国家技术发明二等奖。4 项专利获中国专利奖优秀奖	发布 55 项铁路技术标准，主持 10 项国际铁路联盟（UIC）、9 项国际电工委员会（IEC，其中已发布 4 项）铁路国际标准的制定工作
2015 年	4 项科技成果荣获 2015 年度国家科学技术奖。《京沪高速铁路工程》荣获科技进步特等奖，《高速铁路大断面黄土隧道建设成套技术及应用》荣获国家科技进步二等奖，《砂卵石地层盾构隧道施工安全控制与高效掘进技术》和《高速、重载列车牵引控制关键技术及应用》荣获国家技术发明二等奖。"一种喷射机械手"和"双侧半弹簧式托头带载横向调整机构"等获中国专利优秀奖	发布 116 项铁路技术标准；主持 9 项国际电工委员会（IEC）国际标准的制定工作，其中已发布 5 项；新主持 5 项国际铁路联盟（UIC）国际标准
2016 年	《高速铁路标准梁桥技术与应用》《基于耦合动力学的高速铁路接触网/受电弓系统技术创新及应用》《跨江越海大断面暗挖隧道修建关键技术与应用》等 3 项科技成果荣获国家科学技术进步二等奖，《高速铁路轨道平顺性保持技术》荣获国家技术发明二等奖。6 项获中国专利优秀奖	发布 116 项铁路技术标准，11 项铁路工程建设标准
2017 年	5 项科技成果荣获 2017 年度国家科学技术奖，"复杂环境下高速铁路无缝线路关键技术及应用"获得国家科技进步一等奖，"高速铁路狮子洋水下隧道工程成套技术"等 4 个项目获得国家科技进步二等奖；"高速运动刚柔相互作用系统非线性建模与振动分析"获得国家自然科学二等奖，"智慧协同网络及应用"等 2 个项目获得国家自然发明二等奖。两项发明专利荣获中国专利奖金奖、11 项发明专利荣获中国专利奖优秀奖、1 项专利荣获第十九届中国专利奖外观设计金奖。铁路重大科技创新成果库入库 50 项	发布铁道行业技术标准 89 项、铁道行业标准修改单 2 项。制修订铁路工程建设标准 13 项。发布铁路工程造价标准 18 册

年份 \ 成果	铁路科技创新成果 获国家科技奖励奖数量	铁路行业相关标准 发布数量
2018 年	4 项科技成果荣获 2018 年度国家科学技术奖,《严寒季冻区高速铁路毫米级变形标准下路基平稳性控制技术及应用》《高速列车整车调试环境模拟技术及应用》《高速铁路弓网系统运营安全保障成套技术与装备》(第二完成单位)获国家科学技术进步奖二等奖,《复合地基理论、关键技术及工程应用》获 2018 年度国家科学技术进步奖一等奖(第七完成单位)。《"复兴号"中国标准动车组》获第五届中国工业大奖。1 项专利获第 20 届中国专利金奖,6 项专利获中国专利银奖,18 项专利获中国专利优秀奖。2 项获中国标准创新贡献奖二等奖	参与制定 41 项铁道国家标准,发布铁道行业标准 130 项;中国铁路总公司组织制定并发布 89 项总公司技术标准
2019 年	获国家科学技术奖 6 项,其中国家科技进步二等奖 4 项、国家技术发明二等奖 2 项。铁路重大科技创新成果库 2019 年度入库 280 项	报经国家标准委审批发布铁道国家标准 15 项。国家铁路局制定发布铁道行业技术标准 51 项、工程建设标准 19 项、工程造价标准 8 项

高铁技术是我国铁路升级换代、从中国制造转变为中国创造的标志性事物,是自主创新让我国掌握了高铁关键核心技术,为高铁成为中国名片提供了核心竞争力,这是创新驱动铁路高质量发展的典型案例。

中国高铁是中国制造的名片,李克强总理说道:"我每次出访都推销中国装备,推销中国高铁时心里特别有底气。"而中国高铁的底气和核心竞争力,则在于它的六大达到世界先进水平的技术。

第一,工程建造技术达到世界先进水平:掌握了复杂地质条件下高速铁路地基处理和路基填筑技术;掌握了常用跨度简支箱梁的制造、运输、架设成套技术;掌握了高速铁路有砟、无砟轨道成套技术;掌握了百米钢轨制造、运输、铺设、焊接成套技术;攻克了高速列车重联运行接触网关键技术难题。

第二,高速列车技术达到世界先进水平:系统掌握了时速 200~250 千米动车组核心技术;成功搭建了时速 350 千米动车组技术平台;成功完成了时速 380 千米高速列车的设计生产。

第三,列车控制技术达到世界先进水平:掌握了满足时速 250 千米的 CTCS-2 级列车运行控制技术;研发了具有世界领先水平的 CTCS-3 级列车运行控制系统。

第四,客站建设技术达到世界先进水平:集功能性、系统性、先进性、文化性、经济性于一体。

第五,系统集成技术达到世界先进水平:掌握了总体设计、接口管理、联调联试等关键技术。

第六,运营维护技术达到世界先进水平:实现了基础设施检测监测的自动化和养护维修的机械化;广泛采用调度集中系统全面实现了运输调度集中统一指挥;采用新材料、新能源、现代信息技术。

中国高铁成为中国制造走出去的亮丽名片,起始于复兴号动车组的成功研制和运营。2012年,铁道部正式启动中国标准动车组研制工作,以行业知名专家为骨干的复兴号动车组研发创新团队从国家战略需求出发,在高铁关键装备领域开展科研攻关,取得了一系列重大突破,搭建了具有完全自主知识产权的中国高速动车组技术创新平台,系统掌握了动车组车体、转向架、牵引、制动、网络等核心技术,构建了我国高速铁路装备成套试验验证体系,研发了覆盖不同速度等级、满足不同运用需求的复兴号系列产品,在安全可靠、节能环保、便捷舒适等方面表现出卓越品质。2016年7月,中国标准动车组在世界上首次实现时速420千米交会及重联运行试验,2017年6月,中国标准动车组被命名为复兴号并批量投入运营,2017年9月,复兴号动车组在京沪高铁实现时速350千米商业运营,树起了世界高铁建设和运营新标杆,2019年12月,复兴号智能动车组在京张高铁成功上线运用,并在世界上首次实现时速350千米自动驾驶功能,再次树起世界高铁建设和运营新标杆;2019年12月,复兴号智能动车组在京张高铁成功上线运用,并在世界上首次实现时速350千米自动驾驶功能。目前,我国投入运用的复兴号动车组超过800标准组,覆盖全国27个省区市和香港特别行政区。2020年复兴号动车组研发创新团队荣获第二届全国"创新争先奖"。复兴号动车组的成功研制和运营,标志着我国已全面掌握高铁关键核心技术,建立了基于自主知识产权的高速动车组技术平台和技术标准体系,迈出了从追赶到领跑的关键一步。下一步,中国铁路将持续深化高铁重点领域关键核心技术的自主创新,着力打造新一代高速动车组研发平台,研制更加安全、环保、节能的新一代复兴号高速列车,为促进中国铁路高质量发展、提升中国高端装备制造水平做出新的更大的贡献。

中国铁路建设的速度闻名世界,正是科技创新为铁路建设插上了腾飞的翅膀,获得开山辟路、逢水架桥的神奇力量。我国铁路桥梁设计建造技术即是铁路建设科技发力的代表之一。2020年7月1日,我国自主设计建造、世界上首座主跨为千米级的沪苏通长江公铁大桥建成通车,与沪苏通铁路同步开通运营。沪苏通大桥的主要特点表现为"高""大""新"。"高"即主塔高330米,为世界上最高公铁两用斜拉桥主塔;"大"即跨度大、体积大,主航道桥主跨1 092米,为国内最大跨度斜拉桥,也是世界最大跨度公铁两用斜拉桥;沉井基础体积大,主塔墩沉井平面相当于12个篮球场的大小,沉井高110.5米,为世界上最大体积沉井基础。"新"即运用了一大批新材料、新结构、新设备、新工艺。沪苏通长江公铁大桥是一项领跑世界的超级工程,是一座科技创新的世界级桥梁,在大桥建设过程中,开展了一系列科研攻关,形成了65项专利、创造了14项新工法,在桥梁建造技术方面取得重大突破,实现了五个"世界首创":一是实现千米级公铁两用斜拉桥设计建造技术世界首创;二是实现2 000兆帕级强度斜拉索制造技术世界首创;三是实现1 800吨钢梁架设成套装备技术世界首创;四是实现1.5万吨巨型沉井精准定位施工技术世界首创;五是实现基于实船—实桥原位撞击试验的桥墩防撞技术世界首创,在世界上首次组织了原位船撞试验,可实现3千米范围防撞主动预警,有效保证桥梁和船舶安全。沪苏通大桥的设计建造技术的"世界首创",在我国乃至世界铁路桥梁建设史上具有里程碑意义。沪苏通铁路的开通运营,大幅提高了铁路过江运输能力,缩短了上海与南通及苏北地区的时空距离,将有力助推长江三角洲区域一体化发展。近年来,铁路部门认真贯彻落实国家创新驱动发展战略,结合铁路重点工程建设,组织设计、施工、运营单位深入推进铁路桥梁科技创新,修建了沪苏通长江公铁大桥等一批跨越大江大河的世界级大跨度铁路桥梁,创造了多项世界纪录,进一步巩固和发展了我国铁路桥梁设计建造技术的国际领先地位。我国铁路桥梁设计建造的难度大的原因是我国铁路沿线地质气候环境复杂多变，水系发达，沟壑纵横，近年来，针对不同区域和环境，铁路部门创新设计建造理念，建设了多座具有代表性的铁路桥梁，创造了多个"世界之最"，我国铁路桥梁设计建造技术创多项世界纪录，连云港至镇江铁路五峰山长江大桥是世界设计荷载最大、列车设计速度最高、主缆直径最大、基础沉井平面尺寸最大的铁路桥梁，也是我国第一座公铁两用悬索桥，世界第一座高速铁路悬索桥，丽江至香格里拉铁路金沙江大桥是我国首座高山峡谷区铁路悬索桥，形成了高山峡谷区大跨铁路悬索桥建造成套技术，福州至平潭铁路平潭海峡公铁两用大桥穿越世界著名的三大风暴海域之一，形成了我国跨海铁路桥梁成套建造技术，大理至瑞丽铁路怒江桥主拱跨径 490 米，是世界第一大跨度的铁路钢桁拱桥，拉萨至林芝铁路藏木雅鲁藏布江大桥主拱跨径 430 米，是世界海拔最高、跨度最大的铁路钢管混凝土拱桥，这些世界之最的桥梁设计建造，施工的水文气象条件极端恶劣、地质条件复杂，在建设过程中，铁路部门坚持科技创新引领，研发了一大批桥梁建设的新材料、新结构、新设备、新工艺，创新应用装配式、智能化技术，提高了工程质量和施工效率，目前，我国拥有世界上最全面的桥梁建造技术、现代化的施工装备，桥梁设计建造总体水平处于世界领先地位。图 3.8 为沪苏通长江公铁大桥。

图 3.8　沪苏通长江公铁大桥

小小一张火车票的变迁史，同样是技术创新为改善客运服务能力、提高服务质量的生动缩影。从第一代手工发售的纸板火车票，到第二代计算机发售的软纸火车票，再到第三代磁介质车票，再到今天"无纸化"一证乘车的电子客票时代，这一系列的变化背后，是铁路部门不断完善、升级、创新的过程，电子客票的使用在全路的推广实施是铁路部门对车票的完善和改进，也是科学技术提高和创新能力增强的见证，2020 年 6 月 20 日，国铁集团在全国普速铁路推广实施电子客票，覆盖 1 300 多个普速铁路车站，随着普速铁路电子客票系统一次性整体切换成功，标志着普速铁路电子客票的顺利推广实施，也标志着从 6 月 20 日起，全路正式进入无纸化、一证（身份证）通行时代，电子客票惠及 95%以上的铁路出行人群，让旅客出行更便捷、更温馨。

创新还为推动铁路运输的结构性改革提供支撑力。2020 年国家追加投入 1 000 亿元的同时，铁路部门大刀阔斧推动铁路运输的结构性改革，改革中至关重要的是，加快推进新一代信息技术特别是 5G、大数据技术在铁路的应用，提高铁路信息化、智能化水平，促进传统产业提质升级，根据各路线生产组织以及地理位置等情况，运用大数据分析，以铁路工程建设、装备制造、安全保障、运营管理等重点领域为关键核心技术导向，自主创新地制定高效、科学、有序的调度和管理方案、模式，更新的改革措施出台，将在创新主体、创新基础、创新资源，创新环境等方面持续用力，提升整体经济效能。

3. 优质服务精神

随着新时代铁路市场化改革的不断深化，铁路部门告别了过去"铁老大"的形象，坚持以人民为中心的发展思想，运用信息化、智能化技术手段，优化运力，创新和改进客货运输的运营组织方式，铁路职工以强烈的优质服务意识，提高服务技能、探索服务规律、创新服务方式，以优质服务赢得旅客货主和社会的广泛赞誉，取得了铁路客货运量持续增长的显著成绩。

新时代铁路精神以服务人民服务社会为主旋律。任何时候，铁路服务社会、服务人民群众的宗旨都不会改变，新时期更应发扬和光大宗旨意识和服务意识，让宗旨意识和服务意识成为铁路精神的主旋律。当前，需要我们在铁路员工中广泛宣传贯彻优质服务理念，以优化服务环境、改善服务态度、创新服务方式、提高服务质量为工作要点和突破，加强以满足市场需求为导向，以解决顾客问题为指针的市场主体地位理念，全面树立并推行乘客或货主需求至上的服务意识。

新时代优质服务精神的鲜明特质是：更加主动顺应市场化的发展，更加贴近旅客货主个体化、多元化的需求，更加精细化分析市场需求，根据客户需要提供更加灵活多样的服务产品，更好地提升人民群众的体验感、获得感、幸福感。

新时代客运市场化改革中的优质服务表现于铁路人的客运服务的格局，从发展高铁为主、追求高铁速度更高，到贫困地区的公益性"慢火车"、不通铁路地区的无轨站"公铁联运"无缝衔接，具体诠释了铁路人优质服务的格局，追求高速是为了满足经济社会发展的整体与主流需求，而"慢火车"、无轨站则是为居民就业、基本民生、农村市场、脱贫攻坚提供"加速度"。优质服务也表现在服务的细节，从高铁网上订餐服务、电子客票、候补购票、刷脸进站、为复工复产推出务工人员"点对点"运输、开辟绿色通道等服务环节的一系列便民措施，到"一日一图"，契合暑期学生流、探亲流、旅游流等客流变化确定运输方案，在"大调图"基础上预留"小调图"的空间，实施智能化、精细化的运营组织管理，所有的细节都围绕着科学调配运力资源，精准有效供给客运产品，提升出行服务快速化、便捷化水平，精细化、人性化、灵活性、多样性的服务细节，显现了铁路人优质服务的初心与匠心。

新时代铁路货运的优质服务，突出表现在货运市场化改革的基本举措上，货运改革牵住货运增量"牛鼻子"，抓住大宗物资运输重头戏，发展集装箱作为货运增量的主要方向，对实施的主要增量项目，及时密切跟踪推进情况，有针对性地优化方案，分区域、分品类、分方向做好市场价格跟踪，在稳定运量基本盘的前提下，灵活调整价格策略；实施实货制运输改革，打造多层次的运输服务产品体系，积极开拓高附加值白货市场，零散白货当日受理率达99%以上，全路门到门运输办理站数量达到 1 909 个，全路零担办理站从货改前的 29 个增加至 181 个。上述所有货运组织改革的举措，桩桩件件都是顺应市场变化，做好民心工程，提供优质服务，提高运输组织质量与效益，降低社会物流成本，推进货运物流服务绿色高效发展，达到持续增加货主的满意度，实现"运人运货运民心"的目的。

总之，铁路在路网建设、装备技术获得快速发展的新时代，依靠越来越出色的优质服务软实力，将硬件的优势作用发挥出来，转化为提质增效的现实成果，软硬相融，形成高质量发展的硬核实力。

（四）践行新时代铁路精神的榜样

新时代的铁路适应经济社会发展和广大人民群众对美好生活的需求，立足铁路企业的发展改革需要，大力倡导和培育铁路精神，210万铁路职工带着强烈的使命感和责任感，立足岗位，践行铁路精神，在铁路人不断努力培育铁路精神的实践中，打造了一批践行新时代铁路精神的榜样，他们是新时代最美铁路人，是激励广大铁路职工砥砺前行的精神引领者，也是铁路向社会输送的优质精神品牌。

下面将整理选摘出10个践行新时代铁路精神的榜样案例予以介绍，并增加了风范点评。

【新时代铁路精神的榜样践行者1】 驾驶动车兴路强国，全路高铁王牌司机的霸气——中国铁路广州局集团有限公司广州机务段高铁司机周树强

（1）榜样档案。

周树强：现任中国铁路广州局集团有限公司广州机务段高铁司机。1993年12月参加工作，入路26年来，他先后熟练驾驶内燃机车、电力机车以及和谐号、复兴号动车组列车等20多种车型，参与了京广、京沪、广深港等10多条高铁的联调联试，累计安全行车380万千米，先后获得国务院政府特殊津贴、全国技术能手、全路优秀共产党员、全路首席技师、全路技术能手、广东省劳动模范等殊荣。

扫描二维码观看视频：　　扫描二维码观看视频：　　扫描二维码观看视频：
"贴地飞行员"周树强　　　铁路榜样周树强　　　周树强的速度与激情

（2）先进事迹。

他出生在蒸汽机车时代，经历了内燃机车和电力机车时代，乘着我国高铁快速发展的东风，成就了自己的事业。他就是中国铁路广州局集团有限公司广州机务段高铁司机周树强。他在平凡的岗位上兢兢业业，为我国高铁的发展贡献着自己的力量。

（3）兴路强国，在司机岗位上与高铁共成长。

2009年12月9日，在武广高铁郴州西至耒阳西区间，一列联调联试重联动车组在"飞翔"。

当动车组时速达到390千米时，司机周树强将手柄拉到最大牵引位，监控数据表里的数字一路攀升，定格在时速394.2千米。这个数字创造了当时世界高铁重联动车组最高运行速度，引来了周围工作人员的欢呼声。"那种幸福感难以用语言描述，我毕生难忘，我为自己是一名高铁司机而自豪！"回忆起当时的情景，周树强记忆犹新。为了那一刻，他付出了多年的努力。

1972 年，周树强出生于湖南省湘潭市一个铁路职工家庭，从小听着蒸汽机车的汽笛声长大。1993 年，他参加招聘考试进了铁路系统。短短几年间，他逐渐成长为一名普速铁路司机，无论是驾驶东风型内燃机车，还是操纵韶山型电力机车，都表现得非常优秀。

"当时，在学习培训中，了解到国外有高铁，很是羡慕。作为一名司机，我希望我们国家也能早日建成高铁，自己能成为一名高铁司机"，周树强说。为了这个梦想，周树强始终坚持勤学好问，苦练本领，不断提升驾驶技术和水平。除了在值乘中摸索平稳操纵方法，他还自我加压，从岗位塑形、呼唤应答、手比眼看等作业中的点滴做起，力求每一个动作都符合标准。

机遇总是垂青有准备的人。2007 年，运行时速达 200 千米的和谐号 CRH1 型动车组第一次在广深铁路投入运营。周树强因业务能力过硬，作为首批骨干司机，被选派驾驶和谐号 CRH1 型动车组。

一到新岗位，就遇到新挑战。上级部门要求将广州东至深圳的列车全程运行时间压缩至 52 分钟，和以前相比减少了 3 分钟。可别小看这 3 分钟，很多司机都认为，线路条件有限制，不可能压缩 3 分钟。周树强迎难而上，反复推演和试验，优化操纵法，贴速而不超速，成功实现压缩 3 分钟的目标。一时间，同行们都心服口服，向他取经。最后，周树强摸索总结的 "CRH1 型动车组平稳操纵准确对标"模式，成了广深铁路动车组司机的入门教材。

有心人，天不负。2009 年，周树强作为首批骨干被选派参加京广高铁武广段联调联试。多年梦想终成真，他正式成为一名高铁司机。参加联调联试的几个月里，周树强的手账上，密密麻麻地记满了制动级位、制动距离、线路坡道等相关数据。不仅如此，他还利用空余时间与同事们一起研究、反复试验关键操纵环节，细致分析制动数据，共同摸索编制出了操纵法和操纵示意图。他从早到晚几乎都在线上吃喝，每天睡眠时间不足 5 小时。因为长时间站立，每天下了车，他的腿还在抽筋。

"高铁无小事，高铁必须坚守高标准。"周树强说道，从成为高铁司机的第一天开始，无论再苦再累，他总是不忘初心，严守高标准，用心开好每一趟车，实现了"零违章、零违纪、零事故"。

因为业务成绩突出，周树强参加了京广高铁武广段的首发仪式，值乘了京广高铁全线贯通后广州南站首发至北京西站的动车组，参与了广深港高铁、海南环岛高铁东段等新线联调联试和线路开通后动车组的首发，试驾了和谐号 CRH380D 型、复兴号等新型动车组。他几次放弃被提拔的机会，一直坚守在高铁司机岗位。周树强表示："我热爱高铁司机这个岗位，用心开好每一趟车，就是我的人生追求。"

（4）攻坚克难提技能，行车操纵"稳、紧、准"。

2009 年年底，面对当时我国运营里程最长、运营速度最快的京广高铁武广段的值乘区段跨度大、线路复杂、运行时刻紧等多重挑战，想要保证动车组高品质运行，高铁司机必须啃下保持平稳起车、恒速控车、稳准对标停车这三块"硬骨头"。

当时国内没有现成的经验可以借鉴，周树强率先把"起车稳、运行紧、停车准"作为主攻方向，开展了自主攻关。为了做到每个站都能平稳起车，他逐个站熟悉站场内线路坡度、线路曲线等各种情况，然后在实践中逐个试验，找到了最好的平稳起车作业法，攻克了平稳起车难关。为了破解恒速控车难题，提高旅客乘车舒适度，周树强查阅资料，认真学习不同动车组的构造、制动机特性，摸清动车在不同线路纵断面的操纵方法。

2012年12月26日，京广高铁全线贯通，周树强担当首趟广州南至北京西G80次动车组广州南至长沙南区间的值乘任务。车上众多媒体记者和旅客拿出硬币等物品测试动车组的稳定性后，个个赞叹列车运行得又快又稳！

"怎么可能？"在2011年第三届全国铁道行业职业技能竞赛动车组司机项目株洲西站比赛现场，裁判发出一阵惊呼："对标误差居然为零！"接着，周树强在郴州西站的对标也是零误差，裁判情不自禁地伸出大拇指感叹："了不起！"那一次，周树强获得全路动车组司机技术比武第一名。

对标，就是动车组对准站台上的停车位置标。如果对不准，动车组车门就不能对准预先按地面车厢位置候车的旅客，给旅客上车带来不便。

"要实现零距离对标停车，不能凭感觉，要讲数据。如驾驶复兴号动车组，在距停车标200米处时要控制时速为38千米，在距停车标50米处时要控制时速为18千米，这样才能确保最后对标零误差。"周树强说道，"但速度并不是死的，要根据动车组的载重、线路的坡道、天气情况等及时调整数据。"

周树强在无数次实践中计算，根据实际不断调整数据值。为了确认减速地点，他走遍经停的所有车站，采取数地砖、数支柱与列控系统 ATP 数据相结合的方式，确定参照点。最终，功夫不负有心人，他攻克了稳准对标的难关。

周树强根据攻克三大难关的经验，总结出了"稳、紧、准"的动车组操纵法，并于2012年被评为广州机务段党内优秀品牌，在单位全面推广，实现了个人经验到集体财富的转换。

精益求精，周树强还研究出一套高效的和谐号 CRH3 型动车组的精细操纵模式，在全段推广，参与编写《广州机务段 CRH3 动车组司机作业标准》等作业指导书三册，参与制定制度准则50多项。

凭借过硬的驾驶水平，周树强多次被选拔担任专特运司机。2011年4月，海南举办的"金砖国家"领导人第三次会晤和博鳌亚洲论坛2011年年会期间，他担任了四趟一级专运任务，全部高标准完成任务。其间，当时的俄罗斯总统梅德韦杰夫一行人来到驾驶室里体验，肯定了中国高铁。

（5）尽心竭力，在传授传承中助推高铁发展。

"如何才能做到平稳操纵？"

"要熟悉线路情况，回操纵手柄不能太早……"2010年6月，在沪宁城际铁路联调联试动车组上，周树强逐个解答车上司机的提问。

因为过硬的技术，周树强被铁道部选派，到沪宁城际铁路当"小老师"，培训动车组司机。在近一个月的时间里，周树强不间断添乘联调联试动车组，对40多名沪宁城际铁路动车组司机进行了"传帮带"，毫不保留地传授自己的经验。

桃李不言，下自成蹊。作为全路王牌高铁司机，周树强被多次选派前往北京、上海、南昌、南宁等铁路单位，协助新线开通和动车组司机培训。

2010年12月，周树强随铁道部工作组前往海南环岛高铁东段，为海南铁路公司40多名动车组司机传授和谐号 CRH1 型动车组操纵经验，并协助他们摸索、编制出《海南东环高铁 CRH1 型动车组操纵模式》。随后，周树强又多次赴海南，参加和谐号 CRH380A 型动车组试运任务，总结出了 CRH380A 型动车组在海南环岛高铁东段上担当专特运的平稳操纵方法。

"怎么对标，启车怎么平稳？"这是 2018 年 4 月至 9 月，周树强回答香港铁路司机最多的一个问题。在广深港高铁香港段开通运营前夕，周树强驾驶动车组在香港西九龙站与福田站、深圳北站之间来回试运行，香港铁路司机在一旁学习。驾驶完毕后，周树强经常与港方司机交流操纵体验，传授技能技艺和经验，帮助他们以安全、平稳、舒适的驾驶操控服务，助力香港迈入高铁时代。

作为司机，常年在外忙工作，在家休息时间少，周树强无法照顾家庭，与家人聚少离多。"最亏欠的是我的两个儿子，我平时无法照顾他们。"周树强动情地说道，"选择了一种职业，就选择了一种生活方式，既然选择，就要坚持。"带着对家人的愧疚，周树强始终如一，用心开好每一趟车。

"周树强不仅是我们的偶像，而且是我们的业务老师，有不懂的请教他总能得到满意的解答。"曾经接受过周树强指导的广州机务段高铁司机刘剑说。

一花引来百花香，周树强对事业的执着，对工作的用心，对高标准的坚持，带动了身边的高铁司机奋勇争先，为广州机务段带出了一批业务精湛的高铁司机，促进了高铁司机队伍整体素质的不断提升，引领着一批又一批的高铁司机逐梦高铁时代！

（6）风范点评。

追逐理想不必去远方，选择了一种职业，就选择了一种报国的方式。周树强选择了机车司机岗位，在驾驶室的小小空间里，在动车组操纵的天地间，与高铁共成长，驾驶每一趟车，都坚守高标准，每次遇到工作难题都勇敢攻克，他实现"零违章、零违纪、零事故"，他成为全路高铁王牌司机，凭借自主创新的动车组驾驶操纵方法，他在从北京到香港的传授传承中助推高铁发展，凭借过硬的驾驶水平，他多次被选拔为担任专特运司机，全部高标准完成任务，让外国政要体验了他的驾驶水平后，肯定了中国高铁。周树强在高铁司机的本职岗位上，引领着一批又一批的高铁司机逐梦高铁时代，实现了自己兴路强国的理想。

【新时代铁路精神的榜样践行者 2】 志在货畅其流 引领担当作为——青岛西车务段董家口南站副站长孟照林

（1）人物档案。

孟照林：中国铁路济南局集团有限公司青岛西车务段董家口南站副站长，曾获山东省首席技师、全路技术能手、火车头奖章等荣誉。

扫描二维码观看视频：　　扫描二维码观看视频：　　扫描二维码观看视频：
孟照林专访　　　　　　孟照林的每个金点子　　　志在创效的"点子大王"

（2）先进事迹。

不管是担当车号员、调度员，还是值班站长、副站长，遇到工作中的难题难事，他常说"办法总比困难多"，总是积极想办法，直至问题解决。作为一名货运站副站长，他心中始终想的是如何提升服务品质、吸引客户、把港口运量提上去。他一直努力用真诚服务的工作态度和踏实肯干的优秀品质让客户愿意通过铁路运输货物。因为有孟照林在，货主们觉得踏实、放心。也正是这份信任，带给孟照林团队源源不断的货源，使新开通的董家口南站货运量日益增长。

董家口南站是一个面积7平方千米的铁路站区，通过铁路联络线与青盐铁路相连。自2019年3月投入运营以来，这个二等铁路货运站依托区位优势，短短1年时间将董家口港40%的矿石运量吸引至铁路，日装车量不断攀升。说起这些，车站工作人员都不由得对该站副站长孟照林竖起大拇指。

（3）特殊时期冲在前。

突如其来的新冠肺炎疫情给铁路运输带来冲击。有着20余年运输组织经验的孟照林认识到："越是特殊时期，越要多与港口沟通，及时掌握现场生产情况，货畅其流才能有保证。""要紧紧抓住旅客出行减少、部分客车停运的'窗口期'，加大货运组织力度，主动化危为机，把增收创效的责任担起来，全力以赴稳货补客，保障大动脉畅通，对冲疫情带来的影响。"2月3日，孟照林得知兰州酒钢集团一批急需的货物因疫情影响，公路运输受阻，他立即与兰州酒钢集团联系，协调港口及时配货，组织铁路运力以最快的时间将1.5万吨铁矿石发送运达，解了客户的燃眉之急，赢得了客户的信任。为满足多地企业复工复产需求，孟照林每天在线上组织港口、铁路物流园、货主开货源计划合编会，精准掌握客户运输需求和港口货源到达动态，为重点企业提供"船舶优先停靠、货物优先装车、列车优先发车"的快速物流服务。

做好货运营销的同时，孟照林也时刻不忘抓紧防控疫情。疫情发生后，他把自己"封闭"在车站里，连续坚守岗位30多天，一手抓防控，一手促生产，每天戴着口罩、揣着消毒液，往返于车站调度室、装车线、调车组之间，保障车站运输各环节有序衔接、高效运转。

疫情期间，车站运量逆势增长。2月份，该站有13天单日装车突破900车，并创造了971车的单日装车纪录。1月份至2月份，车站发送货物355万吨，实现运输收入2.8亿元，装车数占到了济南局集团公司货运总量的7.5%。

（4）勇挑重担解难题。

青岛港董家口港区是国内首个40万吨级矿石码头，年货物吞吐能力超过亿吨。港口长期依赖汽运疏港的运输模式，给港口场内及周边交通带来巨大压力，也制约了港口运输的进一步发展。

去年3月，董家口南站建成开通，依托青盐铁路运输优势，瞄准董家口港铁路疏港运输业务这片处女地，济南局集团公司看到了货运增量的希望。一个月后，经过青岛西车务段选拔，孟照林从黄岛站值班站长升任董家口南站副站长，与车站班子成员一起推动"公转铁"政策落地，为企业货运增量开疆拓土。

开站伊始，董家口港铁路疏港运输从零起步，面临诸多棘手的问题。孟照林实地考察发现，车站场地新、设备新、人员新的"三新问题"造成了装车效率不高。"董家口南站装的第一列车，60 节车厢足足花了十几个小时，开站初期日均发送量也就 100 多车。"董家口矿石码头操作部副部长刘文栋对当时的情景印象深刻。对此，孟照林跑遍了 14 千米的站场，逐一摸清线路运用情况和设备的技术特点，并对车站装卸、调车、货检等工作流程进行分类梳理、优化，最大限度地为提升装车效率创造条件。针对董家口港没有铁路疏港协作经验、装卸作业人员经验不足的问题，孟照林多次登门与港方交接，参照黄岛站作业经验，结合实际制定了装卸人员作业标准、考核标准，明确了作业分工，与港方一道加大培训力度。经过一段时间的磨合，装车楼的装车时间从每列 10 小时缩短到了每列 2 小时。作为站区运输组织的"指挥官"，孟照林积极协调车辆、机务等兄弟单位及时检车、出务，优化车站运输组织各环节，做到快接快发。

增运增收关键要看货源，为了创造更多的货运增长点、增长极，孟照林积极走出去搞营销，加强与铁路物流园、港口方面的合作，积极推介铁路业务，山西、河南、河北等地都留下了他走访客户的足迹。山西建龙、高义等钢铁企业的铁矿石货源，渤海的油脂大豆，西宁地区的小麦，河南豫光铜精矿等高附加值货源都被他收入囊中，在董家口南站发运，促进了"公转铁"运量提升。

（5）勤奋耕耘谋创新。

孟照林 1998 年从原济南铁路机械学校毕业，来到青岛西车务段黄岛站，从车号员、调度员再到值班站长，在车站一干就是 21 年。

孟照林无论什么时候都随身携带《技规》《行规》等各种规章，有空就学，外号——"活规章"。他参加各级组织的练功比武，也经常拔得头筹。

他把规章知识运用到运输组织创新上，调度室是车站运转的"大脑"，是运输生产的指挥中心。他以黄岛站调度室团队为核心，牵头成立创新工作室。他的"加强站港联系，突出装卸组织，避免交叉干扰，挖掘运输潜能"24 字工作法在济南局集团公司各疏港车站广泛运用，促进了运输潜力的释放。他提出的调整调车机作业区域和作业办法、增设机车走行线、改造小汽车装车线等提升效率效益的金点子和工作室提出的 15 项合理化建议均获得立项实施，促使黄岛站装车能力不断提升，实现了日均装车 2015 年 2 500 车、2017 年 2 700 车、2019 年超 3 000 车的阶梯式增长。

调至董家口南站后，孟照林紧盯增量，不断挖掘车站运输的潜能。"孟照林的一条合理化建议就激活一盘棋，一个金点子落地就变成一个实打实的'金豆子'。"车站领导这样形容道。针对 2020 年的运输增量，孟照林提前入手，超前研判，组织增加了皮带流程，实现矿 2 道、矿 3 道双线装车；协调物流园开通油 2 道散装矿石和原木的装车功能；正推进实施疏港铁路的"3 + 1"工程建设项目，进一步提升了车站装车能力。

孟照林深感重任在肩，饱含深情地说："董家口南站是铁路运输新的增长点，我会不断创新创效，担当作为，让铁路大动脉物畅其流，为推动企业高质量发展，践行交通强国、铁路先行的目标贡献力量！"

（6）风范点评。

道虽迩，不行不至；事虽小，不为不成。孟照林就是实干者，正是他的实干精神，带动了他周边的人，引领了担当作为的风气，诠释了铁路人的价值追求。

【新时代铁路精神的榜样践行者 3】 "网红"乘警初心，为民服务至上——记太原铁路公安局临汾公安处乘警支队二级警员霍恩堂

（1）榜样档案。

霍恩堂：太原铁路公安局临汾公安处乘警支队二级警员，先后荣获个人三等功一次、公务员嘉奖一次，还多次获得太原铁路公安局优秀共青团员、先进工作者以及临汾铁路公安处先进工作者等荣誉。

扫描二维码观看视频：
霍恩堂专访

扫描二维码观看视频：
霍恩堂为老太太递上口罩

（2）先进事迹。

"有困难，找警察！"对于中国人来说，这是一句耳熟能详的话。人们相信，自己遭遇危难时，警察会无条件地给予救助。人民群众对人民警察的信任、信赖，源于这是一支对党忠诚、服务人民的队伍。34岁的霍恩堂就是这支队伍中的优秀代表。

2020年春，新冠肺炎疫情暴发，作为太原铁路公安局临汾公安处乘警支队二级警员，霍恩堂第一时间向单位递交了请战书，主动要求到最危险、最困难的地方去。

（3）质朴言行让他成为温暖亿万人的"网红"。

1月30日10时左右，霍恩堂值乘的D5319次列车运行到临汾西至侯马西区间。他巡视车厢时，看到一位独自旅行的老人没有戴口罩，随即走上前，提醒老人注意自身防护、戴上口罩。"家里孩子本来想帮我买口罩，可是发现买不到了。我有急事，所以没戴口罩就出来了……"老人边说边试图用衣角遮住自己的口鼻"病毒很可怕，做好自身防护很重要。"霍恩堂一边安抚老人，一边掏出一个备用口罩递给老人。疫情初期，霍恩堂作为一线民警，只能按出乘频次定量领取。送给老人的那只口罩，是他当天的备用口罩。

一只小小的口罩不仅为这位老人提供了防护，而且感动了同行的其他旅客。一条"暖心乘警为老人送口罩"的30秒短视频迅速引来数百万网民点赞、转发，十余万网友留言评论。湖北恩施电视台在报道中说："阿姨用衣角捂口鼻的动作真善良，精通网购的年轻人都不容易买到口罩，更何况老人家！"一位网友说："暖暖的，心都化了！"另一位网友说："有这样优秀的铁路警察在一线保驾护航，我们一定能战胜疫情。"不到一天时间，短视频就被人民日报、中国长安网、中国警察网官方抖音号和中央广播电视总台、光明日报、人民公安报等多家主

流媒体集中报道，全网播放量过亿。霍恩堂也作为铁路公安代表，登上了中央电视台 2020 年元宵节特别节目。

霍恩堂的事迹迅速传遍警营每个角落，同志们纷纷向他发来短信、微信，向他学习、向他致敬。太原铁路公安局启动战时思想政治工作机制，给予霍恩堂火线个人三等功奖励。

（4）念念不忘的是他从警为民的初心。

在许多了解霍恩堂的同事看来，他立功受奖并不意外。"他是把警察的职责看得比生命更重要的人！"霍恩堂的一位同事说。

2008 年，霍恩堂从天津公安警官职业学院毕业后被分配到闻喜站，成为一名铁路派出所民警。这里没有刀光剑影、没有惊心动魄，有的只是为旅客解答询问、帮老人提拿行李、深入村镇集市宣传爱路护路常识、沿着南同蒲铁路线巡查……这让霍恩堂感觉"英雄无用武之地"。

2008 年国庆小长假的一天深夜，熟睡中的霍恩堂被礼元站值班员打来的报警电话惊醒："86301 次列车运行至史店至礼元间 686 千米 700 米处发现护网内有行人。"接到报警后，霍恩堂立即上报领导并开车赶往现场。0 时 50 分，他们到达报警地点后，行为人早已不在现场。沿着铁道线排查了 1 个多小时依然不见行为人的踪影，霍恩堂心想，应该放弃寻找了。所长却说："我怀疑是东古赵村那个间歇性精神病患者，如果真是他，找不到就是人命关天的大事！"在所长带领下，他们继续徒步寻找了近 1 千米，终于发现那位患有间歇性精神病的 71 岁老人正沿着铁道线行走。3 时许，当他们把老人送回家时，家属早已乱作一团。看到父亲大半夜被铁路民警送回来，老人的儿子不停致谢。霍恩堂也第一次感受到一名铁路民警也能救百姓于危难之中，感悟到自己作为人民警察的神圣职责，就是做好日常每一件小事，为百姓撑起一片晴朗的天空。

闻喜站公安派出所管辖线路紧邻村庄、农田，一到暑期，沿线儿童上线嬉戏玩耍、孤寡老人捡拾废品等情况多发。为维护群众生命安全和铁路运输安全，霍恩堂在坚持每天上线巡逻的同时，深入辖区附近的工厂、村庄、学校开展路外宣传，认真统计分析每一起警情及行为人特点，很快便对管内线路公里数、重点部位、沿线"五残人员"、中小学校等基础数据了如指掌。他根据不同季节和警情时间、区段分布变化调整巡逻时间，还总结出"因人制宜、因情施策、以诚相待、以情相处"的防控工作法。由于一些儿童的监护人是空巢老人，缺乏铁路安全常识，霍恩堂采取"静下心、躬下身、耐心释法、以情感化"的方式与当事人开展交流，不断增强监护人的安全责任意识，引导群众共同协助开展安全防控工作。10 多年来，他跑遍管内每个角落，排查各类治安隐患 214 处，处置线路警情 165 起，深入学校、村庄等开展爱路护路宣传 1 800 余次，受教育学生群众达 1.6 万余人次。他还破获各类案件 354 起，处置违法犯罪嫌疑人 351 人次，抓获网上逃犯 5 名，收到旅客、货主、沿线群众送来的锦旗、感谢信 200 余次。

（5）流动的车厢里始终有他不倦的身影。

2019年10月，因工作需要，霍恩堂离开工作了11年的派出所，成了高铁列车乘警。在乘警岗位上，他依然把为民服务作为自己的神圣职责。

在一些人看来，高铁列车环境舒适，乘警的工作很轻松。但霍恩堂并不这么认为。在他看来，出乘期间，乘警必须不间断巡视车厢，及时满足旅客的各类诉求，第一时间制止不良行为、化解矛盾，让旅客美好出行。列车上与派出所的工作节奏大不相同，但霍恩堂很快就适应了新的岗位。对他来说，视群众如亲人、始终对群众满腔热情就是他工作的指南。

成为"网红"后的霍恩堂仍和往常一样坚持值乘列车，每天戴着口罩、护目镜穿梭在车厢里，提示旅客做好防护。一些旅客想要跟他合影，他也会尽量满足大家的愿望，并借机宣传防疫知识。"大家对我的关注其实是一种对正能量的赞许，是对每一个在抗击疫情中无私奉献的人的褒奖。"他说，"抗击新冠肺炎疫情的战役尚未结束，'外防输入、内防反弹'的任务依然艰巨，旅客与以往相比，心理恐惧还没有完全消除。这个时候，更需要我们给予旅客关心和帮助，让旅客感受到社会大家庭的温暖。"每天值乘下来，霍恩堂的脸上都会留下深深的护目镜勒痕，但他对此从未有过怨言。"与疫情发生之初相比，现在的防护措施好多了。"他说。

12年来，霍恩堂不忘从警初心，牢记"对党忠诚、服务人民、执法公正、纪律严明"要求，始终将群众满意作为工作目标，全心全意为群众办实事、做好事、解难事，以实际行动践行着"人民公安为人民"的服务宗旨。他先后为群众做好事上千次，救助受困群众40余人次，挽回直接经济损失10余万元，并连续多年获太原铁路公安局、临汾铁路公安处先进工作者称号。

（6）风范点评。

从铁路派出所民警到列车乘警，霍恩堂始终不忘"人民铁路为人民"的使命。他头上的警徽闪耀着人民至上的信念，为旅客送上的口罩传递着对旅客群众需求的关切与满足，不经意就成为"网红"表明了旅客的认可与信任来自真诚贴心的优质服务。

【新时代铁路精神的榜样践行者4】 心系旅客护平安，倾情服务保优质——广州局集团公司广州南站客运二车间三班客运值班员丁非

（1）榜样档案。

丁非：现任中国铁路广州局集团有限公司广州南站客运二车间三班党支部书记、客运值班员。先后获得"2013年春运立功竞赛优秀个人"、全路优秀共青团员、全路优秀共产党员、"广州好人""番禺好人""广州市见义勇为好街坊"等荣誉。

扫描二维码观看视频：
丁非事迹

扫描二维码观看视频：
新时代铁路榜样丁非

（2）先进事迹。

在中国铁路广州局集团有限公司广州南站，一位头顶上有两道伤疤的铁路职工，始终在热情地服务着旅客，为旅客安全出行保驾护航。他就是广州南站客运二车间三班党支部书记、客运值班员丁非。

（3）旅客危急冲得上去，无畏歹徒拔刀相向。

今年4月24日，在2018年度广州市见义勇为好街坊颁奖暨"广州街坊"品牌榜发布典礼的领奖台上，丁非头上的两道伤疤依然让人触目惊心。看到丁非为保护旅客、制止暴力而受重伤的视频时，观众纷纷感慨，这就是共产党员的样子：英勇无畏、迎难而上、为旅客擎起一片天。

2018年3月9日6时35分，广州南站到达层出口处，一位走向出站闸机的男子神色可疑，引起了正在巡视的广州南站客运员常乐鹏的注意。当他上前盘问之时，此人突然从大衣里掏出菜刀追砍常乐鹏，随后逃跑。受伤的常乐鹏赶紧用电台报告情况，呼叫救援。接到报告后，丁非没有片刻犹豫，一边拿起防暴棍，一边组织附近的客运员共同去围堵砍人者。当丁非等人追上这名男子时，该男子已经离车站东实名制验证口很近了。"当时那里有很多旅客在排队验证进站，刚开始，他们没有人注意我们这边，也不知道一个手拿菜刀的男子正在靠近。"丁非说道。一定不能让旅客受到伤害！那一刻，丁非脑子里想的都是旅客的安危。然而，面对众人的围堵和喊话，该男子毫不理会，拿着菜刀冲向挡在他身前的丁非，冲向验证口。菜刀迎头劈来，丁非没有迟疑退缩，他挥舞防暴棍冲上前去，一棍子打出去。可是这一棍并没有挡住持刀男子，丁非被其一刀砍在头上，接着，又是一刀……他鲜血直流，晕倒在地。丁非虽然倒下了，但却为车站公安派出所民警和巡逻武警赢得了时间，大家合力将持刀男子制伏。一场危机解除了，而丁非却被送进了医院。经检查，他头上的伤口长达12厘米，经过两次开颅手术才脱离了生命危险。由于很多头发被砍进骨头里，他的伤口连续发炎2个月，每次换药都能抽出一些脓水。

"在换药时，我才感受到生命的脆弱，更懂得生命的宝贵。让旅客平安出行，我不后悔我的决定！"丁非说。

（4）关键时刻站得出来，急难险重勇于担当。

"丁非在关键时候总是首先站出来，哪儿有急难险重任务，哪儿就有他的影子。"广州南站客运一车间值班站长马新明这样评价到。

2013年9月18日13时55分，广州南站三楼候车区A26、A27检票口配电间冒出黑烟。"跟我上！"火情发生的第一时间，丁非一声召唤，带领3名职工佩戴防毒面具冲入配电间。他们忍受高温炙烤和毒烟熏呛，迅速扑灭了明火，确保集体财产安全。

2017年10月9日10时06分，丁非在广州南站北一地下停车场巡查时，发现停车场里烟雾弥漫且夹杂着刺鼻的气味，立即将情况报告给车间管理人员和设备管理单位。随后，他深入烟雾中检查，发现火源为一辆自燃的私家轿车，立即使用灭火器扑灭了火，防止了火势蔓延。

2018 年 9 月 16 日，强台风"山竹"袭击广州。广州南站全线列车停运，大量旅客滞留，车站立即启动应急响应预案。丁非第一时间组织党员骨干成立党员先锋队，为旅客提供贴心服务。当日 20 时许，车站一层因暴雨导致积水严重。丁非带领 30 多名青年职工扛沙包、运沙袋，成功把积水隔离并引流到站外。

2019 年 4 月 30 日，一名中年男子在广州南站 20-27 出站口南边晕倒。丁非接到通知后立即赶往现场并联系 120 救护车。等待救护车期间，该男子突然口吐白沫、停止呼吸。丁非当机立断，为男子清理口鼻污物，进行心肺复苏和人工呼吸，为抢救男子生命争取了宝贵时间。

今年暑运，广珠城际铁路和江湛铁路试行电子客票。丁非全程盯控车站电子客票系统安装、调试、测试并跟踪试用情况，收集问题和不足，并提出改进意见和建议，为电子客票顺利试行做出了贡献。

2013 年以来，丁非先后参加防洪防汛抗击台风突击队 15 次，处理突发情况 32 起，救助患病旅客 45 人次，帮助重点旅客 228 人次，收到锦旗、表扬信 15 件，受到通报表彰 36 次。

"铁路运输安全与人民群众日常生活密切相关，铁路关系着国计民生，我们这一代铁路青年面对的挑战很多，关键时刻必须主动站出来，为推动铁路改革发展做出自己的贡献。"丁非说。

（5）平常时刻看得出来：倾情服务铸就优质。

两年前，因表现优异，丁非成为车站客运值班员。面对新岗位、新考验，他坚持全心全意为人民服务的宗旨，扎实做好各项服务工作。

"丁非正直善良，始终把旅客当亲人。"广州南站客运二车间三班客运员杨曦说。

丁非所在的三班主要负责广州南站进站实名验证口、出站口工作，协管安检口工作。丁非始终把确保旅客安全放在第一位，严格落实车站封闭式管理制度，强化验证查验和安检查危管理，坚决把危险源堵在站外车下。近年来，他实现了零责任投诉。

丁非总是把旅客放在心里、把责任扛在肩上。2019 年 1 月 29 日，丁非在巡视时发现广州南开往合肥南的 G650 次列车到点还没开车，原来是由于一名旅客脚踝处大量出血却不肯下车医治。得知这一情况后，丁非主动上车与旅客沟通，发现旅客患有下肢静脉曲张，放行李时小腿用力过猛导致血流不止。通过交谈，丁非得知该旅客担心春运期间运力紧张、下车后无法回家过年。"您先下车治疗，车票可以退，明天我亲自送您回家！"丁非劝慰道。听到这句话，这名旅客终于答应下车治疗。

在日常工作中，丁非总结出一套"开锁"工作法。他认为，无论是对旅客还是对同事，只要把他们的事放在心上，用心处理，就像一把钥匙开一把锁，没有解决不了的问题，还能把工作做得更好。

（6）风范点评。

岁月静好，是因为有人替我们负重前行。与持刀男子搏斗，铁路职工也是血肉之躯，也有妻儿父母，骤临危险勇敢迎上，只因把旅客的安危扛在肩上。勇士柔情倾向旅客，总是把优质服务放在心上，丁非就是这样一名彰显铁路人担当精神、出色履行安全与服务职责的好青年。

【新时代铁路精神的榜样践行者5】 作业标准严执行，精益求精成工匠——中国铁路南宁局集团有限公司百色工务段线路工汪伯华

（1）榜样档案。

汪伯华：现任中国铁路南宁局集团有限公司百色工务段百色线路车间百色线路维修一工区工长。1993年10月参加工作，2009年获广西壮族自治区优秀共产党员称号，2011年获火车头奖章，2012年获全国五一劳动奖章，2015年获全国劳动模范称号。

扫描二维码观看视频： 扫描二维码观看视频： 扫描二维码观看视频：
南昆线上守护神——汪伯华 扎根南昆 坚守奉献——汪伯华 南昆线上的"神奇工长"

（2）先进事迹。

六落后工区变先进班组，线路整治绝活是"神奇工长"的法宝。

2020年7月4日早晨，百色工务段百色线路车间新成立的百色线路维修一工区第一次开展上道作业。天公不作美，"天窗"命令刚下达，大雨就噼里啪啦地下了起来。首任工长汪伯华手提起拨道器一马当先，起道、扒石砟、换垫板、测量线路水平高低……哪一项作业进度落后，他就上去搭一把手，大雨中，豆大的水珠密密麻麻地打在汪伯华身上，他不避不让，弯腰、下蹲、起立，每一个作业环节都一丝不苟、精益求精。投身工务工作21年，他始终像呵护自己的孩子一样呵护线路，先后将6个落后工区变成先进班组，赢得了"神奇工长"的美称，为确保西南出海大通道的安全畅通贡献了自己的力量。说起新组建的百色线路维修一工区，班组主要负责整治病害最严重、质量最差的线路区段，而且由于班组管辖里程长达112.7千米，他们哪里需要整治就暂住哪里，施工作业结束后再迁徙去别处。"最难干的活儿，组织上第一个想到的人就是汪伯华"，百色工务段党委书记说道。这种临危受命的工作已经是第七次落在汪伯华身上了。2006年7月以来，他先后担任岩龙、田丁、沙厂坪、兴义、冗百、永乐线路工区工长。这些工区在汪伯华到来之前都有一个共同特点：线路质量排名全段倒数、职工工作积极性不高。啃最硬的骨头、管后进的班组，汪伯华就像一个救火队长。让人意想不到的是，每次在他的带领下，不出3个月，这些大家眼中的后进班组都能变成先进工区，"神奇工长"的秘诀是什么？是安全第一的责任意识和苦练而成的线路整治绝活。

1993年10月，21岁的汪伯华来到铁道部第二工程局二处，成为一名铁路建设者，曾参与修建南昆铁路。南昆铁路建成通车后，他于1998年7月成为一名线路工。南昆铁路号称中华第一扶贫线，南昆线小半径曲线多，加上运输繁忙，线路容易产生病害，从建设南昆到扎根南昆，为了维护铁路大动脉的安全畅通，他熟记线路各种繁杂的数据、标准、尺寸，碰到问题就打电话向技术人员请教，想方设法控制线路平稳。日子久了，汪伯华练就了一套线路整治的绝活。2006年，在他担任岩龙线路工区工长期间，有一天段技术科干部对原来问题多的线路进行抽查检测，按照常规先问："查哪段？"汪伯华回了句："随便查。"接下来，卢成

忠用了整整一天的时间查验岩龙线路工区养护的 10 千米线路，结果真是"零扣分"。岩龙线路工区养护的线路"零扣分"是一个史无前例的成绩。带好岩龙线路工区后，汪伯华先后被调到线路和设备质量多年提不上来的田丁、沙厂坪、兴义等 5 个线路工区工作。汪伯华动情地说，"每当我把一个全段最差的班组带成全段、全局集团公司乃至全路的先进班组时，成就感就油然而生"。

（3）作业标准严上加严，精益求精成就工匠。

"现场是 4 的就放 6，是 0 的就放 2。" 7 月 4 日，在滂沱大雨中拆换钢轨垫板的工区职工冯金成，听到工长汪伯华的提醒，不觉用手擦了擦垫板上的水，再三确认厚度无误后，才将垫板塞到槽里。在南昆线，汪伯华对工作高标准、严要求是出了名的。安全防护员刘思婷告诉记者，其他工区一般要求 3 分钟到 5 分钟通报一次线路安全情况，而汪工长却要求她两三分钟通报一次。有时候通报不及时，汪伯华还会提醒她，两人相互卡控，保证现场作业安全。在当天的线路几何尺寸综合维修中，职工们换好垫板后，汪伯华都会拿着道尺沿着轨枕逐根测量线路水平高低。随行的百色线路车间领导说："两根轨枕间的距离大概是 0.5 米，也就是'半米一量'，这比单位要求验收时'3 米一量'的标准要高得多。"

自我加码，精益求精，一直是汪伯华对线路养护工作的不懈追求。按照工务段要求，线路轨距容许偏差管理值是正 6 毫米、负 2 毫米，轨距变化度率是 2‰，汪伯华把这个标准分别提高到正 1 毫米、负 1 毫米、1‰，并按这"三个一"的标准对线路进行全面整治。更高的标准意味着更大的工作量，每整治 1 千米线路，至少要弯腰 1 000 多次。长年累月的弯腰跪地测量，让汪伯华患上了腰椎间盘突出，膝盖上也尽是老茧，但线路质量得到了有效提升。

刚开始，很多人认为汪伯华是多此一举。久而久之，职工们看到高标准带来的安全与效益后都认可了汪伯华的做法。"2012 年 10 月，汪工长来到我们工区后，作业要求很严，工作时间也比以前长，不过线路质量明显改善，每月拿到的绩效也比原来多了三四百块钱，我们都乐意跟着他干！"2008 年就到永乐线路工区工作的老职工黄永干说，"对工务人来说，线路病害就像眼睛里进了沙子，不除掉就不舒服。"汪伯华坦言，他对线路病害向来都是零容忍。

2009 年 1 月的一个晚上，贵州兴义气温骤降到 0 摄氏度，时任兴义线路工区工长的汪伯华忙碌到将近凌晨，躺下来被子还没有捂热，就听到列车通过接头时发出异常声响。他感觉有点不对劲，立即拿起照明灯跑到现场，经过仔细排查后发现，调车线的钢轨有一个接头夹板已经裂断，情况十分危急。他立即采取防护措施，换上新配件，消除了安全隐患。

"只要严格执行作业标准，坚持苦干实干，就没有养不好的线路。"这是汪伯华 2016 年年底与南宁电务段党员职工交流时说的一段话。由汪伯华带领的工区，轨检车平均每千米扣分能很快从几十分降到几分，线路质量稳居百色工务段各工区前列，他也因此被职工们称为"南昆工匠"。

2012 年 4 月，在上级部门的安排下，汪伯华暂时离开待了 14 年的南昆线，到湘桂线支援桂林工务段亲睦村线路工区线路病害整治。虽是初来乍到，人生地不熟，但这并没有影响汪伯华工作，他找准扣分最严重的小半径曲线狠抓整治，严格执行"三个一"作业标准。生活上，他每天凌晨4时起来挑水为工区职工做早餐，带头清理工区卫生环境。真抓实干胜过千言万语。看着汪伯华这个"临时工长"埋头苦干，士气低落的班组重新振作起来。他们跟着汪伯华，按照他的工作方法严格整治线路病害。3个月后，奇迹发生了，这个工区管内线路轨检车平均每千米扣分降到5分，达到优良等级。工区曾因线路质量不好而抬不起头的职工，终于可以扬眉吐气了。

百色工务段劳动人事科职员刘楠是汪伯华一手带出来的徒弟，说起他的师傅，他概括为"三多"：干的活比别人多，懂的业务知识比别人多，留守工区的时间比别人多。每逢节假日以及进入雨季防洪时期，汪伯华都会主动留守工区，既给现场安全加了一把锁，又为想跟家人团聚的职工提供了方便。其实汪伯华的家就在离工区约半小时车程的百色市区，但他一个多月才回一次家。他说，只有留在工区，他心里才踏实。

巍巍南昆，青山依旧；严把标准，整治病害。在新的工区，神奇工长汪伯华还在继续书写严格标准作业、确保运输安全的神奇。

（4）风范点评。

安全无小事，严字当头，铁的标准。汪伯华成为"神奇工长""南昆工匠"，是因为心中装着铁路运输安全那份责任，是他二十多年如一日对作业标准的严守，执行标准、自我加码、严上加严、精益求精，练就整治病害的绝活，实现线路养护等级优良，他用"三个一"的高标准带来了安全与效益，用严格执行标准作业真抓实干的"三多"精神（干的活比别人多，懂的业务知识比别人多，留守工区的时间比别人多），带动了班组职工提升线路养护质量。

【新时代铁路精神的榜样践行者6】 一丝不苟列检，护航中欧班列——成都局集团公司重庆西车辆段货车检车员伍洪章

（1）榜样档案。

伍洪章是中国铁路成都局集团有限公司重庆西车辆段重庆西运用车间货车检车员，高级技师，1992年参加工作，2013年被授予重庆市五一劳动奖章，2015年被评为全国铁路劳动模范，2017年被授予全国五一劳动奖章。

扫描二维码观看视频：
伍洪章专访

扫描二维码观看视频：
中欧班列的"护航人"

（2）先进事迹。

2020年6月28日16时许，望着窗外下个不停的雨，伍洪章有点担心："从事列检工作，

确保货物列车安全运行就是我的职责。也许是条件反射吧，一遇到这样的极端天气，我心里就七上八下的。"

伍洪章是中国铁路成都局集团有限公司重庆西车辆段重庆西运用车间货车检车员。全国五一劳动奖章、全路劳动模范、"铁路工匠"、重庆市五一劳动奖章、成都局集团公司优秀共产党员……在伍洪章获得的众多荣誉背后，是那上百双穿烂的胶鞋和上千双磨破的手套。

1996 年，伍洪章从部队退役后入路工作。他始终恪守"一丝不苟干工作、无私奉献做表率"的人生信条，甘用美好青春换来铁路的一方平安，成长为一名货车运行安全的"护航人"。

（3）按标作业育"名医"。

2011 年 1 月，中国重庆开往欧洲城市杜伊斯堡的货运班列从兴隆场站发出。伍洪章带领党员突击队冒雨检查列车，被前来采访的央视记者记录下来。从此，伍洪章所在的这支"特种部队"被全国观众知晓。

随后，货运组织改革、西南货物快运列车开行、兴隆场编组站开通等接踵而至，给货车运用工作带来了更多挑战，车辆作业方式发生变化，对车辆运行的品质要求更高。作为班列检查组组长，伍洪章经常承担重点列车运输保障和车辆事故调查等急难险重任务，且每一次都能圆满完成。

现场检车需要全天候露天作业。伍洪章严格按标作业，无论风霜雪雨还是高温酷暑，都坚持规定步伐一步不乱、手部动作一丝不差，逐渐练就了一身高超的技艺。面对车辆技术快速变革的形势，他常常坚持深学细研直到深夜，查阅资料、探索方法，对比故障、透彻分析。

2014 年 4 月，伍洪章所在的重庆西运用车间既要负责重庆西编组站工作，又要兼顾新建的兴隆场编组站工作，任务十分繁重。伍洪章临危受命，带队第一批进驻兴隆场编组站。在环境恶劣、人员紧缺、配套设施不完善等情况下，他每天坚持走在还未铺设走行板的道砟上，卡控"两纪"、排除故障，一天下来要走 10 千米以上，吃了不少苦。在车间正式搬迁前，他撰写了《职工生产生活指南》，完善了《外包线通过列车安全防护措施》，带领班组职工交出了"一事不出"的优秀答卷。

伍洪章先后带领车间技术骨干承担重点运输任务检车工作 120 余次，参与车辆故障和行车信息调查处理 300 多起，带队为 500 余趟中欧班列提供安全保障，未发生任何差错，成为重庆西车辆段最值得信赖的列车运行安全"护航人"。

（4）创新解难保安全。

2014 年 7 月，伍洪章劳模创新工作室正式成立。对于伍洪章来说，这既是对他过去工作的肯定，又是新的挑战，意味着他不仅要做好自己的本职工作，而且要带领大家总结经验、开展研究，运用聪明才智研发创新成果。

他们围绕确保现场作业安全、提高运输生产效率、减轻职工劳动强度等目标，深入调研、理性分析、集中攻关、反复试验，先后研发出螺旋式车钩钩高调整器、气动打磨切割专修工具、车轮故障综合判别尺等新工装新工具，破解了多个技术难题，大大提高了现场作业效率，多次在局集团公司和段技术革新评比中获得奖励。

工作中，他发现列检现场顶镐作业劳动强度大、故障处置效率低，就利用工余时间自主钻研，通过查阅资料、现场调研、反复试验，历经近2个月时间，终于研发出了一种小巧便携、使用方便的组合式镐座，使故障处理效率提升了75%。

近年来，伍洪章围绕现场管理标准化规范化建设，精心编制现场列检标准化影像作业指导书，并在全段推广。针对铁路货车运用中危及行车安全的故障，他基于对应急处理、安全保障措施的长期分析研判，撰写了多篇技术论文。其中，关于防止车辆人力制动机"三变一卡滞"的分析建议，受到了上级部门和领导的高度重视。

2018年，伍洪章劳模创新工作室被中华全国铁路总工会命名为"火车头劳模和工匠人才创新工作室"。2019年11月，"伍洪章劳模和工匠人才创新工作室"代表成都局集团公司参加全路职工技术创新成果展，得到了在场人员的一致好评。

不管是工长、师傅还是教练，他除了手把手传授检车动作、故障检修技巧外，还将自己对检车工作的感悟、对企业文化的理解和军人坚韧的作风，潜移默化地传授给检车员，让一批批新生代检车员受益匪浅。

青年职工思想活跃，伍洪章根据年轻人的特点，总结出了"一二三四"教学法、车辆配件标签教学法、微视频教学法、图片直观教学法，对新入路职工开展实训指导，受到了青年职工的普遍欢迎。他传帮带的300多名优秀青工，其中有9名已成为班组工长，5名竞聘到管理岗位。他训练的青年职工在全路货车运用技能大赛中取得了优异成绩，1人被评为全国青年岗位能手，4人获得火车头奖章，6人被评为全路技术能手，7人被评为全路青年岗位技术能手，为确保列车安全注入了源源不竭的动力。

（5）参与抗疫立新功。

新冠肺炎疫情发生后，中欧班列安全平稳运输，充分发挥了"助世界抗疫、促经济复苏"的作用，被赞为"欧亚大陆之间的生命之路"。

作为中欧班列作业组骨干，伍洪章多次与职工开展技术交流，围绕卡控好中欧班列车辆钩缓部、走行部、制动管系等关键部位质量，分享自己的经验，确保了运送春耕物资、防疫物资、生活物资的车辆运行状态良好。

"作为一名共产党员，关键时候就必须顶上，虽然我不能像医务工作者那样奋战在抗疫一线，但保障中欧班列安全运行也是为抗疫做贡献。"伍洪章说。

为了保证大家身体健康，伍洪章主动放弃休假，春节假期还没结束就奔波于各家药房，沟通、协调购买防疫物资。通过努力，他购买到一定数量的防疫物资，分配给一线班组。

果园港、綦江等一线班组离单位较远，购买防疫物资困难，伍洪章就自己开车将物资送到班组职工手中，让职工第一时间感受到组织的关怀。为保证职工吃得安全、吃得卫生，车间对饮食安全做出细致规定。伍洪章主动参与食堂菜品采购、餐具消毒、分散就餐等环节，协作做好防疫工作，为职工就餐提供安全保障。

工作20多年来，一把磨得发亮的检车锤，见证了他追逐梦想的历程，记录着他奋斗历程中的动人故事，浸润了他在数九寒天、烈日酷暑下履行党员承诺时的汗水。他用自己的实际行动诠释了新时期铁路车辆人的别样风采。

（6）风范点评。

车辆"名医"是怎样炼成的？伍洪章说："从事列检工作，确保货物列车安全运行就是我的职责。"遵章作业一丝不苟，安全生产一事不出，他夜以继日地奋战在列检作业一线，在本职岗位上当标兵，在业务技能上争优秀，在遵章守纪上做标杆，践行了新时代铁路车辆人的责任和担当。

【新时代铁路精神的榜样践行者7】 揭开"高铁上硬币不倒"背后的秘密，心无旁骛搞科研——中国铁路济南局集团有限公司工务部提高工资待遇高级工程师吕关仁

（1）榜样档案。

吕关仁：中国铁路济南局集团有限公司工务部提高工资待遇高级工程师。1984 年入路，享受国务院政府特殊津贴。曾获得中国铁路总公司"百千万人才"工程专业带头人、山东省有突出贡献的中青年专家、茅以升铁道工程师奖、詹天佑铁道科学技术奖等多项荣誉。先后担任山东省第九、十、十一、十二届政协委员。

扫描二维码观看视频： 扫描二维码观看视频： 扫描二维码观看视频：
访集团公司工务部吕关仁 新时代铁路榜样吕关仁 铁路榜样吕关仁

（2）先进事迹。

在中国铁路济南局集团有限公司，有一位铁路工务系统的专家，被誉为"大国工匠"、中国高铁的"平顺大师"。一提到他，大家都会竖起大拇指。他就是新时代铁路榜样、济南局集团公司工务部提高工资待遇高级工程师吕关仁。吕关仁入路 30 余年来，怀揣梦想，与时俱进，不断研究探索铁路线路维护技术，先后主导了 21 项中国铁路科研项目，其中 13 项获省部级科技进步奖，为规范我国高速铁路工务规章制度建设和工务轨道养护维修管理发挥了积极作用。他用一名铁路人的奋斗与拼搏、责任与担当，用心呵护着中国高铁这张闪亮名片。

（3）心无旁骛 致力工务技术研究创新。

2019 年 3 月 27 日，记者在吕关仁办公室采访时看到，办公桌上除了中间放着一台电脑外，周边整齐摆放的全是铁路工务技术方面的专业书籍。他的书橱内也放满了这类书，书橱上面还有装满书的纸箱。整个房间简直就是一间小型图书室。"这是我工作 30 余年来，学习使用的各类专业书，放在这里，随时都可以查阅。"吕关仁微笑着告诉记者。

"加强工务科技研究，将研究转化为实际成果，提高生产力"是吕关仁长期坚持和践行的工作准则。20 世纪 90 年代，我国铁路小曲线半径钢轨侧磨问题十分突出，有的使用寿命仅10 个多月。为此，吕关仁通过对减缓曲线钢轨磨耗问题的反复研究，终于在 2001 年成功研制了曲线钢轨干式润滑技术，可延长钢轨使用寿命 1 倍以上。如今，该项技术已作为钢轨养护的一项重要技术，在全路推广应用，并取得了显著的经济效益。

2008 年以来，为尽快形成高速铁路线路维护成套技术，吕关仁作为主要研究人员，先后完成了"京沪高速铁路黄河特大桥桥上线路维修技术研究""京沪高速铁路基础设施监测技术研究"等多个中国铁路总公司科研项目。10 余年来，这些科研项目的成果为掌握高速铁路轨道变化规律、构建高速铁路基础设施监测技术体系等提供了有力的技术支撑。

"我的左右手都能操作鼠标。"吕关仁笑着给记者秀了这一手绝活。每一项高铁技术研究，都离不开现场测试、数据采集，长时间使用计算机的他，右手成了"鼠标手"，经常疼痛难忍，吕关仁只好练就了"左右开弓"的能力。

2013 年，吕关仁担任了《铁路工务技术手册 轨道》的主编。经过 1 000 多个日日夜夜的不停撰写、不断修改，该手册已于 2017 年出版。这本工具书内容全面，实用性强，对我国铁路工务轨道养护维修、管理、学习和培训工作具有重要指导作用。"干技术、搞科研，要心无旁骛，宁静才能致远。"吕关仁说。

近 3 年来，为进一步完善普速铁路线路维护管理体系，提升线路设备质量，适应深化工务维修体制改革的需要，总公司开展了《普速铁路线路修理规则》（以下简称《规则》）的修订工作，吕关仁全面参与《规则》修订，该《规则》已于 2019 年 4 月 1 日起正式施行。《规则》中首次纳入应用钢轨保护技术，将 60 kg/m 钢轨无缝线路大修周期的通过总质量由 700 Mt 提高到 1 000 Mt，可延长钢轨使用寿命 43%；将 75 kg/m 钢轨无缝线路大修周期的通过总质量由 900 Mt 延长到 1 500 Mt，可延长钢轨使用寿命 67%。

为加快大数据、"互联网＋"等信息技术与工务维护管理的融合，吕关仁主导完成了"铁路工务设备维护管理分析决策系统"科研项目研究。该项目对科学指导设备修理，合理控制设备修理成本，全面提高工务设备修理决策的针对性、科学性、时效性和经济性，促进"数字工务、网络工务、智能工务"建设具有重要意义，并于 2018 年 12 月通过了济南局集团公司组织的技术评审。

吕关仁还是济南局集团公司铁路线路维护技术专家工作室的首席导师。他从近千篇的中外论文中精选了近 20 年来世界高速铁路线路维护领域知名专家的百篇文章，编印了《高速铁路线路维护论文选编》，供专家工作室成员学习。他在全路举办了 30 场专题讲座，为推进工务技术交流和人才培养做出了积极贡献。

（4）走上舞台 宣讲中国高铁发展成就。

站在高铁技术发展的前沿，吕关仁对中国高铁一直满怀深情。1995 年，吕关仁到国外学习，有机会接触高铁技术。他异常珍惜这难能可贵的学习机会，每堂课都认真听讲，提出的问题也最多。回国时，他的一个背包里全是书籍资料，有人建议他打包寄回，但他坚持自己背回来，因为这些东西是他最珍贵的宝贝。

2012 年国庆假期，为配合完成《中国高速铁路工务技术》的编写，他完成了 4 万多字的书稿，交稿后他自言自语道："这个国庆节过得真充实。"

2013 年，吕关仁再次被委派到国外参加高铁工务维修技术培训。他白天参加培训，晚上撰写培训总结，回国后就向总公司运输局工务部提交了厚厚的一本培训总结报告，成为全路工务系统学习交流的资料。

总公司发布的《高速铁路工务安全规则》《高速铁路有砟轨道线路维修规则》《高速铁路运营期基础变形监测管理办法》等多项规章制度的审查或编写人员中均出现了吕关仁的名字。

"梅花香自苦寒来"。2018 年，我国迎来改革开放四十周年。2018 年 11 月 29 日，国务院新闻办公室举行中外记者见面会，邀请 5 位中国高铁一线工作者，围绕"改革开放与中国高铁发展"，与中外记者见面交流。吕关仁作为高铁一线职工代表，介绍了参与高铁线路维护技术攻关、为中国高铁发展和运行安全提供技术支撑的历程以及面对中国高铁从追赶者变身领跑者的切身感受，回答了媒体记者提问，畅想了中国高铁未来发展的美好前景。其中，吕关仁生动描述中国高铁"稳、顺、平、检、修"，解答了如何实现高铁线路高平顺性，揭秘了"高铁上硬币不倒"背后的原因，受到国内外广泛热议。12 月 10 日，吕关仁在 G111 次列车上参加了中宣部组织的中外媒体记者采访活动，他从高速铁路线路基础设施管理角度介绍了建设好、管理好高速铁路的秘诀：先进的设计、严格的施工、科学的维护和人才的支撑，向世人展示了中国高铁的发展成就。

2019 年春运期间，有一趟高铁在经过京沪高铁济南黄河大桥时出现了轻微晃车，吕关仁负责牵头检修，一连几个晚上，他们对大桥上的整组钢轨进行一寸一寸的检测，排查原因，3 毫米的误差问题得到解决。央视新闻频道《新春走基层》栏目以《为了这三毫米》为题报道了此事，在社会上引起强烈反响。网友纷纷留言："正是因为铁路人毫厘之间的追求，旅客才有了'高铁竖硬币'的乘车体验。""为了那 3 毫米，在大国工匠的眼中，'失之毫厘，谬以千里'。正是这种工匠精神，才创造了一个又一个中国奇迹。"

"我现在正按照总公司工电部的安排，参加《高速铁路无砟轨道线路维修规则》和《高速铁路有砟轨道线路维修规则》的修订，争取早日完成。"吕关仁激动地对记者说。

随着中国高铁快速发展，吕关仁深深感觉到"本领恐慌"。"建设高速铁路不易，作为高铁线路维护技术人员，管理好高速铁路更难。""高铁在祖国大地上奔驰，时不我待，只有不断学习钻研，充分掌握这些高铁养护规律、创新进取，我们才能在技术上保持领先。"吕关仁说。

（5）不忘初心 饱含爱路爱家高尚情怀。

1980 年，年仅 16 岁的吕关仁以优异成绩被西南交通大学铁道工程专业录取。1984 年，大学毕业后的吕关仁被分配到济南铁路局工作。

虽然远离家乡，但品学兼优、聪慧好学的吕关仁很快适应了在兖州工务段的见习工作。一年后，他来到临沂工务段线路室负责线路维修。向师傅学、向现场学，吕关仁如饥似渴地钻研业务，这一干就是 3 年。吕关仁的业务水平逐渐得到了领导和同行的认可。

由于表现突出，1988 年，吕关仁被调到兖石临管处技术科，从事工务技术工作，吕关仁在大学期间学到的书本知识得到了充分应用。1991 年，27 岁的吕关仁被调到济南铁路局工务处工作。舞台更大了，吕关仁更加好学了。

每天 7 点前到办公室,先学习技术业务一个小时,是吕关仁多年来养成的习惯。中国高铁运营之初,为了便于学习外文资料、吸收借鉴国外先进的工务管理技术,他每天随身携带一本《英汉铁路工务工程词汇》,上面写满了标注。时至今日,这本厚厚的《英汉铁路工务工程词汇》依然放在他办公桌上的醒目位置,只要有空闲,他就认真翻阅学习。

"中国高铁发展已经走过了 10 余年,在保证安全可靠性、高平顺性的同时,还需不断提升其科学性与经济性。今年我确定了高铁线路维护技术研究课题,努力为高铁发展多做贡献。"吕关仁信心满满地对记者说。

(6)风范点评。

吕关仁大学毕业入路后,从事铁道工务技术 35 年来,专心致志,潜心研究铁路线路维护技术,致力于高铁线路维护技术的创新,成为中国铁路工务系统的知名专家。正是由于有了"吕关仁们"专心铁路科技创新,从未停止探索脚步,才创造了"高铁上硬币不倒"这样的一个又一个中国奇迹,正是我们在高铁线路高平顺性等技术上的领先,中国高铁才取得世人瞩目的发展成就。铁路人的创新精神和创新实践,是中国铁路高质量发展的关键内驱力。

【新时代铁路精神的榜样践行者 8】 站在数字化三维平台,为高铁建设插上智慧翅膀——中国铁路设计集团有限公司轨道交通国家工程实验室航测遥感实验室主任韩祖杰

(1)榜样档案。

韩祖杰:现任中国铁路设计集团有限公司轨道交通国家工程实验室航测遥感实验室主任,1995 年参加工作,获詹天佑铁道科学技术奖青年奖、火车头奖章、2017 年中国铁路总公司"百千万人才"工程专业带头人等荣誉。他主持的国家 863 计划子课题等多项国家级、省部级科研项目获国家级金奖 2 项、省部级科技进步奖 10 项。

(2)先进事迹。

在中国铁路设计集团有限公司轨道交通国家工程实验室航测遥感实验室,有这样一位能工巧匠:他是"王长进劳动模范创新工作室"的核心骨干成员,集詹天佑铁道科学技术青年奖、火车头奖章等多项荣誉于一身。他虽年轻,却已经主持了国家 863 计划子课题、国家自然基金、天津市重大科技支撑等一系列科研项目,一直为实现铁路勘察设计、建设及运营维护的现代化和智能化不懈努力。他曾参与京津城际铁路、京沪高铁、沪昆高铁等一大批国家重点铁路项目的初测、定测和精测工作,在数字化三维平台上"挥毫泼墨",绘制出美丽的图景。他就是韩祖杰。

扫描二维码观看视频:韩祖杰专访

扫描二维码观看视频:让铁路建设更智能

扫描二维码观看视频:新时代铁路榜样韩祖杰

谈到技术创新,韩祖杰总有说不完的话:"我们这个领域就是要不断创新,科技创新不是空洞的口号,它需要事无巨细地落实。"

（3）最美遇见，24年钟情于它。

韩祖杰走进测绘的大门纯属偶然。当年报考大学时，因为专业里有"摄影"两个字，他以为能做一个周游世界的旅行家，便抱着好奇心选择了摄影测量与遥感专业。

韩祖杰回忆道："几年的大学生活，我并没有周游世界，实习时拿着红白相间的测杆跑到山上测图，每天很早就要到荒郊野岭作业，深深体会到测绘工作的艰辛，也深感我国测量仪器与先进设备的差距。那时我就暗下决心，一定要刻苦学习、潜心钻研，将来报效祖国。"

1995年，韩祖杰从武汉大学毕业来到中国铁设，从一名一线的技术人员一直干到副总工程师。24年来，他扎根科研一线、苦心钻研，不断提升业务技能和创新能力，围绕航测遥感技术、三维地理信息技术和BIM技术深入开展课题研究，把专业技术和铁路工程应用结合起来，取得了多项研究成果，实现了多项研究成果的工程转化，对提高企业核心竞争力和打造拳头品牌起到重要作用。

什么是航测遥感？韩祖杰有一句很经典的描述："航测遥感工作最直观的体现就是大家在电脑或手机里看到的三维地图和三维模型。我们通过航空摄影获取高精度的现场照片，经过计算机对海量数据进行处理和平差计算，渲染还原成现场真实的场景。简单说，我们的工作就是为高铁建设插上智慧的翅膀。"

"因为要对地面进行勘测、施工、管理，所以有了测绘行业。航测遥感技术的应用，可以快速获得高精度的现场地形，为高铁设计提供基础地形资料，为建设管理、运营维护管理提供虚拟仿真场景。然后，我们把这一张张照片合成高精度的三维图形，将成百上千公里范围的真实世界在计算机中重建后呈现给大家。给铁路建设工作带来便利，这就是这项工作的意义。"韩祖杰说。

24年来，韩祖杰钟情于研究领域。为了保证研究成果的实用性，他经常与业主方、设计人员、施工方、监理方进行现场沟通，了解他们的需求，全年中超过一半的时间都是在现场度过的。为了确保研究质量，他每天工作到深夜，每个模块、每段代码都做到精益求精，不断完善信息化平台的各项管理功能，实现了信息化管理的标准化。

在中国铁路主数据中心项目建设中，他首次将平台应用于铁路建筑工程建设，实现了Revit模型的转换和优化显示工作，提高了BIM模型的应用效率，将BIM与GIS技术进行深度融合；在阳大铁路建设中，首次搭建了基于BIM+GIS的建设管理平台；在克塔铁路中，针对风吹雪监测与治理、样板工程段等，增加了传感器接入、系统集成和虚拟施工等功能，并融合了BIM技术，提高了铁路模型的精细化程度和建设管理的信息化、智能化水平。

（4）努力创新，用航测遥感创奇迹。

"只要有一分希望，就要付出百分百努力。"这是韩祖杰心中的信念。

2009年，正值中国铁路快速建设时期。沪昆高铁勘察设计面临着巨大的压力，施工现场山高林密，测量仪器之间被树木遮挡，GPS和一般航空摄影器材因树木茂密的原因会影响测量的精度，找出一种有效的测量方法是破解难题的关键。

韩祖杰大胆提出将用于地矿普查的机载激光雷达测量技术应用于铁路勘测，并得到中国铁设领导的支持。他跑现场、跑科研单位、跑厂家、做试验、彻夜编写代码，在极短时间内形成了完整可靠的作业流程和技术体系，实现了机载激光雷达测量技术在铁路勘测项目中首次大范围成功应用，使得勘测时间缩短了一半以上，勘测效率提高了2.5倍。

在京津城际铁路精密控制测量项目中，面对时间紧、任务重的困难，为了更好地配合现场的测量工作，他白天与职工在现场边走边记，晚上回来还要研究数据处理方案、编写处理软件。"老韩坐火车不是编程序就是看资料，什么事都要做到极致，入住酒店后第一件事从来都是工作。我们经常劝他注意休息，他只是笑笑，然后继续埋头工作。"科研人员李建虎回忆说。同时，他还主持编写了精密导线测站平差软件，提出了坐标的投影改化方案，并实现了与清华山维平差计算软件的接口，勘测方法达到国际先进水平，为首次在路内使用精测网技术铺平了道路。

在积累了上千页的技术资料后，韩祖杰开始着手研发三维可视化勘测设计平台。在这个平台上，数据变成直观的三维图形，设计人员可以从图形上直接获取数据并在上面开展设计，工程建设管理人员可以直观地、数字化地进行管理，运营维护人员也可以进行工程设施的监测、管理和维护。经过十几年的开发、实践、完善，这个平台已经广泛应用于铁路勘察设计、工程建设和运营维护管理之中，大大提高了工程效率。

凭着一股爱钻研的劲头，韩祖杰逐渐精通航测遥感技术、三维地理信息技术和 BIM 技术，并将三者合而为一，打造了工程三维可视化勘测设计平台，并依托主持的"高速铁路建设及运营综合仿真服务平台""城市轨道交通建设管理信息化平台建设关键技术深化研究"等课题，深入挖掘 BIM 与 3DGIS 融合技术在铁路建设及运营中的应用价值，开发了集综合管理、现场管理、技术管理、安全质量、计划合同五大系统三十多个模块于一体的综合平台。

为保证平台的实用性，他在中国铁路主数据中心、盐通铁路等项目的建设过程中不断完善各项管理功能，陆续在平台中增加了传感器接入、系统集成和虚拟施工等功能，并融合了BIM 技术，提高了模型的精细化程度，成为打造智能高铁的重要组成部分。

在铁路运营维护阶段，他还组织开发了铁路资产台账、综合监测检测、养护维修以及安全应急等管理模块，并在沈丹高铁、京沪高铁等项目中测试应用，取得了良好的应用效果。

（5）研发不止，引领技术团队。

韩祖杰的办公室位于研究所的二楼。说是办公室，其实更像是一个机房。寒来暑往，春华秋实。怀着对铁路勘测事业的美好追求，韩祖杰 24 年如一日，始终以精益求精的工作态度和勇于创新的拼搏精神砥砺前行。参加工作以后，他承担国家 863 计划子课题在内的多项国家、省部级研究项目，研究成果获国家级金奖 2 项、省部级科技进步奖 10 项、工程勘察设计奖 7 项，取得发明专利 7 项，并先后入选 2013 年天津市"131"创新型人才培养工程第一层次人选和 2017 年中国铁路总公司"百千万人才"工程专业技术带头人，同时还荣获了詹天佑铁道科学技术奖青年奖、火车头奖章。作为主要起草人，他参与了《工程摄影测量规范》和《轨道交通地理信息》两项国家标准的编制工作，还参与了铁路 BIM 国际标准的编写工作，出版 2 本相关技术专著。

"航测遥感技术发展非常快，需要我不断地去追踪和学习，不断测试和创新，机载激光雷达测量技术一开始只是用于林业普查等，我们觉得它相对精度高，通过加强地面控制可以用于工程测量，特别是在植被茂密的地区，像沪昆高铁用传统测绘技术无法获得高精度地形，航测无法穿透植被，GPS 上方覆盖植被无法定位，全站仪勘测也前后通视困难，通过机载雷达技术可以通过达到地面的点，滤波去除植被，从而获得精准的地形数据；3DGIS 技术是在此基础上获得的衍生产品，可以将快速渲染的三维地形应用到勘察设计中，逐步扩展到深化设计。"说起热爱的专业，韩祖杰总是滔滔不绝，眼神中充满了兴奋。

在钻研业务的同时，韩祖杰也将自己的团队打造成了一支能打硬仗、作风顽强、勇于创新的队伍。他主动了解团队每个人擅长的领域，让每个年轻人术业有专攻。团队中，有做数据库研究的，有做基础三维与建模研究的，有做规范研究的，还有做应用研究、数学模型研究、虚拟施工和仿真研究的。他带领团队分工协作、补齐短板，攻克了一个又一个技术难关，同时通过劳模工作室的平台将自己的经验、感悟传递给年轻人。该团队 2016 年入选天津市"131"创新型团队、2018 年被铁路总公司评为铁路信息模型（RIM）党员创新先锋队的党内品牌。

"我们技术团队的成员都很年轻，大部分科研人员只有三四十岁。我们要支持年轻人，激励年轻人不断前进，我们的国家就大有希望。"韩祖杰说。

业务时间，他经常与相关科研人员一道开展研究，交流研究思路并提出研究方法和方向，以实际开发工程代替训练，促进相关人员的快速成长。毕业于武汉大学摄影测量与遥感专业的赵文对记者说："韩总和我们的关系亦师亦友，总是在我科研最迷茫的时候给我指明方向，让我们年轻人少走了不少弯路。"

"我常常跟自己的团队说，我们的工作就跟运动员一样，每一个动作和步骤都需要长年累月的训练才能达到必要的精度和准度。只有靠坚持不懈的奋斗，才能具备工作需要的技能水平。"韩祖杰说。

"技能成就梦想，奋斗改变人生！"韩祖杰动情地说，他最感恩的是国家和社会对工匠的认可与尊重，这也是他精益求精、创新钻研的最大力量源泉。

（6）风范点评。

24 年，韩祖杰从一名普通的技术员成长为副总工程师，更成为铁路航测遥感科技研发的领军人，他带领团队闯关夺隘，破解一项又一项铁路工程勘察设计技术难题，为高铁建设插上智慧翅膀。因为他深知，科技是国之利器，国家赖之以强，铁路赖之以赢，人民生活赖之以好。

【新时代铁路精神的榜样践行者 9】　半世纪薪火相传　百万客心沐阳光——中国铁路上海局集团有限公司南京站"158"雷锋服务站

（1）榜样档案。

南京站"158"雷锋服务站：50 年坚持学雷锋，2012 年获得全国青年文明号称号和全国铁路党内优质品牌等荣誉；2013 年荣获全国工人先锋号称号；2015 年荣获第一批全国学雷锋活动示范点和全国"时代楷模"等称号；2016 年荣获全国先进基层党组织称号。"158"雷锋服务站四代 131 名客运员中，涌现出全国劳动模范、铁道部劳动模范等一批先进模范人物。

扫描二维码观看视频：
"158"窗服务站访谈

扫描二维码观看视频：
《薪火相传》——"158"雷锋服务站

扫描二维码观看视频：
雷锋服务站

（2）先进事迹。

在南京车站2楼一间不到80平方米的房间，是全国铁路首家专门为老、幼、病、残、孕等重点旅客提供服务的候车室——"158"雷锋服务站。在这里，4代铁路人连续半个世纪接力传承雷锋精神，让百万重点旅客心沐阳光、温馨出行。

（3）半世纪不忘"学雷锋"初心。

"张大爷！"一个月前，78岁的旅客张邦圣拿着两桶泡面，再次出现在"158"雷锋服务站见习生车恒庆眼前。车恒庆没有想到，自己一点绵薄之力，竟让老人20多天念念不忘。前不久，张邦圣从南通乘坐火车到达南京站。刚一下车，看着站台上人流如潮，老人就慌了。正在"158"雷锋服务站学习的见习生车恒庆发现老人不知所措地站在原地不动，立马上前询问，并将老人请到"158"雷锋服务站候车室，为他端来热水。得知老人计划转车去吐鲁番时，车恒庆帮他买来第二天的车票。老人在南京无亲无故，眼看着要在车站过夜，车恒庆下班前自掏腰包买来一桶泡面，泡好送到老人跟前。第二天，车恒庆早早起床，又买来热气腾腾的包子送给老人，老人感动不已。20天后，老人从新疆回来，到南京站下车后，专门找到"158"雷锋服务站候车室感谢车恒庆。

类似的温情故事每天都在南京站发生着。让我们把历史的指针回拨到半个世纪以前。1968年，南京站刚建站，正值全国响应毛泽东同志"向雷锋同志学习"的号召，车站第一代客运人李惠娟等客运员自发成立了"学雷锋班组"，提出"上夜班的每天早来1小时，下夜班的晚走1小时"，利用业余时间，帮旅客搬行李、打开水、缝补衣物，做一些力所能及的小事。一位盲人旅客拿着李慧娟送来的饭菜，感动地说她就是"女雷锋"。1986年，铁道部劳模、车站母婴候车室客运员孙燕光用平板车帮年迈、行走不便的旅客拉行李，被旅客们亲切地称为"雷锋车"。"雷锋车"推了32年，也将雷锋精神传播了32年。有人在意见簿上写道：希望你们永远推下去，把这份真情和记忆留下来。

2000年，南京站精选十余名服务骨干成立一个班组，命名为"158"雷锋服务站，"158"，即"义务帮"，寓意为老、幼、病、残、孕等重点旅客提供志愿服务，铁道部火车头奖章获得者施凤英成了"158"雷锋服务站的领头人。

2011年夏天，一位重症旅客倒在车站的天桥上，施凤英扶他时，旅客吐血溅了她一身，可她眉头都没皱，一直将旅客扶到120救护车上。也是那年，一位残障老太太拉肚子，施凤英把她领到厕所，为她换洗衣服。老太太双腿缺失、浑身异味，施凤英毫不犹豫地抱着她上轮椅、进电梯……

如今的"158"雷锋服务站，"80后""90后"姑娘们已经成为主力。尽管她们多是独生子女，但现在都很"享受"这份护工般的工作。黄吉莉、钱明洁为发生意外、囊中空空的伤残老人买车票和食品；叶慧和患癌症有轻生念头的女大学生旅客拉家常交朋友，为她捐款，帮她重拾生活的希望……

一晃，半个世纪过去了，这里已成为全国首批学雷锋活动示范点，南京站先后有131名职工在这个岗位工作过，3 000多名职工参与过义务服务，累计帮助老弱病残孕等困难旅客100多万人次。

"158"雷锋服务站现任值班员、班组党支部书记黄吉莉告诉记者："我们要坚持以奉献精神引领价值追求，让雷锋精神在'158'雷锋服务站薪火相传，永不磨灭。"

（4）家的温暖与时代同行。

"铁路'158'，温暖如在家。"这句话既是南京站"158"雷锋服务站半个世纪坚守的诺言，也是每一位"158"人紧随时代步伐提升服务品质的自我鞭策。

随着时代的发展进步，重点旅客的服务需求日益增长。"158"雷锋服务站的成员们发扬钉钉子精神，干一行、爱一行、钻一行，努力成为服务行家。为了尽量保持残疾旅客上下坡道时平稳，她们学会了倒推轮椅；为了增加和盲人旅客的亲近感，她们不再用盲棍引导，而是身贴身地搀扶……

南京站"158"雷锋服务站采取走出去学、请进来教的办法，组织全员分批到职业培训学校学习语言艺术、外语、心理学，到星级宾馆学习服务礼仪，从特教学校请来手语老师手把手地教，从医院请来医护人员面对面传授急救护理知识。如今，在"158"雷锋服务站里，每个人都养成了学习钻研与重点旅客语言沟通和交流技巧的习惯，一本1 200多页的《中国手语》教材被大家翻得很旧。

一次，黄吉莉和妈妈到菜场买菜，看到一位聋哑人在使用手语，便主动上前讨教几招。亲戚看了大吃一惊，问道："吉莉怎么哑了呢？"妈妈笑着说："这孩子学手语入了迷。"

功夫不负有心人。"158"雷锋服务站人人普通话都达到了二级乙等水平，个个掌握了手语、急救等服务技能，8人英语通过了4级，不少人还拿到了导游证。

2013年春运期间，党员客运员吴婷在售票厅巡视时，发现一位老人面色青紫，蜷曲在地上一动不动。她迅速伏下身来，用标准手法按压心脏，毫不犹豫地进行人工呼吸。当老人慢慢睁开眼睛时，在场旅客无不为之感动，售票厅内掌声雷动。

车站变大了，服务更细了。高铁南京南站建成运营后，商务旅客较多，为此，"158"雷锋服务站专门配备了电脑、专用电话，增加了打印、复印、传真等服务项目。"高铁时代，我们提高的不仅是速度，还有服务质量。""158"雷锋服务站客运值班员许慧玲说，"变化的是硬件设施，不变的是'人民铁路为人民'的宗旨。"

在服务中传承，在传承中创新。经过几代工作人员的探索总结，"158"雷锋服务站形成了"随访、送水、检票、咨询、解难到座位"的"五到位"，"帮助旅客购买车票、上下车、联系接力服务、拍发电报、寄信件"的"五帮助"，"免费提供轮椅担架、针线药品、网络传真、应急充电、行李搬运"的"五免费"以及"让旅客有亲切感、舒适感、安全感、愉悦感、留念感"的"五个感"的"四个五"服务项目。旅客们纷纷反映，"158"雷锋服务站服务个性化强，人情味浓。

（5）展现新时代榜样的力量。

"4位残疾旅客乘10月13日T237次列车到你站换乘去张家界，请武铁襄阳火车站协助做好中转服务。"4位残疾人刚买好车票，就找到"158"雷锋服务站，当班的客运员马晶在了解他们的需求后，马上发微博并在微博上@了武铁襄阳火车站。很快，对方回应："已安排客运人员为这几名旅客提供服务，请放心。"

伴随着网络发展，"158"雷锋服务站借助网络延展服务空间，建QQ群、微信群、开微博，还在上级的支持和推动下，与全国160多个车站、480多趟列车建立起联网联动服务机制，让雷锋精神随钢轨延伸，走出南京，跨越国界。

有一次，一位90多岁高龄的美籍华人萧志从美国回来探亲，从上海坐高铁到南京。年事已高的他行动不便，随行亲人又携带大量行李。施凤英主动当起了老人的"拐杖"。20天后，萧老坐高铁去上海乘飞机赴美，得知消息的施凤英顶着高烧，再次将老人送进车厢。老人拿出美元酬谢，她婉言谢绝。老人拉着施凤英合影留念，说要把照片带到美国，用它颂扬祖国的文明和进步。

"琳琳、晓娟、晨晨，请允许我这样冒昧地称呼你们。在我心中，你们是高铁站最靓丽的风景线，你们是南京留给我最温馨的回忆，也是我家庭这段苦难中最弥足珍贵的正能量。"打开"85 后"女孩邹丹写给"158"雷锋服务站工作人员焦琳琳、吴晓娟、邵晨的信，字里行间流露出邹丹的感激之情。邹丹的单亲母亲张秀芝是一名外省的退休教师，被查出重病后，一直在两地间往返接受化疗。张秀芝第一次化疗后，身体十分虚弱，邹丹只好在地上放一块海绵垫，让母亲坐在上面拖着边歇边走。这个消息传到了"158"雷锋服务站，大家便对邹丹母女进行了长达半年的接送。得知医药费不够了，许慧玲又自掏 3 000 元，再带上班组捐助的 1 000 元，帮助张妈妈治病。邹丹说："雷锋服务站用无私的援手抚平了我们母女的自卑，将来，我要好好报答这个温暖的社会。"

把友爱传递得更远，把友善传播到社会。早在 6 年前，"158"雷锋服务站就联合 20 多所高校建起志愿服务基地，吸纳 1 万多名大学生到车站开展志愿服务，在铁路系统组成了首支"郭明义爱心团队南京站'158'爱心分队"，已开展社会公益活动 32 次。在南京站客运枢纽、南京南站客运枢纽、长途汽车站、地铁与"158"雷锋服务站联合成立"爱心联盟"，为重点旅客提供接续服务。

以前，在南京站出租车候车区域，一些出租车司机看到残障人士或生病旅客打车总想拒载，但当看到"158"雷锋服务站的姑娘们抬着轮椅上的旅客上下电梯，常常累得满脸通红，他们深受感动。如今，只要见到"158"雷锋服务站推着轮椅送旅客，司机们都会跑过去帮上一把，他们还自发组成与"158"雷锋服务站联动的"爱心车队"，一个电话，人到车到。

半世纪薪火相传，百万客心沐阳光。奔跑在新时代交通强国、铁路先行的伟大征程中，"158"雷锋服务站必将演绎出新的精彩。

（6）风范点评。

"铁路'158'，温暖如在家。"这句话既是南京站"158"雷锋服务站半个世纪坚守的诺言，也是"158"人紧随时代步伐提升服务品质的自我鞭策。"158"雷锋服务站已历经四代，在服务中传承，在传承中创新，服务内容增加了，原来帮旅客搬行李、打开水、补衣物、推轮椅，现在添上网络传真、应急充电，硬件变了，电脑配上了、服务联网了，但不变的是雷锋精神，是铁路人对旅客的真诚温情，人民铁路为人民的坚守、铁路精神的传承和创新，在"158"团队的接续服务中得到了真实的解读。

【新时代铁路精神的榜样践行者 10】 12 年打通一隧道，大柱山隧道新愚公——中国中铁一局四公司大柱山隧道建设者

（1）榜样档案。

大柱山隧道新愚公：这个榜样是一个特殊的团队，他们是组成新时代铁路建设者的普通部分，又是铁路建设发展的脊梁、铁路担当的形象代言人。大柱山隧道，位于大瑞铁路上，全长 14.5 千米，于 2008 年开工，2020 年 4 月 28 日隧道正洞贯通。因为"隧道贯通，不见不散"的铮铮誓言，中铁一局四公司的隧道施工队，先后有 6 000 多名铁路建设者，经过 12 年的艰苦奋战，完成了中国最难隧道工程，成为一支特别战斗队。为了火车平稳、安全通行，建设者们奉献了最美好的青春，人们将他们称为"最美劳动者"。

图 3.9　大柱山隧道掌子面涌水突泥是常态，铁路建设者常常"冒雨"作业

图 3.10　大柱山隧道内温度高，铁路建设者们用冰块降温

扫描二维码观看视频：
大柱山隧道施工纪实

扫描二维码观看视频：
奋战 12 年 大柱山隧道迎来贯通时刻

扫描二维码观看视频：
世界上最难的在建铁路——
大瑞铁路大柱山隧道

（2）先进事迹。

2020 年 4 月 28 日隧道正洞贯通。大瑞铁路建成通车后，火车通过 14.5 千米的大柱山隧道，仅仅需要 7 分钟。但为了这短短的几分钟，建设者却奋斗了 12 年。

大瑞铁路长约 330 千米、设计时速 140 千米，东起云南大理市，西至中缅边境地区的瑞丽市，是国家中长期铁路网规划中完善路网布局和西部开发的重要项目，同时也是推进"一带一路"建设部署和周边基础设施互联互通的重要铁路项目。位于保山市境内的大柱山隧道全长约 14.5 千米，是大瑞铁路的重点控制性工程。这条铁路是国铁一级单线电气化铁路，长度不算长，规格也不算高，又不是高铁线路，原本不会得到人们的太多关注。然而，令全球工程界万万没想到的是，就是在这条铁路上，诞生了一条地狱级难度的隧道，一度难倒了全世界超过 500 位的隧道专家，这就是大柱山隧道。大柱山隧道于 2008 年开工，原本的工期预计 5 年，建设者在澜沧江畔的深山中整整坚守了 12 年才打通。

（3）最难掘进铁路隧道——建在"地质博物馆"。

"泥浆随时喷涌，就像在'豆腐脑'里打隧道"。

"50 多摄氏度的高温，工作一会就得'抱冰块'"。

"山里打隧道还要划船？"

"涌水形成了瀑布，甚至成为附近村民看热闹的'景观'"。

大柱山隧道开工时，徐国军的女儿准备上小学，这条"最难掘进铁路隧道"贯通时，女儿已上高三。

刚到隧道，刘昕华 28 岁，"当时，头型是三七分，现在是零分，无发可分了"。

在临时板房前，当年工人们栽下了一棵小树苗，如今已长成了参天大树。

……

隧道开工时，女儿准备上小学，隧道贯通时，女儿已是高三学生；来到工地后，从检测瓦斯一直干到三工区领工……徐国军远离城市繁华和亲人相伴，坚守大山十几年，和同事们一道为了打通一条隧道而努力。

"堪称水深火热""像是在豆腐脑里掘进""坐在冰块上降温"……4 000 多个日日夜夜，见证了建设者们的不懈鏖战。

掘通"燕子窝"断层、实施反坡排水、克服高温环境……数千名勇士抱定"愚公移山"的信念，发誓击穿大山。

……

12 年的掘进！掘进！再掘进！位于云南境内的大理至瑞丽铁路重点控制性工程、"最难掘进铁路隧道"——大柱山隧道终于在 2020 年 4 月贯通。

"我们完成了别人眼中不可能完成的任务！"那一刻，徐国军百感交集，热泪顺脸而下。

"这里堪称火焰山！""这里好比水帘洞！"现在，建设者们仍未停歇，正加紧后续的施工。步入隧道，经过一个个区段，曾经冒险奋战的一幕幕场景，如过电影般出现在徐国军等人眼前，他们的思绪也不由自主地回到那些"啃硬骨头"的日子。

（4）鏖战山中险——勇对突泥涌水、瓦斯爆炸等风险。

澜沧江奔腾不息，大柱山高耸入云。

峰险谷深，云雾缭绕，风光美丽无比。但这里也是"路难行""路难修"的代表区域，茶马古道的铃声早已消散，滇缅公路也已把传奇刻进历史。现在，一条重要铁路项目就要叩响这片大山。

大柱山隧道地质环境复杂，断裂构造发育，堪称"地质博物馆"，具有高地热、高地应力、高地震烈度和活跃的新构造运动、活跃的地热水环境、活跃的外动力地质条件、活跃的岸坡浅表改造过程的特征。

"隧道位于横断山南段，穿越 6 条断裂带，综合了复杂断层、突泥涌水、软弱围岩大变形、高地热、岩爆等风险。"中铁一局大瑞铁路项目经理部总工程师刘昕华说，"这注定我们要和各类艰险情况打交道。"

2008 年 8 月，工程开工。由于特殊的地形、地貌，大柱山隧道没有竖井、斜井等辅助施工条件，只能从进、出口两端掘进。最大独头掘进 8.3 千米，为解决施工弃渣、通风、排水难题，施工人员在正洞左侧 30 米处，平行建设长约 14.2 千米的平导。

中铁一局大瑞项目经理部二工区负责从隧道的进口端掘进；三工区负责从出口端掘进。"大柱山隧道开工建设时，预计工期为 5 年半。"中铁一局大瑞铁路项目指挥部常务副指挥长说，"后来因地质条件恶劣，工期一度调整为 8 年，又再度调整为 13 年。"

隧道开工 4 个月后，意气风发的徐国军来到了三工区。当时，大柱山还未向试图击穿它的勇者们显露狰容。"刚开始，进出口两端掘进都比较顺。"认真地干着监测瓦斯工作的徐国军认为隧道如期贯通没太大问题，印象深刻的是这里紫外线强烈，人晒得很黑。

工程按计划推进，"拦路虎"也逐渐出现。2009 年 6 月，建设者们迎来了一大考验——瓦斯。

在出口端开挖 400 米左右时，检测仪器报警：隧道内出现瓦斯气体。刘昕华说，经确认，这一段隧道围岩为煤系岩层，有产生瓦斯气体的条件，隧道内的瓦斯浓度在 0.35% 左右，属于低瓦斯段。

瓦斯浓度虽不太高，但三工区的建设者们丝毫不敢怠慢。因隧道是独头掘进，通风条件差，局部地段可能出现瓦斯积聚，瓦斯浓度如超过 5%，就很危险了。这让徐国军十分紧张，隧洞的掘进速度也大幅放缓。

经过周密安排，施工单位加强了隧道内瓦斯的浓度监测和通风。每 1 小时就要测试 1 次瓦斯浓度；装填炸药前、放炮作业前、放炮作业后都要测瓦斯浓度；对施工人员加强培训和防护……徐国军每天绷紧神经，忙碌了起来，为了保障低瓦斯段的施工安全，隧道内外的工作都一丝不苟。

施工中，中铁一局严格按照《瓦斯隧道技术规范》《煤矿安全规程》相关要求，建立严格的门卫制度，加强进出洞管理，严禁火源及无关人员进洞。最终，用了 14 个月，安全地通过了长约 1.3 千米的瓦斯段。

"安全问题上，只有满分或 0 分，没有 99 分。"二工区安质部部长叶文说，大柱山隧道从开工到贯通，始终以安全为首，没发生过一起重大伤亡事故。

（5）勇掏"燕子窝"——"豆腐脑"里打隧道。

平均一个月掘进 6 米；岩层就像破了皮的汤圆向外流浆汁，如在豆腐脑里掘进……位于"燕子窝"的断层至今仍深深刻在 33 岁的杜伟峰脑海中。不只是杜伟峰，对于二工区全体建设者来说，最终能掏掉"燕子窝"，已成为可写入个人履历的一个荣誉，毕生难忘。

2008 年年底，陕西交通职业技术学院毕业的杜伟峰来到大柱山隧道二工区，成为实习生。爆破、排险、测量放线……他每天到隧道掌子面，跟着老职工学习施工。

爆炸过后，石块哗哗掉，大的石块几十千克。第一次参加隧道爆破作业，杜伟峰跟在排险作业的挖掘机后面，很害怕。后来，在同事帮助下，他逐步克服畏惧心理，一点一点地成长。到工地的半年多时间里，隧道施工顺利，已掘进约 1 千米，杜伟峰也熟悉了施工流程。

意外突降！掌子面左上角突现直径约 20 厘米的溃口，暗红色的泥浆喷涌而出，溃口越来越大。

当时，杜伟峰正像往常一样在掌子面指导工人打孔、装填炸药。"大事不妙！"看到这一情况，惊出一身冷汗的杜伟峰喊了一声，来不及多想，便迅速组织工人撤离，刚到安全处，掌子面就被泥石流冲毁。

113

"溃口越来越大，掌子面附近一台 20 来吨重的挖掘机被涌出的泥浆推出了几十米远。"杜伟峰回忆当时的场景仍心有余悸，如有片刻迟疑，没快速撤离人员，后果便不堪设想。泥石流仍然不断外涌，200 多米长、6 米高的洞很快就被灌满。

刘昕华火急火燎地赶到现场，眼前的场景让他心痛：过去几周的努力都废了，"燕子窝"断层施工难度超出想象。

"打隧道不怕硬就怕软！勘探时知道有断层，但没想到隧道围岩如此脆弱。"刘昕华说。

进口端的掘进工作叫停，大家不得不先清淤，几个月过去了，仍看不到前进的希望。"在当时，我心里也打过退堂鼓，这么艰苦，不如换个工地干。"杜伟峰感叹。

不好打，那就绕过去？结合现场实际，绕开"燕子窝"断层的方案提出，建一条迂回导洞，避开软弱围岩。进一步勘探确认，断层核心地段 156 米，绕行不可能，只能正面较量。

"这隧道咋打？'燕子窝'咋掘？"洞外工棚里灯火通明，专家和技术人员彻夜研究解决方案。"那段时间，我每天晚上都睡不着觉，经常掉头发。"刘昕华无比焦虑。

为攻克难题，中国铁路昆明局集团公司多次邀请相关专家到现场调研、指导。铁路专家到现场调研后认为，在"燕子窝"断层里打隧道，就像在豆腐脑里打隧道，最重要一步就是要让围岩坚固起来，"把豆腐脑变成冻豆腐"。经过反复研讨，基本确定了向围岩内注浆，提升围岩等级的方案。

无经验可借鉴，只能摸着石头过河。按专家组不同建议，建设者们就在隧道里检验不同施工工艺的效果。刘昕华说，经过反复尝试后，最终采用高压动水分段引排超高压聚合注浆工艺施工：工人们先用高压注浆设备，通过极大的压力把突涌出的泥浆顶回去，同时注入水泥，实现让泥浆变成混凝土的效果，然后再一点点掘进。

杜伟峰仍跟在现场，他说，注浆的压力压制断层的压力，如注不到位，可能会出现崩塌，不能有丝毫大意。

一次，"燕子窝"正洞掌子面刚立完拱架、喷完浆，上断面右侧的拱角突然裂开一个直径约 60 厘米的溶腔。不到 10 分钟，隧道里就涌出约 50 米长、半米厚的泥浆，而且裂口还在扩大。当时的工区总工韩方瑾正在查看施工进展，他立刻扛起一袋水泥趟着泥浆往豁口上爬去。现场的作业工人也顾不上安危，参与到抢险中。干了 6 个小时，险情排除了。

一点点前进！每天掘进距离不多，但因掌握了"金钥匙"，穿越"燕子窝"就是时间问题了。后来又发生过几次大的突泥涌水，但都成功化解。26 个月后的 2011 年 10 月，终于安全顺利地通过了"燕子窝"断层核心 156 米地段。

"那一刻很激动！"，杜伟峰也在经此"一役"后成长为经验丰富的技术员。"掘过燕子窝，别的隧道也不怕了。"他说。

（6）冲锋涌水洞——山里打隧道需要划船。

"叮铃铃……"2014 年 6 月 4 日凌晨 4 点多，一阵急促的电话铃声把刘昕华惊醒。到工地这几年，刘昕华已习惯了深夜来电，面对随时可能发生灾害的现实，他也做好了随时出发抢险的准备。

当时，三工区负责的出口端隧道已进入了反坡段，因掌子面高，贯通面低，掘进的线路得走一条"下坡路"，反坡坡度达 23.5‰。听到三工区值班员说"掌子面突然发生涌水，瞬时水量超过每小时 1 800 立方米"后，刘昕华吓了一跳，紧急奔往现场。

水往低处流，向掘进处涌，反坡段施工排水难度大。"还没建起有效的梯级排水设施，处置不及时，就会淹井，整个掌子面也会淹没。"心急如焚的刘昕华赶到了掌子面，发现水已齐腰深，从掌子面向外淹了百余米。

万分紧急！刘昕华和同事快速制定方案，指导工人装水泵、接水管……早上9点多，才勉强实现涌水和抽水平衡，又继续增加水泵，花费3天左右的时间才把水抽得差不多，掌子面重新恢复施工。

2012年，隧道进入反坡段施工后，在隧道出口端发生涌水司空见惯。但建设者们没想到，隧道里的水"多到能行船"，工人常划着船去掌子面，伸手就能摸到隧道顶。

"可以说是在水洞里掘进！"三工区经理陈志强说，从洞口开始2.7千米处进入大反坡，反坡施工段近6千米，一旦发生涌水，抽排难度极大。"有一次，突涌5万多立方米水！"

"掌子面的水位，大约1分钟就上升10多厘米。"三工区副总工程师高飞对一次参加水害抢险记忆深刻，"掌子面向外200来米被淹，6米高的隧道水位很快就到一半，机器被水淹没。"

这时，电源已切断，隧道里黑乎乎的，回荡着水流声。为搞清楚掌子面情况，高飞和几位同事带着手电筒，划着皮划艇进到掌子面。观测时，水位还在继续上升，坐在艇上，伸手就可摸到拱顶。

完成任务，几人回撤时，皮划艇不听使唤，在掌子面附近的水面打转。这时也顾不了大多，大家一起使劲挥桨。费了九牛二虎之力，让皮划艇驶离掌子面200来米后才安全。"你想不到，在山里打隧道还要划船吧？"高飞这样跟同事说。

而这一次涌水，让出口端的掘进施工停了1个多月的时间。

经过多次涌水，项目部积累起了丰富的"驯水"经验，在出口端反坡段，先后建了7级抽水泵站，50多台大水泵和几十台小水泵接力，基本解决了反坡排水施工的难题，直到隧道平导贯通前，大柱山隧道反坡段的总涌水量约8 500万立方米。

排水问题解决了，但水还是源源不断地从岩体里出来，工人们只能每天冒"雨"作业，就像在水帘洞里一样。记者前不久进入隧道采访时，就涉水而过，洞内炎热而潮湿，空气仿佛能攥出水来。三工区副经理赵振锋说，常年在这样的环境里工作，让不少人落下了病，一到天阴下雨的时候，腿关节就隐隐作痛。

在进口端，同样面临着涌水的困扰，涌出的水顺隧道而出，在澜沧江一侧的峭壁上形成了瀑布，水量在1小时2 000立方米左右。江边有一个古渡口遗迹，人来人往，附近村民来看打隧道打出的"大瀑布"，热闹了好几年。

大柱山像个大水箱，岩层里的水就像是被剧烈摇晃过的碳酸饮料，只要岩壁上有任何缝隙，它们就喷涌而出。"装填炸药时，必须在岩壁上打孔，水就往外喷，炸药填充难度极大；喷浆作业时，刚喷到岩壁上的混凝土也会被水冲下来。"二工区经理韩方瑾说，"涌水量大时，工人们眼睛都睁不开。"

进口端有一段隧道围岩以凝灰岩为主，这种围岩本身很硬，但遇水会变软，并不断吸水，导致围岩重量增大，经常把初期支护压得变形。韩方瑾曾目睹遇水后的凝灰岩垮塌下来，把初期支护的钢架拧成了"麻花"。不到一个小时，掌子面附近的隧道断面就缩小到原来的一半。为遏制隧道断面变形，建设者用硬度比较适当的碎石块回填到围岩中，隧道掘进就在支护、变形、回填等过程中艰难前进。

谈及与水打的交道，刘小荣说，12年间，隧道总涌水量高达3.1亿立方米，仅抽水泵就用坏了140多台。

（7）穿越火焰山——喝十几瓶水都不用上厕所。

在掘进面旁的空地上，摆着一堆冰块，这张照片记录的是打隧道时进入高温区段，工人靠冰降温的场景，也是项目高地温段施工的常态景象。

随着出口端的掘进，隧道渐渐进入高地温段，热的感觉逐步加深。"刚开始也没有意识到'高地温'有多高。"三工区总工杜利军说，刚进入高地温段时，隧道内的温度也就在 28 摄氏度左右，有点热，但还是能承受。

随着隧道不断掘进，洞内温度不断升高，环境温度常年维持在 40 摄氏度左右，喷浆作业的时候，拱顶温度超过 50 摄氏度。由于隧道内常年涌水，高地温段的湿度在 80% 左右。赵振锋说，施工者就像在桑拿房里面工作，在拱顶作业超过 3 分钟，就会呼吸困难，有一种要窒息的感觉。

项目部不得不每天使用冰块降温，一次要放好多吨，工人干一会活后，就要到冰上降温，否则就会晕倒，这些冰 3 个多小时就会融化完；一个班次 3 小时，喝上十几瓶水，都不用上厕所，汗水直流，全身湿透……

"有人晕倒了！"

在平导检查出口端隧道掌子面注浆施工时，徐国军为了不耽误施工进度，在隧道里连续工作近 30 个小时。他汗如雨下，汗水长时间进入眼睛，眼睛都肿了起来。通风条件差，加上连续工作，最终徐国军晕倒在现场。

工人们七手八脚抬起他，迅速把他送到洞外。呼吸到新鲜空气后，徐国军慢慢醒了过来。后来，他连续睡了一天多才恢复。

"如果是在高地温段，别说连续工作 30 个小时，就是工作 3 个小时也受不了。"徐国军说，自己当时的晕倒处还没进入号称"火焰山"的高地温段。

徐国军这样描述与高温战斗的情景：冰就放在作业面前，工人热得受不了的时候，就抱着冰，或者拿起冰块往身上贴。"如果在洞外感冒了，就来掌子面用天然方法治疗，出一身大汗就好了。"徐国军笑着说，这样的环境下作业，对身体真是一种考验。

面对滚滚热浪，技术人员没有退缩，每天都要到掌子面指导工人们施工。高飞觉得冬天的时候最麻烦，进洞前穿着大衣，快到掌子面的时候，就脱得只剩下内裤了。一次，在 6 米高的拱顶作业，50 多摄氏度的温度，他仅待了两分多钟就感觉要虚脱了，赶紧走下工作面，躺到地面的积水里降温。

为了防止高温危害施工人员的安全和健康，降低温度，改善洞内施工环境，中铁一局大瑞项目经理部找到了大柱山隧道附近的一家制冰厂，从那里购买冰块送进掌子面。三工区物机部部长李春风说，他们专门买了台农用拖拉机运输冰块，总共消耗冰块上万吨。

冰块只能让掌子面的气温下降 5 摄氏度左右，施工人员每 3 小时就要轮换一次，他们干一会就能到冰块边坐一会儿，总算有了休息和快速降温的地方。

"冬天，洞里四十多摄氏度，洞外五六摄氏度，一进一出，感冒的人特别多，三工区附近的药店和卫生所，是我们职工和工人经常光顾的地方。"杜利军说，"到附近村卫生所治疗感冒发烧的病人中，大部分是施工人员。"

"我每进隧道工作 3 个多小时，出隧道的时候体重就减少 1 公斤，因为出太多汗了。"高飞说，在那样的环境中工作人很容易疲惫。在一次拱顶喷浆作业结束后，高飞顺着架子往下退，一片 10 多公斤的钢片从上方突然掉了下来，来不及躲闪，钢片在高飞的右臂上划开了一道 5 厘米长的口子，血直往外冒。随后，高飞被送到医院，医生给他的伤口缝了几针。

几年时间过去了，右臂上的伤疤仍十分显眼。"这算是大柱山留给我的一枚特别的勋章吧。"高飞说。

（8）最美劳动者——为了几分钟奋斗 12 年。

刚到大柱山隧道，当时 28 岁的刘昕华满头黑发，如今 40 岁的他已是"光"彩照人。看着当时的照片，再和现在的样子对比，多数人会误认为这是两个人。

"当时，头型是三七分，现在是零分，无发可分了！"刘昕华说，每掉一根头发，大柱山隧道工程就往前推进一步，这样光头就值得了。12 年间，先后有 6 000 多名铁路建设者在大柱山隧道建设工地奋战过，他们像刘昕华一样，把青春和汗水奉献给了这片大山。

江边的山坡简单平整一下，立起了板房，建起了工棚；几平方米的屋内一柜一床一桌已算奢侈；吹着江风，面对着大山，就当享受；远离都市，没有繁华……建设者们就在洞口处的山坡上安营扎寨。

"在临时板房前，当年工人们栽下了一棵小树苗，如今已长成了参天大树。"二工区职工任阳阳说，这棵树陪伴着他们一起成长，见证了大柱山隧道建设的风风雨雨。

"有些人大学一毕业就来到大柱山隧道工地，在这里恋爱、结婚、生子……但是职位没有多大变化，要是放在其他项目，12 年时间早该当上中层干部，甚至副经理、经理了。"刘小荣说，虽然中途也有人离开，但绝大多数人还是选择留下，坚守到了最后贯通的那一刻。

杜伟峰刚来的时候，看到环境艰苦，萌生过离开的念头。但后来经历了几次隧道抢险，感受到了团队力量。"大家一起经历过生死，不能在隧道贯通时缺席。"隧道正洞贯通后，他与兄弟们相拥而泣。

"击穿大柱山"是这群铁路建设者生活中最重要的主题。在远离城市的大柱山隧道工地，也有美丽浪漫的事情，成为大山里的一抹亮色。

因为爱情，12 年前，21 岁的任阳阳跟随男朋友李俊的步伐，进入了中铁一局工作，紧接着两人一起被派到了大柱山。"看到大柱山的时候，人直接懵了。"从小在河南长大的任阳阳，未见过如此险峻的山峰，幸好有爱人做伴，坚定了两人坚守大柱山的决心。2010 年两人结婚，如今，任阳阳已经是两个孩子的母亲。

与任阳阳和李俊的故事不同，杜伟峰则是在大柱山项目找到了自己的另一半。他的妻子张翠在三工区担任工程部资料员，2012 年杜伟峰和张翠在三工区的工地上举行了简单的婚礼，放了一串炮仗，就算礼成了。"没有遗憾，能和他一起参与到大柱山隧道这样的工程中，我很自豪。"张翠坦然地说，看中的就是丈夫杜伟峰身上踏踏实实、认定目标不放弃的精神。

"我们是时髦的网恋！"三工区的高飞刚到工地不久，业余时间上网遇到了保山当地的姑娘董玉蕊，网上聊了几个月后才相约见面，后来结婚。他们已经有了两个儿子，大儿子今年 8 岁，小儿子 6 岁。

……

2019 年 6 月 26 日隧道平导贯通，2020 年 4 月 28 日隧道正洞贯通。为了"隧道贯通，不见不散"的铮铮誓言，建设者在澜沧江畔的深山中整整坚守了 12 年。"大柱山隧道都被我们打通了，以后到别的地方打隧道，应该都没有问题了。"韩方瑾说。

大瑞铁路建成通车后，火车通过 14.5 千米的大柱山隧道，仅仅需要几分钟。但为了这短短的几分钟，建设者却奋斗了 12 年。为了火车平稳、安全通行，建设者们奉献了最美好的青春，网民将他们称为"最美劳动者"。

（9）风范点评。

火车通过 7 分钟，建设者奋斗 12 年。在 14.5 千米的大柱山隧道上，横断山看见、澜沧江听到，每一寸铁路的延伸，都是一段艰苦奋斗的奇迹，每一个普通的施工者，都是一座铁路精神的高峰，而铁路建设者们知道，兴路强国的理想就在他们脚下的路上延伸，一桩一锤，打下的是担当使命和责任的印记。

【训练与思考】

1. 参观铁路革命传统教育基地，了解中国铁路的光荣革命传统。

2. 搜集铁路建设的相关资料，理解当代中国铁路精神。

第四章　铁路职业道德

【任务与学习】

1. 了解铁路职业道德的内涵、铁路职业道德建设的意义。
2. 掌握铁路职业道德宗旨和基本规范。
3. 掌握铁路运输部门职业道德规范。
4. 懂得铁路职工职业道德修养的途径和方法。

自进入 21 世纪以来，随着国民经济持续较快的发展，社会客货运输需求迅猛增长，对铁路运输能力的需求越来越大，对铁路运输服务质量的要求日益提高，对铁路各项工作提出了新的更高的要求。迫切需要充分发挥铁路职业道德的激励和约束作用，践行交通强国战略。

第一节　铁路职业道德概述

一、铁路职业道德的基本内涵

（一）职业道德

所谓职业道德，就是同人们的职业活动紧密联系的符合职业特点所要求的道德准则、道德情操与道德品质的总和。每个从业人员不论是从事何种职业，在职业活动中都要遵守职业道德，如教师要遵守教书育人、为人师表的职业道德；医生要遵守救死扶伤的职业道德等等。

职业道德不仅是从业人员在职业活动中的行为标准和要求，而且是本行业对于社会所承担的道德责任和义务。职业道德是社会道德在职业生活中的具体化。

（二）铁路职业道德的性质和特征

1. 铁路职业道德的性质

我国社会主义制度的本质决定了铁路职业道德具有以下性质：

（1）铁路职业道德与社会主义社会所提倡的集体主义道德是一致的。在社会主义社会，铁路是人民的铁路，因而铁路的职业道德不再被用来维护不合理、不平等的职业关系和社会关系，而成为调整铁路职工个人利益、集体利益和社会利益的重要手段。这种利益关系的调整以集体主义原则为指导，是社会主义道德在铁路行业的体现。"为人民服务"是社会主义职业道德的总的要求，体现在铁路职业道德上就是"人民铁路为人民"这一根本宗旨，社会主义劳动态度体现在铁路职业道德规范则是尊客爱货、热情周到，遵章守纪、保证安全，团结协作、顾全大局，注重质量、讲究信誉，艰苦奋斗、勇于奉献，等等。

（2）铁路职业道德的原则、规范和要求同铁路职工职业活动的目的是一致的。由于在社会主义社会中人与人是平等的，人和人之间都是互助友好的合作关系，个人利益、集体利益、国家利益也在根本上是一致的。所以铁路职工从事运输生产活动，一方面是为了个人利益，另一方面，更重要的是为了社会整体的利益。铁路职业道德是社会主义道德与铁路职业理想的统一。

（3）铁路职工具有履行铁路职业道德的高度主动性和自觉性。铁路职业道德与职工群众的根本利益是一致的，因而铁路职工具有主动加强职业道德修养和磨炼的积极性，主动将铁路职业道德内化为自律的要求，并外化为自觉的行动。

2. 铁路职业道德的特征

铁路运输生产以及铁路职业活动的特点，决定了铁路职业道德具有自身独具的特征。

（1）铁路职业道德既包含服务性行业的要求，又包含工业企业的特定要求。

铁路运输服务于旅客、货主，要把尊客爱货、优质服务作为基本的职业道德规范。旅客、货主买了车票、托运了货物，就同铁路构成了一种合同关系，理应得到热情周到的服务。铁路职工要树立"旅客、货主是上帝"的意识，注重保护消费者的合法权益。同其他服务性行业相比，铁路的客货运输服务有其特殊性，即铁路职工要在一定时间内为一个特定的群体服务。旅客、货主群体中个体情况差异较大，需求多种多样，这就要求铁路职工不仅要熟练掌握职业知识和技能，更要具备良好的职业道德素质，为旅客、货主提供差异化、高质量的服务。同时，铁路行业又具有工业企业的特征，工业行业的一些职业道德规范也适用于铁路。如讲究质量，注重信誉，也是铁路部门的基本职业道德要求。由此可见，铁路职业道德是一个包括铁路所有部门和工种职业道德的内涵丰富的体系。

（2）铁路职业道德与铁路职业纪律是密不可分的。

铁路是个半军事化的企业，铁路运输生产活动的特点决定了它必须以铁的纪律和严格的规章制度来维护正常的生产秩序。铁路职业道德的许多要求，往往是通过各种规章、守则、条例、制度表现出来的，具有法规的性质和强制性的特点。同时，许多带有强制性的纪律要求由于长时间的贯彻和执行，已经内化为职工的内心信念，并外化为自觉自愿的行动，使遵守职业纪律本身成为一种道德行为，良好的职业道德又为职工自觉遵守职业纪律提供了有效的思想保证和舆论支持。

（3）铁路职业道德的影响范围非常广泛。

铁路职业道德的状况，对内直接关系到能否形成良好的路风，对外直接影响到整个社会的精神风貌。铁路纵横全国，旅客南来北往，货物四通八达，尤其是"窗口"单位，直接面向人民群众，同社会有着十分广泛的联系，是社会关注的焦点。社会各界特别是媒体对铁路一直十分重视，以各种方式对铁路职业道德的状况进行着监督和评价。

二、铁路职业道德建设的意义

铁路职业道德是社会主义社会对铁路提出的行业道德要求，是在社会主义革命和建设过程中形成和发展的铁路行业道德规范。同以往的职业道德相比，铁路职业道德的特征、地位和作用都发生了很大变化。

（一）加强铁路职业道德建设是实现铁路运输安全和优质服务的客观要求

铁路运输服务的特点及其构成要素直接决定了铁路运输生产过程具有自己独特的属性，这些属性对铁路职业道德的水平要求更高，对铁路的职业道德行为要求更加严格。

1. 运输服务需要旅客货主的主动参与

铁路运输服务分为针对人体的服务（旅客运输）和针对物体的服务（货物运输）。前者需要旅客在这一过程中亲自到场，全程参与，来接受服务所带来的预期效益；后者需要被处理的物体对象必须始终在场，而货主只是部分参与，其活动仅仅局限于提出要求、解释问题和支付相关费用。

2. 服务管理不易

在客运服务中，服务的差异通常取决于传递服务的人员的素质高低。对于管理者来讲，既要管理直接服务于旅客的工作人员，同时也要对旅客的行为进行管理，避免某个旅客不恰当的行为妨碍其他旅客，以确保服务的顺利进行，使旅客有一个满意的旅行体验。这项工作说起来简单，但是实际操作起来难度相当大。所以，一方面要加强服务管理，另一方面也要加强职业道德建设，使服务人员具备提供优质服务的良好素质。

3. 服务质量评价和控制难度较大

大多数商品的可识别性都比较高，人们可以根据其颜色、价格、式样等决定是否购买。但是对旅客货主而言，铁路运输服务更多地具有体验的性质，在购买和消费之前很难进行评价和选择。而对于管理者来说，一方面对工作人员的服务过程难以全程监控，另一方面由于旅客货主的分散性和流动性，也很难收集对服务质量的反馈信息，这就给运输服务质量的评价和管理带来了很大的难度。

4. 平衡需求比较困难

由于运输服务是一次行动或一个过程，而不是一件可以被旅客货主保存的有形物体，所以无法被储存。在一项服务实际发生之前，必要的实体设施和生产要素已经事先准备好时，只意味着具备了运输生产能力，还不是服务产品本身。由此可能会出现两种情况：如果运能已经具备，却没有足够多的旅客或货源，就会出现列车车辆能力的虚糜，使未被使用的运输生产能力白白流失掉；而当服务需求超过运能时，由于运输服务不可能有库存的支持，必然无法满足全部需求。因此对于铁路运输企业而言，一方面要加快建设铁路，挖掘运输潜力，努力提高运输能力；另一方面，在运力一定的条件下，还要积极探索平衡运输能力与运输需求矛盾的方法。

5. 时间因素相当重要

铁路运输服务是实时传递的，旅客必须按时到场接受服务，货物在运输过程中也需要在服务现场。候车的时间过长，或者列车晚点，都会使旅客心情烦躁。货物没有按时到达目的地，也会给货主带来损失。因此服务必须做到准时、迅速。减少服务时间就是增加服务价值，有时消费者为了节省时间甚至会愿意支付额外的费用，这也是一些附加服务普遍受到欢迎的主要原因之一。比如以快递业务取代常规的货物运输；在价格较高的情况下，也有旅客愿意选择旅行时间相对较短的车次；在需要多付费的情况下，也有货主愿意选择"门到门"递送服务。

（二）铁路运输生产过程的特殊性决定了铁路职业道德建设的重要性

铁路运输生产过程与服务过程是同时进行的，生产过程同时表现为服务过程。这种生产过程和服务过程的一致性使铁路职业道德具有双重意义。机车乘务员安全驾驶、列车员热忱服务、售票员熟练出票、行李员严格交接、货运员尊客爱货，这些既是提高运输生产质量的要求，也是为旅客、货主服务的内容，其职业道德水平对生产和服务都具有重要影响。这一特点要求铁路职工具有较高的道德觉悟和精神境界，以对旅客货主高度负责的精神和忘我的劳动态度，保证铁路运输安全畅通、优质高效，满足人民群众对铁路运输的需求。

（三）铁路运输生产产品的特殊性决定了铁路职业道德建设的必要性

铁路运输产品是人或物的位移，铁路运输生产活动并不改变劳动对象的属性和形态，而只是改变所运物品所在的位置。旅客、货主所购买的是人和货物地点位置的移动。从旅客、货主来说，都希望买到安全、及时、方便、经济、舒适的运输服务。从铁路来说，整个生产过程必须对旅客和货主的生命财产负责，尽可能地满足他们旅行和运输的需求。如果职工缺乏应有的职业道德观念，违章违纪，不仅使旅客、货主得不到满意的服务，甚至可能会导致事故的发生，造成车毁人亡的严重后果。

（四）铁路运输生产环节的联动性决定了铁路职业道德建设的经常性与持久性

铁路是一个大联动机，要求每一个部位、每一个环节都不能出现差错，任何一个部分发生问题，都可能影响整个运输系统，给铁路运输生产带来或大或小的损害。如果忽视职业道德建设，不仅优质服务得不到保证，就连最基本的生产活动也无法正常进行。因此，需要时时刻刻都把安全正点、尊客爱货、优质服务作为职工职业道德教育的重要内容，引导职工确立正确的职业价值观，培养正确的职业道德观念，使每个职工真正具备全心全意为旅客、货主服务的观念和对人民高度负责的精神，才能准确无误、安全迅速地将旅客或货物送到目的地。

三、铁路职业道德的地位和作用

铁路职业道德的性质和特征，决定了它在铁路运输服务和铁路建设发展中占有十分重要的地位，对于调整职业活动中的各种关系具有不可忽视的作用。

（一）铁路职业道德的地位

在铁路的精神文明建设和物质文明建设中，铁路职业道德居于十分重要的地位。

1. 铁路职业道德是维护铁路运输安全生产、提高铁路经济效益、保持铁路竞争力的重要保证

铁路运输生产同一般企业的生产活动有着明显不同，它具有流动性、分散性等特点，许多工作往往是在职工单独作业的情况下完成的。保证运输安全和运输生产的有序进行，发挥职业道德的"自律"作用就显得十分突出、十分重要。同时，良好的职业道德也有助于铁路竞争实力的增强，提高自身的经济效益。

2. 铁路职业道德是铁路精神文明建设的重要方面

社会主义精神文明建设的根本目的，是培养造就有理想、有道德、有文化、有纪律的社会主义新人。在铁路职业生活领域，则要求每个铁路职工都要树立崇高的职业理想，培养良好的职业道德，掌握过硬的职业技能，遵守严格的职业纪律。只有在铁路职工中加强职业道德教育，才能使职工明辨是非，养成良好的道德习惯，正确选择有价值道德行为。由于铁路运输同社会有着广泛的联系，铁路职业道德状况的好坏，必将影响到整个社会的精神风貌，因而也有人把铁路"路风"视为社会风气的"晴雨表"。虽然对某一位旅客而言可能只乘坐一次火车，对于某一位货主来讲可能只托运一次货物，但从有限的交往中，从所遇到的铁路职工的服务态度上，他也会形成对铁路的一般印象，并由此可能影响甚至改变他对社会、对人生的看法。如有些列车乘务员就曾在工作中遇到过对生活失去信心、意欲轻生的旅客，他们热情关心和帮助这些人，使他们感到人间的温暖，认识到人生的价值和意义，从而重新获得生活的勇气和信心。还有很多职工"想旅客、货主之所想，急旅客、货主之所急"，促进了社会道德风尚建设。

3. 铁路职业道德培养建设是铁路企业文化建设的重要内容

企业文化建设的目的包括两个方面：一是促进企业的发展，二是促进人的发展。铁路职业道德的培养对于铁路企业文化建设的重要意义就在于：一方面，通过职业道德教育，强化职工对工作认真负责的职业责任感和职业荣誉感，使职工牢固树立爱路如家、忠于职守、顾全大局等职业道德观念，而这种精神能量的不断释放，可以为铁路的建设和发展提供强大的精神动力和有力的思想保证；另一方面，铁路企业文化建设不仅体现在生产过程中，而且也体现在人的完善和发展上。作为领导者，不仅要重视运输生产，更要重视生产中人的因素，树立全新的"以人为本"的现代观念，充分发挥职工在企业经营管理中的作用，将企业的发展同社会的发展和人的发展结合起来。为此，企业不仅应该为职工提供工作的场所，更重要的是提供一个能够促进职工自我道德完善和人格全面发展的良好的道德环境。没有良好的职业道德，就没有人的全面发展。铁路职业道德是铁路企业文化建设的一个核心内容。因此，从各方面影响和制约着铁路企业的建设和职工的全面发展。

（二）铁路职业道德的作用

职业道德本身所具有的职能决定了铁路职业道德在铁路道德体系建设中的重要作用。

1. 铁路职业道德具有调节作用

职业道德具有通过各种规范和准则来指导人们的职业行为、调节人们之间关系的能力。铁路职业道德具有特定的原则和具体岗位的道德要求，用以调节铁路职工在职业活动中的行为以及所遇到的各种利益关系，即一方面调节铁路行业内部的各种利益关系，另一方面它也能调节铁路与国家以及其他行业之间，铁路职工与旅客、货主之间的利益关系。

2. 铁路职业道德具有教育作用

由于一个人一生中大部分时间都在从事一定的职业活动，因而职业道德教育就构成人们形成其良好的道德品质和道德行为习惯的必要环节。对于铁路职工而言，可以通过职业道德教育，提高他们对"人民铁路为人民"宗旨以及一些具体规范和要求的认识，树立崇高的职业理想和职业信念，从而全面提高职工的思想道德素质，培育一支能够适应社会主义现代化建设以及铁路改革发展需要的"四有"职工队伍。

3. 铁路职业道德具有激励作用

从事一定职业的人们，总要或自觉或不自觉地依据一定的道德原则和规范对自己或他人在职业活动中的具体行为进行评价。通过这种评价，明确判断是非善恶的标准，树立道德榜样，形成一股强大的社会舆论，以激励和促进铁路职工更好地为社会服务；通过这种评价，将铁路职业道德规范转化为职工的内心信念，唤起人们履行铁路职业道德的主动性和自觉性，增强人们的自律意识，使铁路职工能够自觉抵制拜金主义、享乐主义、极端个人主义等各种错误思潮的影响，端正路风，形成良好的职业道德风尚。

第二节　铁路职业道德宗旨和基本规范

一、"人民铁路为人民"与铁路职业道德

（一）"人民铁路为人民"是铁路建设和发展的一贯宗旨

"人民铁路为人民"是铁路的根本宗旨，是铁路人的行动指南，是铁路职工急人民之所急、想人民之所想，一切以人民群众评价为准则的庄严承诺。时代在变，但誓言永恒，"人民铁路为人民"的初心和使命永不褪色。

"人民铁路为人民"的根本宗旨，是在铁路运输生产实践中形成并不断发展的。早在 1948年，《东北经济建设大纲》中，就明确提出了"铁路为人民服务、为发展国民经济服务"的目标。1949 年毛主席为《人民铁道》报亲笔题写刊名，首任铁道部部长滕代远发表了"建设新的人民铁道"的发刊词。从此，"人民铁道"这四个体现中国铁路社会主义性质的大字，就成为新中国铁路的代名词。

"人民铁路为人民"是铁路职业道德建设的主线，其基本精神始终渗透于新中国成立以来铁路建设和发展的各个阶段。20 世纪 50 年代，铁路系统就曾经大力开展过"满超五"运动，当时各工种都提出了许多具体的竞赛目标，如调车员要做到快速调车，消灭事故；工务部门

要提高线路质量和允许速度，拔掉慢行牌子；电务部门要改进信号显示，保证电信畅通；施工部门要做到多快好省，争取提前通车；机车车辆工厂要保证机车质量，争取提前交车，等等。这些竞赛目标的确立，对于解决当时大规模经济建设带来的运量急剧增长和运能严重不足之间的矛盾，对于满足社会主义建设和人民生活的需要，都发挥了积极的作用。到60年代，在学大庆、学解放军、学雷锋树新风运动中，铁路系统树立了一批全心全意为人民服务、尊客爱货、优质服务的好典型，比如被誉为大郑线上好工区的"孙家养路工区"，在客货运输文明服务、开创优良路风方面堪称楷模的新民车站，以及"把方便留给别人，把困难留给自己"的大协车站。他们的共同特点是全心全意为人民服务，艰苦奋斗，勤俭办路，无私奉献；高标准，严要求，力争"格上格"，争做"活外活"；以运输为中心，安全正点，优质服务。他们的事迹在全路推广后，有效地鼓舞了士气，提高了铁路运输企业的劳动生产率。1964年，旅客列车的出发正点率为99.6%，运行正点率为97.1%；货物列车的出发正点率为95.1%，运行正点率为94.7%。这些先进典型对人民负责，让人民放心满意的职业行为，就是良好的职业道德的反映，就是"人民铁路为人民"的直接体现。

"文化大革命"影响了一些铁路职工的职业荣誉感和责任心，产生了消极的影响，铁路运输安全和服务质量出现了滑坡现象。在1976年，全国将近有一半的铁路局列车正点率只有60%，有的不到40%，进京列车的正点率也只有50%多一点。十一届三中全会后，为了更好地满足人民生活和国民经济发展的需要，铁路开始进行全面治理整顿。在铁路职业道德建设方面，为了树立"人民铁路为人民"的良好路风，防止"两野两乱"、以车谋私、以票谋私等不良现象的发生，着重把尊客爱货、优质服务作为企业整顿的重要内容。在1982年提出了"安全正点、尊客爱货、优质服务"，在1983年提出了"三上一下两杜绝，创建优质文明路"，同年11月又提出了"严字当头，铁的纪律，团结协作，优质服务"十六字要求。这些要求对铁路职工的职业行为起到了有效的规范作用。1995年铁道部提出了以"人民铁路为人民"为基本原则，以"尊客爱货，热情周到；遵章守纪，保证安全；团结协作，顾全大局；注重质量，讲究信誉；艰苦奋斗，勇于奉献；廉洁自律，秉公办事；率先垂范，甘当公仆"为基本规范的铁路职业道德规范体系，使铁路职业道德进一步规范化、系统化。

进入21世纪，铁路职工为"人民铁路为人民"增添了更加丰富的内涵。2001年6月29日青藏铁路格尔木至拉萨段正式开工。在5年的建设过程中，战斗在青藏线上的广大干部职工，克服高寒缺氧、环境恶劣、通信不便、条件艰苦等世人难以想象的困难，认真贯彻落实党中央提出的把青藏铁路建设成为世界一流高原铁路的要求。在继承和发扬铁路光荣传统的基础上，用拼搏奉献的汗水凝聚成鼓舞人心的"挑战极限、勇创一流"的青藏铁路精神，受到国家领导人的高度赞扬。

2011年，为深入贯彻落实中央创先争优活动领导小组《关于在窗口单位和服务行业开展"为民服务创先争优"活动的指导意见》，当时的铁道部发出在全路客运窗口广泛开展"服务旅客创先争优"活动的通知，号召全路干部职工认真践行"人民铁路为人民"宗旨，自觉把"人民群众满意"的评价标准落实到服务旅客工作全过程，不断优化服务环境，改进服务态度，提高服务质量，更好地适应人民群众对铁路工作的新期待，提高人民群众对铁路工作的满意度。随后，全路掀起了服务旅客、创先争优的热潮，铁路人的精神面貌为之一振，铁路行业的服务水平显著提升。

2013 年，中国铁路总公司成立后，铁路主动适应形势发展需求，提出了"以服务为宗旨，待旅客如亲人"的服务理念，赋予铁路服务更加人性化、亲情化的时代内涵，引导铁路人在思想上、感情上、工作上，像对待亲人一样善待旅客、服务旅客，进一步丰富了"人民铁路为人民"的内涵和外延。在这一理念的指引下，全路组织开展了"旅客满意、货主满意"主题实践活动，广大干部职工从硬件设施、人文环境等方面入手，争先恐后、创新创优，先后涌现出"微笑天使"孙奇、"时代楷模"158 雷锋服务站等一大批服务明星和服务品牌，影响和带动了铁路服务品质的提升。

2016 年以来，铁路深入落实中央要求，认真践行以人民为中心的发展思想，扎实推进供给侧结构性改革，集中力量推行客运提质计划，打造绿色、安全、便捷、舒适、时尚的客运产品，推出网络购票、移动支付、智能导航、刷脸进站、自助订餐、站车 WIFI、高铁极速达等特色服务，不断满足个性化、信息化和智能化的出行需求；开展货运增量行动，铁路年货运发送量超 30 亿吨、换算周转量 38 900 亿吨公里，为降低社会物流成本、打赢蓝天保卫战贡献了力量；实施复兴号品牌战略，加速构建系列产品体系、技术体系和运营管理体系，在世界上首次实现时速 350 千米自动驾驶功能。2018、2019 年春运期间，铁路提出了"平安春运、有序春运、温馨春运，让旅客体验更美好"的春运目标，推出电子客票等一系列便民举措，让"人民铁路为人民"的根本宗旨在新时代有了全新的呈现形式和具体表达。

为适应全面建设小康社会的需要，铁路职工认真贯彻落实以人为本、全面协调的可持续发展观，积极推进和谐铁路建设，始终把尽快缓解铁路运输"瓶颈"制约，确保国家重点物资运输需要作为自己的职责。把解决人民群众乘车难、运货难等问题作为铁路发展的主要目标，发挥苦干实干拼命干的精神，为加快新时代铁路建设步伐努力奋斗，取得了可喜的巨大成就，赢得了良好的社会效益和经济效益，受到了党中央、国务院和广大人民群众的肯定和赞扬。

新中国铁路发展的历史，是全心全意为人民服务的历史，是努力满足人民群众生产、生活需要的奋斗史。各个时期的铁路职工精神风貌都体现着"人民铁路为人民"的核心价值追求。

（二）"人民铁路为人民"是铁路职工正确的价值观和职业理想的集中体现

铁路职工所共同持有的价值观念以一句话来概括就是"人民铁路为人民"。正是"人民铁路为人民"引导着铁路职工在运输生产经营活动中的价值取向和行为选择，规定了应该做什么，不应该做什么。也就是说，"人民铁路为人民"决定了铁路职工应该以是否符合人民的利益作为判断标准来选择自己的行为。凡是有利于人民的，就是有价值的，就值得我们去做；凡是违背人民利益的，就是不道德的，必须加以反对。

正确的价值观体现在人生中，就是要树立"全心全意为人民服务"的人生理想，而在铁路职工的行动中，体现在树立"人民铁路为人民"的职业理想上。职业理想是一个人对自己职业目标的认识，因此作为一种职业理想，"人民铁路为人民"并不是一个空洞的口号，它体现在铁路职工的职业活动中。培养每个职工敬业爱岗的道德意识是实现职业理想的重要前提。

敬业是铁路职工的优良传统。铁路点多线长，许多职工的工作条件都非常艰苦，有些边远地区甚至长年不见人烟，如果没有敬业精神，是不可能坚持下来的。正是这样一些无名英雄的默默奉献，才保证了铁路这条"大动脉"的畅通无阻。

爱岗是一种职业道德感情，它是在敬业精神的激励下产生的，爱岗的人们在自己的岗位才有可能对工作尽心尽力，不爱岗就不可能对工作认真负责。普通职工的工作岗位是平凡的，作业流程是琐碎单调的，但是如果能够把自己的感情倾注其中，在为旅客货主服务的过程中，同样可以有很多的乐趣，可以得到极大的精神满足。比如有时在旅途中会遇到一些问题，对旅客而言，可能会感到非常复杂，但在列车员看来，只需举手之劳或张口之劳就能解决。有时就是这样一个动作，一个微笑，就会给疲惫的旅客带来春日阳光般的温暖。一个热爱本职工作的职工在为旅客解决了困难后，自己内心会感到非常欣慰；相反，如果在工作中没能为旅客解决问题，或者偶尔失职，都会感到内疚不安。

人民的利益高于一切，不论铁路发展的哪个历史时期，铁路总是紧紧围绕着"人民铁路为人民"这个根本宗旨，把满足人民群众对美好生活的向往作为出发点和落脚点。这一宗旨，规范着铁路人的价值取向，意味着必须把是否符合人民利益作为评判工作的标准，有利于人民的事情就不遗余力去做，违背人民利益的事情就旗帜鲜明反对；意味着必须聚焦人民群众的新期待新要求，坚持不懈优化服务供给，提升服务品质，不断交出一份份让人民群众满意的答卷。

（三）"人民铁路为人民"是贯穿铁路职业道德规范的总纲和精髓

"人民铁路为人民"是铁路职业道德的基本原则，对于如何处理铁路运输生产过程中所涉及的各种利益关系做出了集中的回答，在铁路职业道德体系中处于核心的地位。也就是说，"人民铁路为人民"以一种最普通的形式，表达了社会主义社会对铁路职业道德的根本要求，确立了不同部门的职业道德行为的总的方向，并贯穿于铁路所有生产过程的始终。所以与一些具体的铁路职业道德规范相比，它具有更为普遍的指导意义，因而也是铁路职工在其职业活动中所应遵循的最基本的行为准则。

"人民铁路为人民"既然是基本原则，就具有相对稳定的特点。只要社会性质不变，只要铁路还是人民的铁路，这个基本原则就不会改变。推进铁路改革开放，加快新时代铁路建设，都不能偏离"人民铁路为人民"这个方向。离开了"人民铁路为人民"这个宗旨，铁路改革发展就会失去群众基础，不正之风就会滋长蔓延，新时代铁路建设就会走上歧途。改革开放以来，有的职工以权以票谋私，有的单位乱收费、乱涨价，有的集体为了局部利益而损害全局利益和社会效益，都是违背"人民铁路为人民"这个宗旨的。在发展市场经济条件下，铁路企业和职工个人都有相对独立的经济利益，加快铁路发展，必须提高企业效益、维护职工合法权益。但是，人民铁路必须将国家利益、人民利益放在首位。"一切向钱看"必然导致个人主义和小集团主义的形成，损害国家和人民利益。在物质利诱面前，我们必须始终牢记宗旨，绝不能以牺牲道德的代价来换取企业利益和个人私利。要始终把"人民铁路为人民"作为铁路职工在市场经济条件下调整各种利益关系、规范职业行为的根本准则。

当然，铁路的职业道德作为一个道德体系，除基本原则外，还包括若干具体的职业道德规范。这些规范使"人民铁路为人民"这一基本原则具体化、职业化。把抽象的基本原则具体化为每个部门的职业道德规范和行为准则，更易为职工所接受并加以贯彻执行。所以说，铁路职业道德是一个以"人民铁路为人民"为总纲，由各个具体部门的职业道德规范和具体工作岗位的职业道德要求共同构成的道德体系。

（四）"人民铁路为人民"是统一协调铁路经济效益和社会效益的根本原则

如何协调铁路的经济效益和社会效益的关系实际上仍然是中国传统的如何解决义利关系的问题。不同的是，传统文化中的"义"指的是社会的伦理道德规范，"利"指的是个人的物质利益；而铁路的"利"包括两大部分，经济效益指的是铁路自身的利益，社会效益指的是国家利益和人民利益，"义"则具体表现为"人民铁路为人民"这一基本原则和铁路的一系列职业道德规范。以现代视角来看，过分强调"重义轻利"，难免失之于偏颇。比如企业如果生产经营有问题，濒于破产，"义"只能是空谈。重视经济效益，生产搞得好，就是对社会的贡献。而"先利后义"也同样不符合社会主义职业道德。先利后义极易导致见利忘义，导致"一切向钱看"，这就偏离了社会主义企业的生产目标。所以要义利并重，见利思义。铁路运输企业在其生产活动中，需要实现三个目标：一是国家目标，即完成国家重点物资运输任务，满足国民经济各部门对铁路运输的需要；二是社会目标，即为社会提供更多更好的服务，事实上，铁路作为国家基础设施，具有公益性，理应担负起实现社会公益目标的责任，比如服务社会建设，优先保证抢险救灾物资的运输，行业中体现公平正义，等等；三是企业目标，即要努力取得良好的企业经济效益，只有提高铁路的经济效益，才能为实现社会效益提供可靠的物质保证，从而使"人民铁路为人民"成为有源之水，有本之木。我国铁路企业的运作是自主经营、自负盈亏的，提高经济效益，才能增强铁路自我更新、自我改造、自我发展的能力。一方面，只有取得良好的经济效益，铁路企业才能维持运输经营，进行扩大再生产；另一方面，只有取得良好的经济效益，才能增强企业的凝聚力，稳定和吸收大量的优秀人才，提高铁路职工的整体素质，保证人才优势，为实现"人民铁路为人民"提供人才支持。收入稳定，职工队伍才能稳定，运输安全、优质服务才有可靠的保证。当然，重视企业效益并不意味着贯彻"人民铁路为人民"必须以经济效益为前提。"人民铁路为人民"本身是无条件的，不管设备好还是设备差，效益好还是效益差，都要保证服务质量。尤其在条件较差的情况下，更要不折不扣地坚持"人民铁路为人民"，以热情的服务弥补客观条件方面的不足。铁路企业追求经济效益，要服从和服务于实现社会效益。在"人民铁路为人民"这一根本原则的基础上，把铁路经济效益和社会效益统一起来，正是铁路职业道德建设的重要任务。要坚持用"人民铁路为人民"这一根本原则来调整各种利益关系，坚持铁路利益服从国家利益，局部利益服从全局利益，个人利益服从集体利益，促进各种利益的共同发展。

（五）"人民铁路为人民"是铁路职工职业道德实践的行动指南

"人民铁路为人民"是铁路一切职业活动的出发点和归宿，是铁路职工的职业行为指南。在社会主义条件下，人和人之间是一种平等互助的合作关系，铁路部门同其他生产单位之间也是一种平等互助的协作关系，所谓"我为人人，人人为我"。这种关系反映到铁路运输生产过程中，必然要求全体职工在其职业活动中，必须严格贯彻"人民铁路为人民"的宗旨，全心全意为旅客和货主服务，为社会服务。也就是说，要时刻把人民的利益、人民的需要放在第一位，在运输生产中不能仅仅满足于发货送客，还必须提倡主动服务的精神。在实践中许多铁路职工把"让人民放心，让人民满意"作为他们职业活动所要达到的社会目标。许多客运人员，在工作中主动服务，热情周到，有的主动帮助、资助有困难的旅客。许多货运人员主动带针线、工具，做到包破补缝，箱破补钉，包散重装。这些做法都是"人民铁路为人民"这一服务宗旨的具体体现。

当前我国各种交通运输方式的发展都非常迅速，运输市场竞争日益激烈。在一些地区，过去铁路"一统天下"的局面正在被其他运输方式所打破。虽然运能与运量的矛盾仍然是铁路当前面临的主要问题，但由于区域性差异的存在，有些地区也会不时出现客流、货源不足的情况。增强铁路竞争力，一方面要加快铁路现代化步伐，改善客货运输"硬件"条件；另一方面，要加强职业道德建设，提高职工队伍的思想道德素质，为加快铁路发展、提高服务质量提供"软件"支持。铁路要扩大运输市场份额，就要有勇于创新的精神，跳出传统经营模式，大胆创新，积极探索适应市场经济发展的运输组织结构，为旅客和货主提供舒适安全、方便快捷的高质量服务，从而适应市场经济的发展以及人民生活的需要。我们一方面应该对一些比较稳定的货源提供优质服务，另一方面也要努力去争取那些徘徊于各种运输方式之间的不稳定客货源，这就需要充分发挥每个部门、每个职工的主动性和积极性。也就是说，要让每个职工都把组织好客货流当作自己份内的工作。为了稳定客货源，许多单位采取了各种措施。比如有的车站就在一些客流较多又比较偏远的地方开设售票点，极大地方便了人民群众，客流也得到了保证。所以，必须教育职工始终牢记"人民铁路为人民"，变"坐商"为"行商"，主动服务，才能掌握运输竞争的主动权，巩固和拓展铁路运输市场，提高铁路的经济效益。

二、铁路职业道德基本规范

铁路职业道德基本规范是全路职工在职业活动中必须共同遵守的职业行为准则。身体力行铁路职业道德基本规范，是各部门、各岗位员工践行"人民铁路为人民"这一基本原则的有效途径，是建设现代化铁路的重要一环。铁路职业道德基本规范是"尊客爱货、热情周到；遵章守纪、保证安全；团结协作、顾全大局；注重质量、讲究信誉；艰苦奋斗、勇于奉献；廉洁自律、秉公办事；爱路护路、尽职尽责；率先垂范，当好公仆"。

（一）尊客爱货，热情周到

尊客爱货、热情周到集中反映了铁路行业服务态度和服务质量的具体要求，直接体现了"人民铁路为人民"的宗旨，也是铁路职工在构建社会主义小康社会中应该履行的道德义务。坚持以"尊客爱货、热情周到"这一职业道德要求规范铁路职工的职业行为，必将进一步促进铁路精神文明建设，并辐射到全社会，有利于形成相互尊重、相互关心、互助友爱的社会道德风尚和小康社会氛围。

（二）遵章守纪，保证安全

遵章守纪、保证安全是铁路系统家喻户晓、人人皆知的老传统，它在发展社会主义市场经济，建设现代化铁路的新的历史条件下具有重要的道德意义，是我们必须发扬光大的优良传统。

（三）团结协作，顾全大局

团结协作、顾全大局，要求铁路职工在职业活动中，一切从全局利益出发，一切服从全局利益，立足本职，紧密配合，通力合作，处处讲大局，事事讲团结，齐心协力，共同完成铁路运输任务。

（四）注重质量，讲究信誉

对于铁路企业和铁路职工来说，注重质量，讲究信誉，是我们必须具备的职业道德素质。这一道德规范在发展社会主义市场经济条件下具有更加重要的意义。

铁路运输部门应该视旅客如亲人，惜货物如佳珍，让旅客、货主信得过，这样才能树立良好的铁路企业信誉。野蛮待客、野蛮装卸，必然会损害铁路企业的信誉，败坏铁路的名声，使铁路在市场竞争中处于不利地位，使国家、集体、个人三者的利益受到损害。

注重质量、讲究信誉是"人民铁路为人民"宗旨所决定的铁路职工必须遵守的职业道德规范，是铁路企业参与市场竞争的必然要求。

（五）艰苦奋斗，勇于奉献

艰苦奋斗、勇于奉献是铁路的光荣传统，是推动铁路事业发展的精神动力。在推进现代化铁路建设的历史进程中，必须继续弘扬艰苦奋斗、勇于奉献的崇高职业道德。

（六）廉洁自律，秉公办事

在人们的观念中，廉洁自律、秉公办事历来是和清官的德行相联系的。即使在今天，人们也往往把廉洁自律、秉公办事看作是对领导干部的道德要求。普通铁路职工，也应用廉洁自律、秉公办事的道德规范约束自身职业行为。

（七）爱路护路，尽职尽责

保护铁路运输设施的完善，维护铁路良好的治安秩序，是保证铁路运输生产正常进行的一个基本条件。铁路职工爱祖国、爱铁路、爱岗位，不仅要努力完成本职工作任务，搞好自己岗位上各种设备的维修和保养，而且有义务、有责任爱护和保卫铁路的一切设施不受损害，保卫旅客、货主的生命财产在运输过程中不受侵犯，维护铁路治安秩序的良好。

（八）率先垂范，当好公仆

加强铁路职业道德建设，铁路企业领导干部必须站在前列，率先垂范、当好公仆，成为铁路职业道德规范的积极倡导者和模范实践者。这是成功地进行铁路职业道德建设的关键。

第三节　铁路运输部门职业道德规范

铁路运输部门包括铁路运输的客货运部门、车务部门、机务部门、工务部门、电务部门、车辆部门等。

一、铁路运输客货运部门的职业道德规范

铁路运输客货运部门的工作性质，决定了其职业道德规范对铁路企业形象和全社会精神文明建设具有重要意义。铁路运输客货运部门职业道德水准集中展现交通强国的新气象，是铁路行业精神文明建设的重要标志。立足本职，自觉践行铁路运输客货运部门职业道德规范，对于弘扬社会主义荣辱观、传播高尚道德、引领社会文明新风、推进现代化铁路建设有着重要作用。

（一）爱岗敬业，遵章守纪

爱岗敬业，遵章守纪是铁路运输客货运部门职业道德规范的基础。爱岗敬业，就是热爱自己的岗位，忠于职守，专心致志地从事自己的工作。遵章守纪，就是严格遵守本岗位的规章制度，执行标准化作业；严格遵守工作中的各项纪律要求，自觉维护路风路誉。爱岗敬业是铁路运输客货运部门员工做好本职工作的重要前提和基础条件。它集中体现客货运职工的主人翁责任感和职业自豪感。"三百六十行，行行出状元。"无论是在什么岗位，从事什么工作，只有首先热爱自己所从事的事业和工作岗位，明白自己的工作对国家、对企业、对社会、对自己所存在的价值，才能树立正确的职业理想，在自己的工作岗位上，做到干一行，爱一行，钻一行。吕玉霜是大连站问事处的工作人员，她在这一平凡的服务岗位上工作了20多年，共接待南来北往的旅客400多万人次，没有一次错误回答，没有接到一个旅客投诉电话，被人民群众称为"滨城天使"，先后荣获全国劳动模范等20多个荣誉称号。

（二）诚信待客，优质服务

诚信是人类社会一切道德的基础和根本，是做人做事和经济生活中的一个基本道德规范，是构建小康社会的前提和基础。诚信作为企业最为重要的无形资产，是企业创业发展和长盛不衰的根基。诚信待客，就是把诚实守信的道德要求，内化为铁路运输客货运部门职工从事生产经营和服务工作的基本价值理念和行为规范，任何时候任何地方任何事情都要忠诚于国家利益、忠诚于铁路整体利益、忠诚于岗位职守，诚恳真挚、热情周到地为旅客、货主服务，满足旅客、货主的运输服务需求。优质服务，就是在现有物质技术基础上，通过运输窗口岗位员工的主观努力，以最好的服务质量使旅客、货主的满意程度达到最大化。诚信待客是铁路运输窗口岗位员工坚持"人民铁路为人民"服务宗旨，践行社会主义荣辱观，以良好的工作态度对待旅客、货主等服务对象的基本要求。

（三）爱车爱货，方便货主

爱车爱货是货装部门员工的主要任务，是发挥铁路运输能力的基本条件。爱车爱货包括车辆和货物两个方面，车辆是铁路完成运输生产任务的主要工具，是铁路货运职工实现生产劳动的重要手段。爱护车辆，是货装员工的神圣职责，也是最起码的职业道德要求。货物构成了铁路货运生产力的劳动对象，只有爱护货物，了解掌握各类货物的特点，认真做好运输办理、装载加固各环节的工作，确保货物及时准确、完好无损地运送到目的地，才能为货主提供方便快捷、安全高效的铁路运输服务，取得货主的信任，保证铁路运输的货源充足，促进铁路企业经济效益、社会效益和职工收益的提高。

（四）文明礼貌，仪表端庄

文明礼貌、仪表端庄是职工文明素质、形象和内在修养的外在表现，包括仪容仪表、行为举止、文明用语和环境卫生等方面的规范。作为铁路运输客货运员工，应该做到：仪表整齐清洁，举止端庄大方，说话和气，称呼亲切，口齿清晰，使用普通话，运用"请""您好""谢谢""对不起""再见"等文明用语；待人诚恳，热情周到，"微笑"服务，成为讲文明、树新风的模范。

二、铁路车务部门的职业道德规范

在铁路运输中，车务部门直接承担客货运输任务，包括车站、车务段等基层生产单位。车务部门负责客货运输组织、列车编组和货物装卸的具体工作。加强车务部门员工职业道德建设，对于完成全路运输生产任务、维护路风路誉具有重要意义。

铁路车务部门有车站调度员、助理调度员、调车区长、调车长、连结员、制动员、车站值班员、信号员、扳道员、客运员、客运值班员、货运员、货运值班员、列车长、列车员等岗位，按照提高运输组织效率、完成运输生产任务、保证安全正点、体现良好路风的工作要求，有着共同的职业道德规范。

（一）严守规章，保证安全

严守规章，保证安全是车务部门职工各项作业的内在要求，是维护正常运输秩序、确保大动脉畅通，以及国家和人民群众生命财产安全的客观需要。

严守规章，是指各岗位员工按照规章制度和技术标准、管理标准、工作标准的要求严格执行，一丝不苟地完成生产作业的行为。保证安全，是指各岗位员工立足本职、确保生产安全，确保铁路运输各环节有序可控、保持稳定。严守规章、保证安全。要求车务部门职工牢固树立安全第一、预防为主的理念，坚持铁的纪律，养成自觉遵章守纪、严格执行标准化作业的良好习惯，做到"坚守岗位一刻不离，履行职责一项不漏，按章操作一丝不苟，监视列车运行一心一意，标准用语一字不差"，作业中"多想一点，多问一句，多看一眼，多跑一步"，眼到、手到、心到，确保安全万无一失。

（二）通力合作，按图行车

铁路运输点多线长、互联成网、跨越省区、贯通全国，铁路运输产品是由一个复杂体系来完成的。车务部门内部结构复杂、分工细致，各工种之间存在着配合和制约的关系，需要各个环节同时运作、协同作战。适应铁路运输大联动机的特点，车务部门职工必须按照运输组织方案、列车运行图要求的时间，标准化作业，联劳协作、环环相扣，保证运输秩序正常、安全畅通。通力合作是行车各岗位职工密切配合、团结协作、顾全大局的表现，按图行车是行车部门职工的"天职"。通力合作、按图行车，要求车务部门各岗位职工时刻想着铁路工作全局，无条件地服从全局利益，既要履行好本岗位职责，又要加强与机务、车辆、工务、电务等部门的配合，相互尊重，增强团结，共同完成运输任务；要求在日常行车工作中坚持集中统一指挥、逐级负责的原则，有令则行，有禁则止，做到下级调度必须服从上级调度的指挥，与运输有关的人员必须服从调度的指挥，一个区段的行车工作由列车调度员统一指挥，各工种调度员分别由各级调度的值班主任统一指挥；要求严格执行运行图规定的列车占用区间次序、列车在每一车站到达和出发（或通过）的时刻、在区间的运行速度、在车站的停留时间等，保证正常的运输秩序，保证列车运行安全。

（三）忠于职守，尽职尽责

忠于职守，尽职尽责是铁路职工的光荣传统，是铁路大联动机正常运转的重要保障，是行车岗位职工应该承担的职业责任、职业义务、职业纪律的集中体现，是每一个行车职工都要具备的基本职业道德修养。它包含着踏踏实实、尽职尽责、不计较个人名利和得失的道德风尚，干一行、爱一行、钻一行的敬业精神，吃苦耐劳的奉献精神。忠于职守、尽职尽责，要求行车职工恪尽职守，认真履行岗位职责，严格执行行车纪律，按标准化作业，做到沉着冷静、多谋善断、预想良策、精心指挥、立岗行车，紧盯列车进路接发列车，严防错办，确保运输组织有序、安全畅通。

（四）诚实守信，注意保密

诚信是职业道德的灵魂，保密是运输部门维护国家、企业和人民群众利益的特殊要求。行车组织工作需要大量图表、计划反映运输完成情况，行车人员诚实劳动、实事求是，如实反映和分析行车中的情况和各种资料，准确上报运输指标，对运输指挥部门的科学判断和正确决策，具有重要意义。铁路运输担负繁重的军事运输和一些特种运输任务，国民经济发展情况也可以从铁路运输的动态中分析掌握。大量运输信息也关系到企业的商业秘密。因此，行车部门职工信守诺言，以信立业，确保安全生产，保守运输机密，是从职业特点出发，必须遵守的道德规范。这就要求行车职工做老实人、说老实话、办老实事，不弄虚作假，准确上报各种运输信息，要求行车职工自觉维护国家、企业和人民群众的利益，不得将运输机密透露出去，保证运输信息的安全。

三、铁路机务部门的职业道德规范

机务部门作为铁路运输大动脉的动力部门，承担着客货列车运行牵引和列车车辆编组、调车小运转作业任务。铁路沿线负责机车运用和检修工作的机务段是机务部门的主要基层生产单位。机务部门虽然与旅客、货主不直接见面，不提供面对面的服务，但机车质量和列车牵引运行的安全，关系国家财产和旅客货主生命财产的安全。特别是随着铁路引进消化吸收再创新的深入推进和第六次大提速的顺利实施，铁路机车装备水平显著提升，具有世界先进水平的高速动车组、大功率电力机车、大功率内燃机车等设备在既有线上大量得到使用，给机务部门完成运输牵引任务、提高检修水平和质量、确保安全生产带来新的挑战。对机务部门职工的综合素质提出新的要求，因此，加强职业道德建设，增强机务部门职工的责任意识，提高职业素养，强化职业纪律，对于确保运输安全畅通，树立铁路良好形象，具有十分重要的意义。

机务段按工作性质分为运用、检修、整备和设备等车间。机务部门职工从事动车组、内燃、电力司机和检修、整备等相关岗位的工作。根据机务工作特点，机务部门职工有着共同的职业道德规范。

（一）安全正点，平稳操纵

要求机车乘务员在担任牵引任务的全过程中，包括出勤、整备出库、挂车、发车、区间运行、到站、交班等各项作业，都要坚持铁的纪律，严格按照有关规章制度和标准，精心操纵，一丝不苟，按图行车，正点运行，确保列车运行安全，维护正常运输秩序。安全正点、平稳操纵，是机车乘务作业的基本规范，它要求机车乘务员牢固树立"安全第一""开车想着乘车人"和"国家、人民利益系于我身"的责任意识；刻苦钻研技术业务，熟悉各项规章制度和作业标准，掌握先进机车设备的驾驶、检修技能，熟悉机车"三大件"等安全防控设备性能；严格执行标准化作业，精心操纵，认真瞭望，杜绝违章，保证列车安全正常的运行。

（二）精检细修，保证质量

精检细修，保证质量是机务部门检修岗位的基本要求。机车质量是确保运输安全的关键。高质量的检修是保持机车良好运用状态和安全运行的基础。精检细修、保证质量，要求机车检修人员要树立为运输服务的思想。整备想着运用，修车想到用车人，千方百计地为运用部门能使用状态良好的机车而努力；刻苦钻研技术，缩短机车检修停时，提高检修效率；认真执行检修制度和工艺规程，精心检修，精心养护，干标准活，交放心车，确保机车整体质量。精检细修，保证质量，要求机车乘务人员要确立"三分修理、七分保养"的思想，做好日常保养和自检自修，严格遵守交接制度，随时注意机车的技术状态。

（三）爱护设备，勤俭节约

机车及机务设备在铁路固定资产和成本支出中占有很大的比重。机务系统作为铁路节能降耗的重要部门，切实执行节省燃料、油脂等各种能源材料的工作，对于节能环保的现代化铁路的建设节约型社会的推进具有重要意义。爱护设备、勤俭节约，要求机务部门职工树立节约意识，从全局出发，正确处理节约与机车质量、节约与安全正点的关系；加强日常机车检修管理，爱护机车和各种设备，做到勤擦勤洗勤保养；大力节能降耗，在保证运用和检修质量的前提下，尽可能地节省燃料、油脂和各种材料，降低检修成本和运营支出。

（四）团结协作，顾全大局

在铁路大联动机中，机车运行涉及车务、车辆、工务、电务等多个部门。机务部门确保安全正点、按图行车，维护正常运输秩序，完成运输生产任务，但单打独斗是无法完成的，必须与车站的兄弟单位主动配合、紧密协作，处处讲大局，事事讲团结。团结协作、顾全大局，要求机务部门职工服从集中统一的指挥，严格执行调度命令，按图行车，安全运行；紧紧抓住关键环节、关键部位，加强车机联防联控，既要确保机车本身的行车安全，又要注意防止其他岗位员工违章造成事故，实现安全有序可控、运营持续稳定。

四、铁路工务部门的职业道德规范

工务部门负责铁路线路、桥梁、隧洞等基础设施的保养和维护，是实现铁路运输安全畅通的重要保障。工务部门职工岗位责任大、作业条件差、劳动强度高，对工作责任心、技术素质和职业纪律要求较高。特别是实施第六次大提速之后，列车运行密度更高、速度更快、载重更大。这对工务部门确保线路质量和提高职工队伍素质，提出了更高的要求。适应新形势新要求，加强工务部门职工职业道德建设，对于做好工务工作，确保列车安全平稳运行，有着重要意义。工务部门职工的主要职责是保证线路质量良好、安全畅通。各工种虽然岗位特点不尽相同，但都肩负着确保大动脉安全畅通的共同职责，有着基本的职业道德规范。

（一）热爱本职，勤奋敬业

精心养护，爱路如家，勇于吃苦，努力工作，干一行、爱一行、钻一行，以良好的精神状态和技能本领，保证各项工作任务的顺利完成，线路质量良好，列车安全的平稳运行。

（二）遵章守纪，尽职尽责

增强纪律观念，养成自觉遵章守纪的良好道德习惯；认真落实各项规章制度、办法细则，严格执行标准化作业；坚守岗位，听从指挥，做到令行禁止。

（三）精心养护，确保质量

树立以线路质量为生命的职业理念，坚持预防为主，安排好"三修"（紧急补修、保养维修、正常维修）比例，保证重点病害的及时整治，不断延长线桥设备寿命，提高线桥设备质量，满足运输安全生产的需要。

五、铁路电务部门的职业道德规范

电务部门负责铁路通信信号设施的养护维修和管理工作。电务职工的主要职责是提供质量良好的通信信号设备；迅速、准确、保密地传达命令、指示与进行联络，保证全路的统一指挥和正常行车、调车安全。加强电务部门岗位的职业道德建设，对于提高电务职工的责任意识，完成各项工作任务，确保运输安全畅通，起着积极的促进作用。

（一）用户至上，主动服务

一切从用户需要出发，切实为用户着想，主动走访征求用户意见，变被动服务为主动服务，变传统服务为科学服务，变习惯服务为标准化服务。充分利用国内外科技成果，充实完善运输安全保障设施和通信信号设备，为铁路运输提供准确的信号显示和迅速畅通的通讯联络服务。

（二）礼貌待人，用语文明

在与用户交往的过程中，讲文明、有礼貌，"您"字当头，"请"字在先，尊"称"礼"呼"挂嘴边，呼唤应答带感情，言语谈吐立于"谦"，树立铁路电务职工文明服务、礼貌待人的良好形象。

（三）精检细修，质量第一

树立强烈的事业心和责任感，充分认识铁路通信信号设备状况对于运输安全畅通的重要性；刻苦学习，钻研业务，熟悉各种设备的性能，掌握日常维修技能；严格执行规章制度，按操作规程办事，落实标准化作业，严禁违法违规使用封连线；坚持日巡视，勤清洗、勤保养等作法，一丝不苟地做好日常维护工作，保证设备运用状态良好。

（四）遵守纪律，注意保密

电务职工工作性质特殊，掌握各种通信信息资源，必须严格执行保密纪律。在工作中，要做到不该知道的机密，绝对不问；不该看的机密，绝对不看；不该说的机密，绝对不说；不在不利于保密的地方谈论机密；不将机密文件私自给无关人员阅读；不在私人通信中涉及机密事项；不利用工作之便，私阅机密文件，窃听机密事项，私摘机密材料。

六、铁路车辆部门的职业道德规范

车辆部门负责铁路车辆检修和运用工作，下设的基层单位主要是货车车辆段和客车车辆段，第六次大提速新增加的动车组车辆设备检修，主要由专门的检修基地负责。车辆检修质量直接影响铁路行车安全，车辆部门职工作业条件艰苦，劳动强度大，生产环境差，对工作标准的要求高。从车辆部门岗位特点出发，加强职工职业道德建设，对于提高职工职业道德素质、提高车辆检修质量、确保运输安全生产至关重要。

（一）热爱本职，任劳任怨

牢固树立为运输生产服务的思想，忠于职守、爱岗敬业，勤奋学习，刻苦练功，熟练掌握本职技术业务，特别是动车组等新技术新设备检修知识，发扬主人翁精神，做好车辆检修工作。

（二）坚持标准，精检细修

坚持预防为主的原则，养成严细作风，认真落实规章制度，严格执行标准化作业，以防燃、防切、防制动梁脱落为重点，加强车辆走行部分和制动系统的检修，严格检查滚动轴承零部件等关键部件，杜绝漏检漏修，做到不放过疑点，不交质量不过关的凑数车，把事故隐患根除在车辆检修过程中，确保列车运行安全。

（三）团结协作，确保全优

树立整体意识，加强与相关部门、各检修环节的协调配合，上道工序想着下道工序，按照检修作业过程和生产调度员的调度，均衡有序地工作。注重整体组装质量，保证检修车辆按时交车，优质高效完成检修任务。

（四）爱车爱货，维护路誉

严格纪律，遵纪守法，提高思想道德修养，爱护车辆和运输货物，不图私利，不向货主、送车单位索要物品，不拿摸公共财物和车上物品，自觉维护铁路的路风路誉。

第四节　铁路职工职业道德修养

良好的职业道德的养成，一方面要靠"自律"，即从业人员自身的主观努力，自我修养；另一方面要靠"他律"，即来自社会的培养和组织的灌输教育。两个方面缺一不可，相互作用，相互促进。因此，职业道德修养与职业道德教育相辅相成，是铁路职业道德建设的重要组成部分，是提高全行业职业道德水平的重要环节。

在全面建设小康社会的新形势下，铁路肩负着交通强国的使命，为国民经济持续、健康、快速发展提供充足运力支持的重任，尤其需要每位员工都具备高度的职业道德修养。

铁路职业道德修养，就其实质来说，是按照社会主义职业道德和"人民铁路为人民"道德规范的要求，自觉开展的一种思想活动。铁路员工要取得职业道德品质上的进步，就必须自觉地在职业道德领域里进行善与恶、正与邪、是与非两种道德观间的斗争。今天，全体铁路从业人员肩负着建设世界一流铁路，实现铁路现代化的历史重任，更应当自觉地进行职业道德修养，不断地提高自己的职业道德水平。只有使全体从业人员都具备较高的职业道德水平，才有坚实的思想基础去实现构建交通强国的战略目标。

一、职业道德修养的意义

在全面建设小康社会的新形势下，加强铁路行业的职业道德修养具有非常重要的现实意义。

（一）从传统的计划经济体制向社会主义市场经济体制的转变对铁路从业人员提出了加强职业道德修养的要求

当前，我国正处在从传统的计划经济体制向社会主义市场经济体制转型的关键时期，铁路正在为实现交通强国的战略任务而奋斗。这样一个经济基础迫切要求建立包括道德规范在内的新意识形态体系。

铁路行业长期实行计划经济体制，大多数铁路从业人员的职业道德是在这种体制的长期熏陶下形成的，其中有不少道德观念与新经济体制的要求格格不入，比如：重计划，轻市场；重指标，轻效益；对旅客、货主重管理，轻服务，等等。这些道德观念仍然影响着不少铁路从业人员。另一方面，与社会主义市场经济体制相适应的职业道德观念，如开拓创新，信守承诺，勇担责任，讲求效率，旅客、货主至上等等，却还没有在大多数铁路从业人员的头脑中植根。这种职业道德滞后于经济体制的状况如果长期得不到有效的改变，就会对新的经济体制产生销蚀、阻碍发展的作用。我们面临的一个重要任务，就是要构建与社会主义市场经济体制相适应的新的职业道德体系，确保经济体制的顺利过渡，加快社会主义市场经济体制的建立健全。构建新的职业道德体系，必须要求从业人员加强职业思想道德修养，跟上时代前进的步伐。

（二）思想观念和价值取向趋向多元化，要求铁路从业人员加强职业道德修养

我们正处在一个开放的社会，经济社会发展异常迅猛，社会生活、人们的利益和思想呈现出多元化发展的趋势，对人们的职业道德产生了深远影响。人们在接受各种先进、科学的思想道德观念的同时，也会受到一些有悖于社会主义职业道德规范的思想观念的影响，物质享受第一，金钱至上，权钱交易等腐朽没落的思想道德观念会通过不同的渠道侵蚀铁路从业人员的头脑。如果没有正确的职业道德修养，腐朽没落的职业道德观念就会渐渐膨胀，侵蚀从业人员的头脑，最终甚至会导致从业人员职业道德的沦丧。在社会主义市场经济建设和深化改革开放的新形势下，迫切要求铁路职工加强职业道德修养，不断提高自己的职业道德品质。

（三）职业道德修养的提高是个人进步和成长的重要途径

中国铁路正处在一个快速发展的黄金机遇期，每位从业人员都肩负着建设现代化铁路，为全面建设小康社会当好先行的"大任"。这就要求我们每位铁路从业人员都要自觉地进行职业道德修养。从大处看，这是现代化铁路建设事业的需要；从小处看，这也是从业人员适应企业发展的要求，在企业中站稳脚跟，安身立命，进步成长的需要。

当前，我国铁路的发展日新月异，各种新理念、新技术层出不穷，行业内外的竞争日趋激烈。这对铁路从业人员的职业道德水平提出了更高的要求。只有自觉地进行职业道德修养，不断提高自己的职业道德水平，才能适应铁路发展新形势的需要，使自己成为有用之才。

二、职业道德修养的内容

职业道德修养的内容是由两个方面的因素决定的。一是从业人员的职业特点、工作性质

和社会对本行业岗位的要求；二是从业人员思想素质的起点及自身的优缺点。在建设现代化铁路的新形势下，铁路从业人员的职业道德修养应当包含以下内容。

（一）树立职业理想

职业理想，是个人对职业的向往和追求，具有较强的可能性。追求社会对自己劳动的认可，与人们对精神生活、物质生活水平提高的向往直接相关，同具体的奋斗目标相联系，是进行职业道德修养的思想基础。树立正确的职业理想，才会有正确的价值观和职业道德修养的自觉性，才能在职业活动中处处做有心人，利用一切机会锻炼自己。

（二）端正职业态度

具有良好的职业道德水平，必然会表现为热爱本职工作，端正劳动态度。端正职业态度最重要的是增强主人翁意识，真正把自己的命运同国家和企业的兴衰、荣辱联系起来，以主人的态度对待本职工作。在工作中兢兢业业，尽己所能。铁路从业人员要把端正职业态度作为职业道德修养的重要内容。

（三）精通职业技能

职业技能是做好本职工作的基础，是胜任本职工作的重要条件。铁路职工要把积极学习钻研，不断提高技术业务水平，作为职业道德培养的重要内容。

铁路是一个科技密集的行业，随着铁路现代化水平的提高，铁路技术含量的不断增加，尤其是高速铁路和提速达到时速 200 千米以上的既有线，更是高新技术的集成。在铁路技术装备现代化的新阶段，应用于各工种、各岗位的新设备、新技术、新作业流程、新管理方法日新月异，层出不穷，尤其需要造就一大批高技能人才。全体铁路从业人员要适应新形势的要求，加强对职业技能学习，全面熟练地掌握职业技能。这既是从业人员自身发展，提高素质的需要，更是确保铁路安全，加快企业发展的需要。

（四）明确职业责任

铁路从业人员的职业责任从宏观上看，就是要确保铁路运输安全，为国家的经济社会发展提供充足的运力支持，为旅客、货主提供优质的服务。从微观上看，铁路各部门、各工种、各岗位都有自己的职业责任：机务部门的员工要保持机车质量良好，安全正点地完成牵引任务；车务部门的员工要安全正点地接发列车；工务、电务部门的员工要保持线路和信号设备良好；车辆部门的员工要及时准确地发现和处理车辆故障；客货运部门的员工要尊客爱货，为旅客、货主提供优质的服务，等等。

（五）遵守职业纪律

职业纪律是为确保企业安全顺利运转而制定的行为规范，介于法律和道德之间。一方面，遵守职业纪律依赖于从业人员的自觉性；另一方面，职业纪律对从业人员又具有强制力和约束力，它对从业人员在自己的岗位上必须做什么，不能做什么进行明确的规定。从业人员如果违反了职业纪律，除了要受到道德的谴责和舆论的批评外，还要受到纪律的处分。铁路作为国民经济大动脉，半军事化的行业属性尤为突出——高速度、快节奏，工作流程环环紧扣，稍有疏漏就有可能酿成大祸。这一特征决定了铁路从业人员必须具有更加严密的职业纪律。工作中必须做到局部利益服从全局利益；必须无条件地服从集中统一的调度指挥；必须不折不扣地执行规章制度等等。铁路从业人员遵守职业纪律既是确保铁路运输安全的要求，也是铁路从业人员职业道德修养的重要内容。

（六）珍惜职业荣誉

职业荣誉包含两个方面的内容：一方面是指社会对劳动者履行责任的道德行为的赞扬；另一方面是指劳动者对自己职业活动所具有的社会价值的自我意识。

职业荣誉是分层次的。首先，全体铁路员工长期以来忠实地践行"人民铁路为人民"的宗旨，为推动国民经济发展，满足人民群众需要做出了很大的贡献，赢得了很高的职业荣誉。在社会舆论和人民群众的心目中，铁路是拉动国民经济发展的"先行官""火车头"，铁路职工具有"二七"光荣革命传统，是一支"特别能战斗，特别守纪律""挑战极限，勇创一流"的产业工人队伍。这些都是铁路行业和全体铁路从业人员的职业荣誉。因此，铁路员工要时刻想着用自己出色的工作，为铁路的职业荣誉增光添彩。其次，许多单位在长期的工作中，也会创造很多集体荣誉，有的为社会广泛赞誉，有的受到上级表彰，有的还形成了品牌，如被社会誉为"天路"的青藏铁路、被人们视为时代象征的"毛泽东号"机车等，这些都是单位和集体的职业荣誉。作为先进单位、先进集体中的一员，应当增强集体的职业荣誉感，更应当通过自己的行动，为保持集体的职业荣誉增光添彩。再其次，作为个体的从业人员也有自己的职业荣誉，他们有的因为工作出色得到领导的好评，有的因为技术精湛受到同事的尊重，有的还被评为先进生产、工作者。这些职业荣誉是职工辛勤工作的结晶，是高职业道德水平的标志。珍惜职业荣誉，就是要珍惜来之不易的职业荣誉，并把它当作推动自己履行道德义务的巨大精神力量，鼓舞和鞭策自己继续做好工作，去赢得更高的职业荣誉。

三、职业道德修养的方法

职业道德修养是一种通过自我教育、自我锻炼来提高自己的职业道德品质的实践活动，是个人自觉进行的一种道德活动。

（一）要善于学习

学习是提高职业道德认识，树立职业道德信念的道德修养方法，是形成良好的职业道德品质的重要途径。作为新时期的铁路职工，如果不努力学习，认识就会落后于形势，思想就会保守，观念就会陈旧，久而久之，就可能导致思想滑坡、意志消退、精神萎靡、志趣庸俗，甚至走向堕落。只有不断加强学习，坚持终身学习，才能跟上时代步伐，才能适应工作需要，才能陶冶道德情操、提高思想境界、永葆健康向上的精神和心态。

（二）要善于实践

社会实践是产生优秀道德品质的源泉。对于一个职工来说，职业活动是最基本、最经常的实践活动。铁路职工良好的职业道德品质的养成，归根到底，就是要按照铁路职业道德原则和规范，正确处理职业活动中"个人-他人-社会"的利益关系，而这种关系本身就是在职业活动实践中产生和表现出来的。离开了职业活动的实践，人们职业行为的善恶无从产生，人们行为的善恶也无从检验和改变。本职工作的实践是表现职工职业道德的重要领域，也是锻炼职工职业道德品质的主要场所。离开了本职工作的实践而空谈职业道德修养是毫无意义的。

（三）要善于内省

所谓内省，是指人们通过内心的检讨和自我评价，使自己的言行符合职业道德规范的要求。只有在本职岗位的工作实践中，依据职业道德规范不断地评价自我的言行，进行自我反省，才能在职业活动中使自己的行为符合社会主义职业道德的原则和规范。

四、铁路职业道德建设

职业道德建设就是通过职业道德教育、职业道德实践活动、职业道德评价、职业道德管理等途径，有组织、有计划地对员工施加系统的职业道德影响，提高职工履行职业道德的自觉性，不断提升全行业的职业道德水平。加强铁路职业道德建设，提高铁路职工的思想道德素质，是一项意义重大、影响广泛、事关全局的基础工程，必须常抓不懈，持之以恒。

（一）铁路职业道德教育

铁路职业道德教育，就是铁路各级组织对干部职工在职业道德方面的思想引导，目的是帮助广大干部职工树立正确的世界观、人生观、价值观和道德观、法制观，提高对"人民铁路为人民"的宗旨和铁路职业道德基本规范、各岗位职业道德规范的认识，增强履行职业道德规范的信念。这是加强铁路职业道德建设的不可缺少的重要环节，是铁路各级组织的一项重要任务。

（二）铁路职业道德实践活动

铁路职业道德建设具有较强的实践性，要求我们紧密结合铁路运输生产实践的需要加强职业道德建设，通过开展践行职业道德的实践活动来提高职工的职业道德素质，通过制定切实可行的职业道德规范、建立健全激励约束机制引导职工把职业道德落实在工作实践中。长期以来，铁路各级组织从实际出发，组织开展主题鲜明的职业道德建设活动，创造了"服务竞赛活动""红旗列车、红旗车厢评比活动""形象设计活动"等许多有效的活动方式，特别是"塑形活动"，致力于塑造具有内在高气质和外表美、行为美相统一的铁路职工形象，有力促进了铁路职业道德的建设。

（三）铁路职业道德评价

职业道德评价是指人们依据一定的道德标准，对他人或自己的职业行为所做的善恶褒贬的判断。职业道德评价也是职业道德实践活动的重要环节。

职业道德评价分为社会评价和自我评价两种类型。社会的职业道德评价指职业行为主体之外的组织或个人，通过各种形式的社会舆论，对当事人的职业行为所做的善恶判断。当一个铁路职工的职业行为符合一定的社会或该行业的道德标准时，就被认为是善的，并受到支持和赞扬；相反，当一个铁路职工的职业行为违背一定的社会或行业的道德标准时，则被认为是恶的，并受到批评、谴责。社会性的职业道德评价对于职业行为来说，是一种外在的精神力量，它具有道德外在制裁的意义。自我职业道德评价指的是人们对自己的职业行为所进行的善恶判断。当一个铁路职工接受了一定的社会或行业的职业道德原则和规范，并转变为内心信念以后，凡是符合内心信念的职业行为，受到自我激励，产生自豪感；而不符合内心信念的行为，受到自我谴责，产生羞愧感。自我职业道德评价是一种内在的精神力量，它具有道德内在制裁的意义。

【训练与思考】

1. 采访铁路劳模，交流、学习铁路职业道德修养的方法。
2. 结合现场实习，理解铁路职业道德规范。
3. 主题班会。
- 主题班会以"铁路职业道德的养成"为主，开展两组带有对抗性的比赛。
- 每组4人，两组共8人。班级其余人员准备情景剧或其他工作。
- 班会分为六个板块，分别为：铁路运输部门职业道德规范知识竞赛（台上两组）、铁路职业道德与铁路市场份额的关系辩论赛（台上两组）、"铁路职业道德的培养"演讲赛（台上两组）、"铁路与生活"情景剧（台下学生）、在工作中如何坚持铁路职业道德规范的讨论（全班参加）、高质量使用铁路职业道德规范的倡议（全班）。

▲ 第一板块——铁路运输部门职业道德规范知识竞赛：通过学生们对铁路运输部门职业道德规范的了解、认识，回答与铁路运输部门职业道德规范相关的知识。分为必答题与抢答题两个部分，台上选手回答不出的可以由台下全班同学举手作答，为答对者准备奖品。

▲ 第二板块——铁路职业道德与铁路市场份额的关系辩论赛：台上选手通过对铁路职业道德与铁路市场份额的关系的认识，展开一场精彩的辩论，辩论完毕，由评委（评委由班上选出）打分，分高者胜出。

▲ 第三板块——"铁路职业道德的培养"演讲：台上两组派出代表分别做演讲（可以带稿），由评委打分，分高者胜出。

在第三板块结束之后，两组竞争结束，获胜次数多的组胜出，并进行当场颁奖。

▲ 第四板块——铁路与生活情景剧：由未参加两组竞赛的台下本班学生出演情景剧，情景剧内容围绕铁路与生活，共演两场，每一场不得超过5人。

▲ 第五板块——在工作中如何坚持铁路职业道德规范的讨论：通过幻灯片上显示的题目，与全班同学进行讨论（为了预防冷场，要事先准备好班级内部的回答），题目大概8至10题。

▲ 第六板块——高质量使用铁路职业道德规范的倡议：全班上场，发出高质量使用铁路职业道德规范的倡议，队形6×6，两个领头，具体细节的调整待定。

第五章　铁路职业心理

【任务与学习】

1. 把握铁路职业心理素质的要求。
2. 了解铁路职业心理的特征。
3. 学会就业心理的调适。

人生有两件大事，一是成家，二是立业，要完成这两件大事，我们必须有三大追求，因而也就面临着三大抉择：求学、求偶、求职。一个人从孩提时代起一直到青年时代都是在求知的过程。选择学习知识和技能，其目的是为了在成年以后能够求得一份安身立命的工作，且着手寻找情投意合的伴侣，在能够自己养活自己继而能够养活一个家庭的前提下寻求自身理想与个人价值的最佳实现，同时回馈社会。这样的一个过程，正是我们逐渐成为一个真正社会人的过程。高等职业教育本质上是从业前的教育，大学的学生一毕业就将进入各行各业成为职业人，因此，高等职业院校鲜明地提出要把学生培养成"准职业人"，铁路高等职业院校也不例外，就是要把学生培养成适合铁路需求的"准职业人"。那么，"大学生"和"准职业人"的区别是什么？其主要区别在于前者须掌握丰富的专业理论知识，而后者要求在掌握必备的专业理论知识的基础上还必须掌握大量的实际操作技术或技能，但我们都知道仅仅有理论知识和技能是远远不够的。今天，在车、机、工、电、辆等部门需要联劳协作的大环境、大背景下，以人的自我意识发展为核心，由积极的与社会发展相统一的价值观所导向的，包括认知能力、需要、兴趣、动机、情感、意志、性格等智力和非智力因素有机结合的复杂整体——心理素质的作用在铁路职业中表现得越来越突出。

我们可以说，选择铁路意味着我们选择了一种特殊的职业生活，那么，在铁路职业活动中，我们会产生哪些心理活动，铁路职业又需要我们有怎样的心理素质和表现呢？

第一节　铁路职业心理概述

一、铁路职业心理及其特征

（一）职业心理

职业心理指的是人们在选择职业、就业、失业及重新选择的过程中，对周围环境的认知、情感、态度。一般情况下，它包括以下三方面的内容：

1. 择业心理

选择职业时的心理感受，情绪变化。

2. 就业心理

从事某一职业可以形成的较固定的心理定势、情感倾向。

3. 失业心理

失业后经历的酸、甜、苦、辣各种不同滋味、不同反映及心理变化。

（二）铁路职业心理

所谓铁路职业心理指的是人们在选择铁路职业、从事铁路工作的过程中，对铁路行业、对铁路工作、对铁路周围环境、对自身与铁路关系的一种认知、情感、态度。很明显，也包括以下三个方面的内容：

1. 对铁路职业的认知

对铁路职业的认知包含对铁路企业历史和企业文化的认知，对自己投身铁路实现职业理想与职业价值的认知，对铁路企业各工种所需职业道德、职业技能、职业特质的认知，对铁路安全知识和安全文化的认知，对铁路未来发展的认知等等，只有在对铁路企业与自身关系有深刻了解的前提下，我们才有可能更好地适应这个职业，并对它产生情感。

2. 对铁路职业的情感

在认识铁路职业的过程中，我们肯定会自然地产生喜与悲、乐与苦、爱与恨等主观体验，这些对铁路职业的态度体验及相应的行为反应，统称为情绪情感。情绪情感在我们对铁路职业的认知过程中具有影响作用，这种影响有积极的一面，也有消极的一面。心理学大量的研究表明：适当的情绪情感对我们的认知活动具有积极的组织功能，而不当的情绪情感对我们的认知活动具有消极的瓦解功能。因为所有人都会将个人情感带到工作中去。工作中，人们不但会理性地思考，还会夹带进个人情感。个人情感不仅会提高或降低工作业绩，还会影响到行为和组织中其他人员的情感。我们将人视为"情感导体"。下列三种类型的情感极具传染力，无论情感是否深刻，是否被表达出来，都会影响自己和周围人的情绪：

（1）孤立，且持续时间短的情感现象，如喜悦、愤怒和厌恶。

（2）持续时间较长且未必有特定原因的情绪。如一个人可能有快乐或者消沉的情绪。

（3）反映某人对生活整体看法的性格特点。比如，"她总是很乐观""他总是爱从消极面来看问题"等。

假如我们热爱铁路，就很容易在工作、生活过程中产生良性情感，而良好的情绪情感会提高大脑活动的效率，提高认知操作的速度与质量，从而不仅能够安全、高效地做好铁路工作，还能促进他人与自身良性情绪的提升，使自己更为愉悦，与周围的人际关系更为良好，也促使我们更加热爱这个职业。

3. 对铁路职业的态度

我们都知道，职业的能力多种多样，但是最基本的有五大能力：观察能力、记忆能力、思维能力、想象能力和实际操作能力。这些能力在铁路不同工种中会有不同的加减需求，但即使一个人的能力再棒，没有为职业付出的意愿，工作绩效也不可能太高。因为，人力资源管理专家的研究结果表明，个人的工作绩效表现等于工作能力乘以工作意愿，即工作绩效 = 能力×意愿。其中，主导意愿的主观因素有三点：兴趣、态度与执行能力，影响意愿的客观环境因素有组织形式、人际关系等。两者结合紧密，相得益彰，职业人才会有良好的工作态度，如勤奋、尊重、忠诚、较强团队协调能力等。一般来说，铁路基层职工的工作能力差异并不大，对铁路工作绩效影响最大的就是工作意愿。若对铁路职业有兴趣，意愿必然高，执行能力会更强，工作绩效或表现会更趋于理想。反之，工作态度不佳，即使有浓厚的兴趣与较高的执行能力，充其量也就是个人意志力与个人色彩在其工作中的展现，而非铁路企业所需要的团队力量的绩效展现。所以有好的工作态度，组织的工作绩效才具有加乘的效果，而职业人才能有对铁路企业的忠诚。

可见，在对铁路员工职业心理的分析中，我们不能回避"职业化"这个问题，即要想成为一个真正的职业人，就应该有好的心理素质，有积极地与社会发展相统一的价值观导向，还要有对于铁路企业的承诺。以上这些都是心理方面的内容。

二、有缺陷的职业心理行为模式

作为即将进入职业工作的"准职业人"，有必要了解阻碍职业人士发展的有缺陷的职业心理行为模式，因为，任何一个企业都有自身的发展模式，在铁路这样一个半军事化的企业中，以下职业心理行为对职业人士的自我发展有可能是致命的。

（一）狂妄、专制、完美主义

首先我们来看看这一类人的表现。

进入大企业工作，这类人大多自告奋勇，要求负责超过自己能力的工作。结果在任务难以完成的情况下，又想用更高的功绩来弥补之前的承诺，结果成了常败将军。

这种人也喜欢出风头，在稳定的社会或企业中，他们总是很快表明立场，生怕没有人注意他，其实是为了掩盖内心的虚弱。

工作中，他们甚至会不懂装懂，嘴上喜欢说的话是："这些工作真无聊。"但他们内心的真正感觉是："我做不好任何工作。"他们希望年纪轻轻就功成名就，但是他们又不喜欢学习、求助或征询意见，因为这样会被人以为他们"不胜任"，所以他们只好装懂。

他们或者言行强硬，毫不留情，像一台推土机，凡阻挡其去路者，一律铲平。因为横冲直撞，攻击性过强，不懂得绕道的技巧，结果肯定会伤害到自己的职业生涯。

如果准职业人有这样的表现，在铁路就很难立足。因为，铁路就其工作性质和特点而言，各工种都需要经历长期的基层锻炼才有可能熟悉工作，假如对自己"拔苗助长"，结果就是各项能力都是半桶水。

（二）逃避、悲观、压抑

这种人的表现是虽然聪明，但是常常毫无自信，觉得自己不能胜任工作。他们的核心信念是"我不够好"，尤其是出现挫折和挑战的时候，他们这种自我破坏与自我限制的负面想法就占了上风。

他们可能会成为典型的悲观论者，开始杞人忧天。采取行动之前，他会设想一切负面的结果，并因此感到焦虑不安。这种人做事拖延，因为太在意做的不如意时的羞愧感，害怕难堪。

然后他们会觉得自己失去了职业生涯的前进方向，常常考虑"我走的路到底对不对？"觉得自己的角色可有可无，跟不上别人步伐，因而也没有归属感。

在铁路工作，这种"准职业人"很有可能就是自己抑制了自己未来的发展，而后却觉得是因为铁路对他不公平，没有给他一个好的平台，于是怨天尤人，对工作提不起劲，连对生活也提不起劲。

（三）非黑即白、机械

这种人眼中的世界非黑即白。他们相信，一切事物都应该像有标准答案的考试一样，可以客观地评定优劣。他们总是觉得自己在捍卫信念、坚持原则。但是，这些原则，别人可能完全不在意。结果，这种人总是孤军奋战，并常打败仗。

这种人的僵化还表现对人性的不完全了解，很难理解恐惧、爱、愤怒、贪婪及怜悯等情绪，缺乏将心比心的能力。因此人际关系肤浅，一旦需要社会支持的时候，往往找不到可以交心的对象，从而觉得自己孤立无援而自怨自艾，这种心境必然影响职业发展的过程。

刚出校门就进"铁门"，难免会有一些幼稚的职场表现，这并不可怕，怕的是我们不愿意正视和改进。"准职业人"只要敢于正视自己是"菜鸟"的事实，不回避铁路职业的特殊性并努力学习和工作，接纳师傅们的教导，就很容易在短时间内适应铁路和自己从事的工作，从中体会到工作的乐趣，收获和谐的人际关系，也就能成功地转型成为受铁路欢迎的"职业人"。

第二节　铁路职业心理的调适

一、择业心理准备

（一）职业性格与认识自我

1. 气质、性格

个性是个体统一的心理面貌，是指人的心理活动中那些稳定的、具有个人特色的心理特征与心理倾向组合成的有层次的动力整体结构。它以个体稳定的行为模式与态度体系表现出来。个性特征包括气质、性格、智能。由于个性特征左右着个体的行为表现，个性特征的职业适应倾向也是十分明显的。如何选择职业，要根据自身的个性特征来决定。气质是心理活动的动力特征，包括心理活动的速度、心理活动的强度、心理活动的倾向性等方面的特征，是一种典型而稳定的个性心理特征。性格则表现为人对现实的态度和行为方式中比较稳定的独特的心理特征的总和。气质和性格往往对职业选择和事业成功与否有很大影响。是何种气质性格的人，在知觉速度或思维的灵活程度上是快还是慢，在意志努力或情感发生上是强还是弱，心理活动是倾向于外部还是倾向于内部，是认真负责还是轻浮粗心，是活泼热情还是好静羞涩，是机智敏捷还是呆板迟钝，是沉着冷静还是冒失鲁莽，是勇敢爽朗还是怯懦沉默，是镇定自信还是疑虑自卑，是温柔细致还是暴躁粗心，是刚毅实干还是办事拖拉，是喜欢安静还是喜欢热闹，等等，都有很大不同，如黏液型气质者更适合流水线的工作，而抑郁型气质者不适合做推销员。性格与智能也与择业密切有关，不同性格与智能的差异往往是能否适应某一职业及在该职业中有所成就的影响因素。个性特征的自我了解可通过科学的心理测量等方式来进行。全面了解自己的心理特点是选择职业的重要前提。

2. 兴趣、爱好

兴趣是爱好的推动者，爱好是兴趣的实行者。人们对职业的选择往往从自己的兴趣爱好出发，这就更需要认真分析自己的兴趣爱好。例如，在工作、学习之余，是爱好读书还是闲逛、聊天；是爱好钓鱼还是跑步、打球；是爱好摄影还是绘画、书法；是爱好舞蹈还是音乐；是爱好种花种草还是养鱼养鸟；是爱好打扮还是美容……这些都是在求职择业前必须考虑的。因为有的职业需要某种兴趣爱好的支撑，也有的职业明确禁止和反对某种兴趣爱好。

3. 能力、特长

能力、特长包括了受教育培训的程度，因为受到的教育和培训可以转化为能力、特长。能力是求职择业以及事业成功的重要保证。能力包含的内容很多，主要有两个方面：一是思维能力；二是工作能力。思维能力主要包括思维的独立性、抽象性、敏锐性、广阔性、批判性、创造性、灵活性等方面；工作能力主要包括言语表达（包括外语）的能力，写作的能力，计算的能力，学习的能力，劳动的能力，专业的能力，发明创造的能力等等。如果是重新谋求职业者还应分析自己的工作成绩和缺点，以便在求职时扬长避短。

4. 生理特征

在求职择业时必须正确认识到自己性别、年龄、身体健康情况、胖瘦、高矮以及相貌等生理方面的因素。例如，体质较差，难从事繁重体力劳动；相貌不佳不太适合当服务员；有些工作，女性（或男性）不能胜任，等等。这是求职者在求职择业前必须明确认识到的。

下面的测验根据人的职业性格特点和职业对人的性格要求两方面来划分类型，每一种职业都与其中的几种性格类型相关。

● 测一测：根据自己的实际情况，对下面的问题做出回答：

第一组

（1）喜欢内容经常变化的活动或工作情景。

（2）喜欢参加新颖的活动。

（3）喜欢提出新的活动并付诸行动。

（4）不喜欢预先对活动或工作做出明确而细致的计划。

（5）讨厌需要耐心、细致的工作。

（6）能够很快适应新环境。

第一组总计次数（　　　）

147

第二组

（1）当注意力集中于一件事时，别的事很难使我分心。

（2）在做事情的时候，不喜欢受到意料之外的干扰。

（3）生活有规律，很少违反作息制度。

（4）按照一个设定好的工作模式来做事情。

（5）能够长时间做枯燥、单调的工作。

第二组总计次数（　　　）

第三组

（1）喜欢按照别人的批示办事，需要负责任。

（2）在按别人指示做事时，自己不会考虑为什么要做这些事，只顾完成任务。

（3）喜欢让别人来检查工作。

（4）在工作上听从指挥，不喜欢自己做出决定。

（5）工作时喜欢别人把任务的要求讲得明确而细致。

（6）喜欢一丝不苟按计划做事，直到得到一个圆满的结果。

第三组总计次数（　　　）

第四组

（1）喜欢对自己的工作独立做出计划。

（2）能处理突然发生的事情。

（3）能对将要不得不发生的事情负起责任。

（4）喜欢在紧急情况下果断做出决定。

（5）善于动脑筋，出主意，想办法。

（6）通常情况下对学习、活动有信心。

第四组总计次数（　　　）

第五组

（1）喜欢与新朋友相识和一起工作。

（2）喜欢在几乎没有个人秘密的场所工作。

（3）试图忠实于别人且与别人友好。

（4）喜欢与人互通信息，交流思想。

（5）喜欢参加集体活动，努力完成所分给的任务。

第五组总计次数（　　　）

第六组

（1）理解问题的速度总比别人快。

（2）试图使别人相信你的观点。

（3）善于通过谈话或写信来说服别人。

（4）善于使别人按你的想法来做事情。

（5）试图让一些自信心差的同学振作起来。

（6）试图在一场争论中获胜。

第六组总计次数（　　　）

第七组

（1）你能做到临危不惧吗？

（2）你能做到临场不慌吗？

（3）你能做到知难而退吗？

（4）你能冷静处理好突然发生的事故吗？

（5）遇到可能伤及他人的偶然事故时，你能果断采取措施吗？

（6）你是一个机智灵活、反应敏捷的人吗？

第七组总计次数（　　　）

第八组

（1）喜欢表达自己的观点和感情。

（2）做一件事情时，很少考虑它的利弊得失。

（3）喜欢讨论对一部电影或一本书的感情。

（4）在陌生场合不感到拘谨和紧张。

（5）相信自己的判断，不喜欢模仿别人。

（6）很喜欢参加学校的各种活动。

第八组总计次数（　　　）

第九组

（1）工作细致而努力，试图将事情完成得尽善尽美。

（2）对学习和工作抱认真严谨、始终一贯的态度。

（3）喜欢花很长时间集中于解决一件事情的细小问题。

（4）善于观察事物的细节。

（5）无论填什么表格态度都非常认真。

（6）做事情力求稳妥，不做无把握的事情。

第九组总计次数（　　　）

• 统计和确定你的职业性格类型，根据每组回答"是"的总次数，填入下表：

组次	回答"是"的次数	相应的职业性格
第一组	（　　　）	变化型
第二组	（　　　）	重复型
第三组	（　　　）	服从型
第四组	（　　　）	独立型
第五组	（　　　）	协作型
第六组	（　　　）	劝服型
第七组	（　　　）	机智型
第八组	（　　　）	好表现型
第九组	（　　　）	严谨型

• 选择"是"次数越多，则相应的职业性格类型越接近你的性格特点；选择"不"的次数越多，则相应性格类型越不符合你的性格特点。

• 各类职业的性格特点分析：

[变化型]这些人在新的和意外的活动情景中感到愉快，喜欢经常变换工作的职业。他们

追求多样化的生活，以及那些能将其注意力从一件事转到另一件事上的工作情景。

[重复型]这些人喜欢连续不断地从事同样的工作，他们喜欢按照一个机械的和由别人安排好的计划或进度办事，喜欢重复的、有规则的、有标准的职务。

[服从型]这些人喜欢按别人的指示办事。他们不愿自己独立做出决策，更喜欢对分配给对自己的工作负起责任。

[独立型]这些人喜欢计划自己的活动和指导别人的活动，他们在独立和负有职责的工作中感到愉快，喜欢对将要发生的事情做出决定。

[协作型]这些人在与人协同工作时感到愉快，他们想要得到同事们的喜欢。

[劝服型]这些人喜欢设法使别人同意他们的观点，这一般通过谈话或写作来达到。他们对于别人的反应有较强的判断力，且善于影响他人的态度、观点和判断。

个性心理特征	客运服务的行业特点	理想的客运人员模式
客运人员的气质	相对狭小的活动空间 服务对象复杂多变 人际交往频繁发生	适中的感受性和反应 较高的耐受性和兴奋性 较强的可塑性
客运人员的能力	旅客需求多样 服务情势突发性强 服务的随机发生率高	敏锐的观察力 良好的记忆力 稳定而灵活的注意力 较强的社交能力 较强的执行力
客运人员的性格	服务工作强度大 角色感和服务意识要求高	谅解、谦虚、热情、有恒心、勤奋、责任心强

[机智型]这些人在紧张和危险的情景下能很好地执行任务，他们在危险的状态总能自我控制和镇定自若。他们在意外的情景中也能工作得很出色，当事情出了差错，他们不易慌乱。

[好表现型]这些人喜欢能表现自己的爱好和个性的工作情景。

[严谨型]这些人喜欢注意细节精确，他们按一套规则和步骤将工作做得完美。他们倾向于严格、努力地工作，以便于看到自己出色完成的工作效果。

（二）人职匹配

做完以上自我测试后，我们还要来看看铁路企业对所需要的职业人有哪些要求。

有资料显示，我国铁路曾对280名安全机车司机与24名肇事机车司机进行心理测试，结果表明，两组司机在深度知觉、限时动作稳定性、光和声加光的注意力分配等方面均有显著性差异。个性方面无明显差异。心理学家认为"此结果可对选拔、培养机车司机，保障行车安全及处理铁路运输事故提供有益的数据"。

因此，如果我们在选择职业时只一味地考虑工资待遇的高低或专业是否对口，忽略了人职匹配的问题，结果就是不仅会影响自己和周围人的情绪状态，还会影响自己的职业发展，也会引起企业对大学生责任感的疑虑。所以，我们在考虑或选择职业时，不仅要考虑自己的职业兴趣，还要考虑自己的智力特点和职业性格特点。

（三）正确面对择业时的心理矛盾

缺少社会经验的大学生面对选择职业这一人生大课题时会产生焦虑心理是一种正常反应，这种压力可以转化为动力。只有正视了就业压力，我们才能迫使自己积极行动起来。但是，如果心理过度焦躁、不安，自己又不能在一定时间内调整好这些情绪，这些情绪就会成为心理障碍或者心理疾病，会严重影响我们主观能动性的发挥，甚至会埋没我们的潜能，给就业带来额外的困难。

首先，积极面对。采取回避的应对方式虽然可以缓和焦虑程度，但其作为一种消极的方式因为没有真正解决就业问题，长此以往下去是要付出较大代价的。焦虑源并不会因回避自动消失，反而会对我们纠缠不休。很多"啃老族"就是因为回避而越来越"难办"。

其次，把握就业机会，顺利实现就业。近些年，铁路的发展很快，按国家《中长期铁路网规划》，到2030年，全国铁路营业里程要达到20万千米，主要繁忙干线要实现客货分线，运输能力要满足国民经济和社会发展需要，主要技术装备要达到国际先进水平，为了实现这个目标，铁路需要大量的专门人才，我们完全可以把握这个机会，实现自己关于职业的梦想。但要注意的是，如果我们自我认知不准确，择业期望过高，只注重经济意识和区域观念，讲究金钱第一、环境条件第一，不愿到待遇差、条件差的地方，就容易出现"高不成，低不就"的状况，很容易出现决策犹豫心理，从而错过良好的就业机会。

总之，就业是我们人生发展中的重大转折点，是我们从"自然人"向"社会人"过渡的重要阶段，而择业认知心理是指我们在择业过程中对自己、对职业及其周围社会环境等的认识、了解和择业中对事物的推理与判断。在许多情况下，当良好的就业机会到来时，我们一定要很好地把握机会，避免就业机会的丧失。还有的同学虽然也认同"先就业，后择业"的观念，但却是"干一行，厌一行"，工作时不能专心致志，无心学习，时刻把目标定在前方的"未知数"上，老以为摘不到的"苹果"最香，一旦不能在职业场中得到进步和找到鼓励自己干下去的理由，便对自己说"我果然不是做这一行的料"，跳槽了之，结果就是永远变动的工作、永远是职业新手的状况，不仅薪水难以增长，更糟糕的是把自己的职业信誉和自己的心态弄得一塌糊涂。

二、就业心理

人在一生中是要扮演多种角色的。大学生到铁路去工作，是一次角色转变的过程，要实现由"学生" 到"铁路人"的转变。我们要树立角色意识，尽快实现角色的转变。

如前所述，从一个"学生"到"准职业人"，再到"职业人"的转变肯定不是一件容易的事，但我们没有选择，任何一个企业都会给你提供适应和成长的机会，但不可能让你无休止地"适应"，所以，我们必须从进入学校开始就养成"职业化"的习惯，以便进入企业后能够尽快"职业化"。

（一）职业化的概念

一边是人才市场人满为患，另一边是企业求贤不得。究竟什么样的人才才是企业孜孜以求的对象？韩国 SK 集团人力资源部经理周万亮曾经将企业择人标准归纳为三点，而以下三点正是企业对职业化人才的期待。

1. 具有团队协作精神，对团队的组织文化具有高度认同感

当我们告别校园决定加入一家企业的时候，某种程度上代表我们已经认同这家企业作为我们今后奉献、自我发展的地方。既然我将从这里得到我的薪酬，发展我的职业生涯，那么我就必须认同它，它是我的一部分，或者说它是我的舞台，我也是他未来至少几年中的一部分。

所以，一旦加入这个企业，就必须认同它的文化。认同的时候，我们在行为规范上必须表现出一种团队的身份，不能总提到我怎样，我的思考怎样，而是去感受我们的团队怎样，我们的企业怎样。

从这点来看，一个好的职业人，即使他不能在一个企业进行长久的工作，但是只要他和这个企业在一起两年三年过，他就得高度认同：这就是我的团队，这就是我的组织。铁路的企业文化核心是"高、大、半"，作为一个"准职业人"必须要了解它；"安全是铁路永恒的主题"，作为"准职业人"必须要遵守并且要努力去实现它。这才是给企业，也是给自己的承诺。没有承诺或者给不起承诺的人是心智不健全的人。

2. I don't agree，but I commit. 有些观点我可能不赞成，但我必须做出承诺。

一个企业在决策被决定之前可能有多种声音，大家可以畅所欲言、可以充分讨论。很多企业都有这样一种文化，就是大家破除职位等级的观念，破除身份上的差别，大家很平等地聚集在一起，把自己想说的，自己的创意、见解、观点完完全全地表达出来。也就是说，决策之前是可以畅所欲言的，是可以高度民主的。

但是一旦一种决定成为企业的统一决策之后，所有的人就应该毫不犹豫地去贯彻它。你可以不同意它，但因为你是企业的一部分，因为你是职业人你必须做出承诺。企业必须有一种声音，一种节奏，一个团队，一个步骤，你不能去打乱。目前，铁路有些职业人不仅自己不能给出承诺，还有可能在自己因为违背组织原则和组织纪律受惩罚之后，认为是组织无情，没有给自己机会，这是一种消极的甚至是恶意的情绪状态。"准职业人"要用自己的头脑分辨和思考，不能人云亦云，并充分认识到自己的身份和地位，努力去维护组织。

3. 作为职业人，必须具有高度的自我管理和自我领导的意识

现代企业的管理将是越来越开放、越来越平等的，没有哪个领导会从早上到晚上跟踪职工处理整个事件的过程。所有的职工必须从进入企业的那天开始就确立一种思维：我是自己的领导。

"我是我自己的领导，我必须管理我自己的时间，我必须领导自己的工作。如果我需要上司的帮助，我就及时与上司沟通，如果我需要其他部门的帮助，我就及时和其他部门沟通，如果我需要外界的帮助，那就要及时和外界进行沟通，也就是说我必须成为自己的领导"。正是这一点，饱含了企业对个人的高度信任，因为企业相信员工能够领导员工自己，能够安排好员工自己。

铁路很多工种都需要单独作业，如机车司机、列检人员等，而单独作业需要养成高度的自律意识，对自己负责才能对企业负责，对企业负责了才能真正意义地对自己负责。

（二）铁路职业化的实现

对绝大多数学生来说，大学阶段度过的是一种单纯而有保障的生活，学习、生活、交际、娱乐都较有规律，在这样的环境里，容易萌发浪漫的情调和美好的理想，而这样的生活与铁路现实自然存在有一定的距离，所以我们要学会转变角色。

所谓角色的转变，主要是指由一个大学生变为一个现实的铁路职工的转变，不能把学校、家庭、亲友及同学所给予的关心、呵护、尊重当成是社会对自己的最终认可，而要摆正自己的位置，客观、冷静地进入职业状态，认识社会，了解铁路，以自身的实力，积极主动地去适应铁路发展的需要，在选择铁路的同时，也接受铁路的选择。

1. 工作技能的养成

根据铁路行业《国家职业技能鉴定规范》目录所示，铁路现行职业有近70个，如货运员、货运值班员、货运调度员、货运计划员、货运安全员、货运检查员、车站值班员、助理值班员、信号员、车号长、指导车长、运转车长、车站调度员、铁路客运员、铁路售票员、售票值班员、客运值班员、客运计划员、铁路行李员、列车员、列车值班员、餐车长、机车调度员、机车检查保养员、机车整备工、车电员、发电车乘务员、电力线路工、通信工、信号员、救援机械司机等等，职业名称不同，标准要求也不同。但铁路职业化的工作技能就是要"像个做事的样子"。而要"像个做事的样子"，就必须在选择了铁路的职业以后，认同其组织文化，认同其职业规范，认同其安全规章制度等等，并且努力在最短时间内学习职业所需要的知识与技能，才能在最短的时间内把自己变成企业需要的人、可以放心的人。

2. 工作形象

铁路企业具有"高、大、半"的特点，有比较显著的网络性，在这样的企业中工作，一定要注意自己的形象，因为自己的形象涉及企业的形象，一旦发生因自身原因导致企业形象受损的情况，后果不容小觑。曾经有一个乘客投诉某铁路客运工作人员服务态度不好，在意见本上的留言是这样的："作为国家大型企业的工作人员，本应全心全意为人民服务，但这种流氓式的工作作风，让老百姓痛心；这种粗暴的作风，激化了铁路职工与人民的矛盾，不利于社会主义小康社会的建设；铁路作为国有企业，出现这种行为不仅损害本企业的形象，而且从某种意义上讲也损害了国家的形象。"

（三）工作态度

安全是运输行业永恒的主题，事故是安全永恒的魅影。在铁路大量的事故分析中，表面上看有着这样那样的原因，但责任心不强、违章作业、玩忽职守等因素才是铁路安全的最大杀手，足以超过任何"不可抗力"。因此，固本强基，夯实安全基础，最首要的任务是要求铁路职工要有好的工作态度。但这不是一朝一夕可以养成的，它取决于铁路职工的职业道德和职业技能，也取决于铁路职工的综合素质。

综合来说，一个人生理年龄成熟后，就该对自己的未来有把握，他应该清楚自己的定位，做一份详尽的职业规划，并且真正了解在什么情况下什么样的工作会让他快乐会让他有满足感。这就是职业心理成熟的表现。因为打拼职场心态很关键，心态好，才能更好地工作。成熟的职业心理是事业成功的有力保障。相比起你的生理年龄,你的职场心理年龄多大了? 是否已经足够成熟? 这些问题更加值得我们关心和思考。下面这套测试可以帮助大家更好地了解自我,更好地适应职场。

• 请开始答题之前准备一支笔和一张白纸。弄清题意后答题,把每题记在白纸上。做完题后按后面的记分规则记分。

① 在工作中,你比较喜欢跟哪一类的人接触?
    A. 比自己更强的
    B. 需要自己的
    C. 不太清楚

② 如果工作需要你到一个全是陌生人的社交场合,你会:
    A. 很自然
    B. 有点怯场
    C. 经常很怯场

③ 当你的上司不赞成也不理解你的建议时,你会:
    A. 听听他的意见并加以改良
    B. 不再说话或者避开这个问题
    C. 继续解释

④ 你知道对方说的是对的,但是对方态度很坏,让你非常生气,你会:
    A. 感谢对方提供了好的建议
    B. 表面上就不听你的,但是背地里改正
    C. 气哼哼地按照对方说的做

⑤ 工作上遇到麻烦,下班后你会:
    A. 从亲人或者朋友处得到安慰
    B. 一个人出去散心,忘掉烦恼
    C. 闷在心里,愤愤不已

⑥ 你的老板有事要请假,暂时由你来主管公司的一切事务,你的反应是:
    A. 我得增加工资,因为我的工作量增加了
    B. 这是个表现的好机会
    C. 心想:"哈哈,这下子没人再监视我啦"

⑦ 当你的工作伙伴吃力地想教导你某件你很清楚的事,你会:
    A. 委婉地告诉他你早就知道
    B. 不说什么,但也不听
    C. 等他讲完,再显示你对此道十分精通

⑧ 如果突然赢到五百万元的大奖,你会选择:
    A. 马上辞职,做点儿自己真正想做的事情
    B. 把大部分存起来,继续努力工作
    C. 买车买房,向同事吹嘘

⑨ 由于工作要求参加聚会,当你情绪低落时,会:
    A. 强作欢颜,不让人注意到不快情绪

B. 找个借口离开

C. 完全不掩饰不快情绪的流露，但坚持坐到最后

⑩ 你觉得同事们都会觉得你是个：

A. 普通的人

B. 聪明的人

C. 老实的人

⑪ 你认为自己的工作和生活：

A. 目前的生活与自己付出的相符

B. 总是在花大量时间做着自己不想做的事

C. 没遇上好机会，不然会有更好的生活

⑫ 看到工作中不合理的事情，你会：

A. 麻木了，见得太多了

B. 在可能的情况下会仗义执言

C. 很气愤并大声指责

• 计分方法：以上的选择题，选 A 得 5 分，选 B 得 3 分，选 C 得 1 分，把你所得的分数相加就是你的职业心理年龄指数了。

• 分值解释：

10～20 分：职业心理儿童期。

你本质上还是一个天真的"儿童"。不切实际是你最大的优点和缺点。它让你更能感受到快乐，也让你在生活中时常受挫。这种类型的人大多数具有自发性，并在富有创造性的工作中有较为出色的表现，但缺乏耐心，像小孩子一样容易朝三暮四。所以，职业心理属于儿童型的人通常比较难以让人信任。处在这个心理年龄的人，还需要在职场的风雨中多多磨炼，才能逐渐成熟。

21～40 分：职业心理青年期。

这种类型的人通常是理想主义者，富有冒险精神，乐观、专注，求知欲旺盛等许多令人喜欢的品质。但他们的一贯性和好斗性可能会很快演变成为固执和不妥协，因而容易导致同事之间发生分歧。此外，他们通常不信任直觉，受周围环境的影响很大。处在这个心理年龄的人，应该树立长远目标，克服短期行为。

41～60 分：职业心理成熟期。

你按部就班中规中矩地走着你人生的每一步，你所在意和把握的是你现在的时间和岁月。你成熟、稳健、老练、实际，能够合情合理地处理现实工作中的种种矛盾，平和地看待完美与缺陷，获得与丧失。你能清楚地认识自己，能清楚明白地分辨可能与不能，可为与不可为。

三、有效应对职业压力与心理枯竭

（一）职业压力

压力也叫应激，是现代社会人们最普遍的心理和情绪上的体验。至少有三种不同的含义：一是指那些使人感到紧张的事件或环境刺激；二是指一种身心反应，如个人的行为、思维以及情绪等主观体验以及包括心跳加速、口干舌燥、胃部紧缩、手心出汗等身体反应在内的生

理成分，我们称其为压力状态。三是指一个过程，即压力从产生到消失会经历的一个起伏消长、个体要面临适应的过程。

根据从一家新闻机构通过问卷调查得到的统计结果，我们可以看到压力最大的职业是：IT、医疗/看护、工程师、金融、人力资源、运营、制造业、文职人员等，铁路运营也位列其中。可见，"压力大"是很多人的同感，也是突出的现代病，而工作压力往往是其中最主要的部分。作为国民经济的大动脉，长期处于超负荷工作状态的铁路职工不在少数。因为春运、暑运，因为五一国际劳动节、十一国庆节，现在又增加了清明、端午和中秋几个小节日，不少铁路职工都要在承担日常工作的同时做好面对突然增加的客流的准备。服务对象的增多，工作任务的加大，服务质量标准的提高，服务对象的素质和维权意识也变得越来越强，这些都是造成铁路人面临很大压力、无法保持良好心态，因为较弱的抗压能力造成不顺心工作的原因。

（二）职业心理枯竭

在心理学的研究文献中，"职业心理枯竭"用以描述工作中的个体所体验到的一组负面症状，如长期的情感耗竭、身体疲劳、工资收入的降低、对待服务对象不耐烦的态度和降低的工作成就感等。"在以人为服务对象的职业领域中，个体的一种情感耗竭、人格解体和个人成就感降低"的症状，一般表现出六大特征：

（1）生理上表现为耗竭感、持续的精力不济、极度疲乏、虚弱，失眠、头痛、背痛、肠胃不适等症状。

（2）认知上表现为注意力不集中，思维效率降低等。

（3）情绪上表现为烦躁、易怒、责备迁怒于他人等。

（4）自我评价上的表现为对自己工作的意义和价值的评价下降。

（5）人际上表现为"去人性化"的特点，以一种消极的、否定的、麻木不仁的态度和冷漠的情绪去对待自己周围的人。

（6）行为上表现为对他人的攻击性行为和人际摩擦的增多，极端的枯竭状态会使人出现自伤或自杀的倾向。

与前面所说的压力相比较，两者之间的关系是这样的：当工作要求超过个体的应对资源时，工作应激就产生了。应激主要指伴随有心理和身体症状的短期适应过程。"职业心理枯竭"则是适应过程最后的崩溃阶段，其原因是对个体的工作要求和个体对资源掌握的长期不对等所致的工作应激。

- 职业心理枯竭自我检测（请在符合你的情况后面打√）

① 你总是盼着周末的到来；

② 你经常头痛或觉得浑身乏力；

③ 肠胃功能失调；

④ 你恐惧你的上司；

⑤ 你不想与同事们交往；

⑥ 你回到家里不想干家务活；

⑦ 你无所事事时或工作没有进展时便想吃东西；

⑧ 你假日懒得出游和锻炼，总是在家里睡大觉；

⑨ 你经常失眠；

⑩ 你早上有时候赖床，而且很少吃早饭。

友情提示：你在其中的 5 个或 5 个以上的选项之后打√了吗？如果是这样，"职业枯竭"离你的距离已经很近了。

（三）心理应对方法

有关心理测验的资料："被人欺负后，你会立刻报复吗？"如果回答是，则表现为竞争性强、易冲动和有较强的攻击倾向，这样性格的人最起码不适合司机这个岗位，这样的人开火车时会让人提心吊胆。"工作时与人发生争执后，你会大声说出自己的委屈吗？"如果回答是，表明你是一个情绪波动较大的人，无法免疫外界的干扰，假如这种情绪出现在列车运行途中，"危险"性就会相当大。

假如我们是在人与职业匹配好的前提下选择了铁路工作，那么，工作压力主要来自外部环境和人内心的一种自我期望，适度压力能让人产生挑战自我的激情和斗志，而过度的压力则会产生焦虑、沮丧等不良心理，从而引发身体疾病，最终其至会达到职业倦怠的程度。对职业产生不可避免的伤害，对自我身心健康的损害也是不可逆的。因此我们在压力形成之前首先要培养起内心对工作的正确认知态度。法国作家大仲马说："人生是用一串串的小烦恼组成的念珠，乐观的人是笑着数完这串念珠的。"心理专家认为，每个人都会有这样那样的心理问题，心理因素能够对心理产生影响，但是，一般性的心理活动不会给人的健康带来明显的影响，能让人察觉到的影响人生理健康的心理活动通常是强烈的、快速的或持久的。

当然，我们都知道任何心理健康的标准都是理想化的，反映的只是人努力追求的方向，实际生活中每个人都难免偶尔有异常的心理，我们既不应忽视，也不必过于敏感，职业心理健康也不可能例外。那么，面对真实的职业生活，我们应该对随时可能出现的误解、伤害、挫折、不幸有所准备，心理障碍一旦出现，就要有勇气以适当的方式把心中的阴影消解，如果一味深埋于心，就很有可能导致身心不健康。而科学文明的生活观念、健康向上的人生态度不仅有利于自身的心理健康的保持，还可以为别人提供良好的"生态环境"。所以说个体加强身心自我保健的方法更多体现在态度上，正如管理学家马斯洛所说的"心若改变，态度就会跟着改变；态度改变，行为就会跟着改变；行为改变，性格就会跟着改变；性格改变，人生就会跟着改变"。因此，为促进职业心理健康的良性发展，减少职业倦怠，我们对"准职业人"提出以下建议。

1. 要尽快实现角色转换，完成角色适应这一过程

角色又称"脚色"，原意是指戏剧舞台上的人物，后来被社会心理学家们使用，意为社会角色。心理学家认为，自我是通过学习、扮演其他人的角色发展而成的，是他人对自己看法的总和，是各种角色的总和，代表了占有一定社会地位的人所期望的行为。作为"准职业人"，当我们加入铁路企业并给予其承诺时，就要开始进行角色转换，学习和适应铁路职工这个角色，了解和掌握铁路角色的行为规范、权利和义务、态度和情感、必要的知识和技能，并且

把学到的东西有机地结合起来内化为自己的角色意识。角色意识强的人适应铁路的时间、扮演好铁路人角色的时间会短一些，角色意识差的人正好相反，适应的时间会长一些，内心的矛盾与冲突也会相应多一些。

总之，新人不管做什么事情，认真、积极主动都是首位，尽快地掌握企业工作的所有流程，而且要清楚企业近期和远期发展的各方面目标，理解给你安排的这个工作具体的工作内容。然后集中精力好好工作。一个出色的职业人要能为企业提高核心竞争力，自觉坚持在实际工作和实践中不断学习和创新，不断增长知识、专长、技能和经验。

2. 发现和培养自己的职业兴趣

研究结果显示：如果一个人对某一项工作有兴趣，就能在工作中发挥他全部才能的 80%～90%，并且长时间保持较高的工作效率不感到疲倦；而对工作没有兴趣的时候，只能在工作中发挥其全部才能的 20%～30%，也容易筋疲力尽。由此看出一个人只有在从事他所热爱的职业时，在充分发挥自己的能力时，才能更快地取得成功。兴趣是动力的源泉。对一个人来说，对工作感兴趣，就更愿意钻研，就更容易做出成就。这就是兴趣的作用所在。所以，你应该清楚地了解自己，找准自己的位置，找出自己最感兴趣、可以发挥最大才能的职业岗位和工作项目。同时，要适当注意兴趣、爱好的拓宽与更新，这样可以减少职业倦怠感，也能拓展新的职业领域。

讲工作不能不提到松下幸之助，80 高龄的他说自己之所以能取得这样的成就，是因为"乐在工作"和"想得简单"，因为简单，所以容易坚持。他在讲评一些人的工作态度时说的话很值得即将进入铁路的"准职业人"深思："如果我有选择，我会去干我喜欢干的工作；如果我没有选择，我就疯狂地爱上自己现在正在干的工作。"

3. 建立自己的知识网络体系

如果你以为自己有文凭就意味着拥有在铁路生存的资本，那是幼稚的。有以下这么一个故事，值得我们一读。

【案例】 你怎么不问一声呢？

有一个博士分配到一家研究所，成为研究所内学历最高的人员。

有一天他到单位后面的小池塘去钓鱼，正好正副所长在他的一左一右，也在钓鱼。

他只是微微点了点头，这两个本科生，有啥可聊的呢？

不一会儿，正所长放下钓竿，伸伸懒腰，噌噌噌地从水面上如飞地走到对面上厕所。

博士眼睛睁得都快掉下来了，"水上漂？不会吧。这可是一个池塘啊。"

正所长上完厕所回来的时候，同样也是噌噌噌地从水面上漂回来的。

怎么回事？博士又不好去问，自己是博士生呐！

过一会儿，副所长也站起来，走几步，噌噌噌地飘过水面上厕所。这下子博士更是差点昏倒，"不会吧，到了一个江湖高手集中的地方？"

正巧的是，博士也内急了。这个池塘两边有围墙，要到对面厕所非得绕十分钟的路，而回单位上又太远，怎么办？

博士也不愿意去问两位所长，憋了半天后，也起身往水里跨，"我就不信本科生能过的水面，我博士不能过。"

只听"咚"的一声，博士栽到了水里。

两位所长将他拉了出来，问他为什么要下水，他问："为什么你们可以走过去呢？"

两位所长相视一笑："这池塘里有两排木桩子，由于这两天下雨，桩子正好在水面下。我们都知道这木桩的位置，所以可以踩着桩子过去。你怎么不问一声呢？"

在现在这个知识经济的时代，每个人都需要有一个专家网络体系来帮助自己完成任务，随着铁路的飞速发展，我们需要经常问问自己：如何才能最快地获取工作所需要的知识与信息？通过谁才能找到掌握着最有用的知识与信息的人？一个有头脑的职业人常常在事前就注意寻找值得学习的人，努力与之建立密切的个人关系，建立个人和组织的知识网络。当然，一个出色的职业人也要想方设法让自己成为这个知识网络中具有知识价值的网点。因为任何专家都愿意与那些同样掌握着对自己有用的知识的人分享知识。

学历代表过去，只有学习力才能代表将来。尊重经验的人，才能少走弯路。一个好的团队，应该是学习型的团队。美国 GE 公司的 CEO 韦尔奇说过："你不一定非要找才华横溢的人，但一定要找善于学习的人，这是衡量一个人智商的重要标准。"

4. 在岗位上做出业绩

不要过于固执。工作时时在扩展，不要老是以"这不是我分内的工作"为由来逃避责任。当额外的工作指派到你头上时，不妨视之为考验。你接受的工作即使再艰巨，鞠躬尽瘁也要做好，千万别表现出你做不来或不知从何入手的样子。接到工作要后立刻动手，迅速准确地及时完成。给人反应敏捷的印象是金钱买不到的。

一个接一个的工作都被你做好了，你的能力在工作中表现出来了，你的职业就已经通过你自己的努力得到了发展。当企业觉得你能够做得更好的时候，它就会给你更大的舞台、更多的发展机会。

【案例】 一个人的工作，将书写进自己的简历。

A 对 B 说："我要离开这个公司。我恨这个公司！"

B 建议道："我举双手赞成你报复！这破公司一定要给它点颜色看看。不过你现在离开，还不是最好的时机。"

A 问："为什么"？

B 说："如果你现在走，公司的损失并不大。你应该趁着还在公司的机会，拼命去为自己拉拢一些客户，成为公司独当一面的人物，然后突然带着这些客户离开公司，公司才会受到最重大损失，变得非常被动。"

A 觉得 B 说得非常在理。于是努力工作，事遂所愿，经半年多的努力工作后，他有了许多的忠实客户。

再见面时 B 对 A 说："现在是时机了，要跳槽的话就赶快行动哦！"

A 淡然笑道："老总跟我长谈过，准备升我做总经理助理，我暂没有离开的打算了。"

其实这也正是 B 的初衷，一个人的工作，将书写进自己的简历。只有甘于付出大于得到，让老板真正看到你的能力大于现在所在的位置，才会给你更多的机会替他创造更多利润。

5. 成为企业不可缺少的人

你应该时刻关注企业的发展趋势，了解行业的最新动态，并且思考企业在未来的发展中，需要什么技术或才能，以便及早准备，使你的个人价值在持续挑战中水涨船高，使自己成为企业需要的人才。

高速铁路的发展、新设备设施的使用、新的管理理念的诞生和制度的创新、安全文化的建立等等，有多少需要我们重新学习的东西，如果故步自封，无异于自断我们自己的职业之路。

6. 要多为他人考虑，多为他人着想

【案例】　孔雀的悲哀。

正在上班。

朋友突然神秘地说："做一个心理小测验如何？"

"说吧。"我好奇心顿起。

"有五种动物，老虎、猴子、孔雀、大象、狗。你到一个从未去过的原始森林探险。带着这五种动物，四周环境危险重重，你不可能都将它们带到最后，你不得不将它们一一地放弃。你会按着什么样的顺序放弃呢？"

考虑良久之后，我说："孔雀—老虎—狗—猴子—大象"。"哈哈哈"，朋友大笑起来："果然不出所料，你也首先放弃孔雀。知道孔雀意味着什么吗？"

看着困惑的我，朋友向我解释："孔雀代表你的伴侣爱人；老虎代表你对金钱和权力的欲望；大象代表你的父母；狗代表你的朋友；猴子代表你的子女。这个问题的答案意味着在困苦的环境中你会首先放弃什么，让你看看你自己是什么样的人。"

"孔雀代表我的爱人？！"我一下惊呆了。在困苦的环境中我会最先放弃我的爱人？

我是这样的人吗？在选择中，我为什么首先放弃孔雀呢？因为我觉得孔雀是在艰苦的环境中最不能帮助我的东西。我对朋友的评价很不以为然。于是开始让许多人来做这个游戏。正像朋友说的那句话，无一例外首先放弃的都是孔雀。

当我最后揭示答案，许多人的反应也像我一样。甚至有人说："设计这个游戏的人，一定心理不太正常。"有一天我给一位朋友打电话的时候突然想起了这个问题，于是我也让他做。这个朋友考虑了很久之后对我说："猴子—老虎—大象—狗—孔雀。"

我大吃一惊，他是我遇到的唯一的最后选择放弃孔雀的人。"为什么最后放弃孔雀？"我一个劲地追问。

他对我的问题倒吃了一惊，说："你想想，在这所有的动物中，唯有孔雀是最没有保护自己的能力的，我怎么能轻易放弃，让她置身于一个危险的环境中呢？"我顿时明白了我的悲哀。

我们进行职业选择和适应职业的过程中如果太多地考虑企业和他人对我们的付出，而没有想到别人需要我们什么样的付出，很容易陷入心理不平衡的状态，希望"孔雀的悲哀"能够给我们一些启示。

7. 尊敬你周围的人

面对的不管是领导、同事，还是下级，哪怕是清洁工，无论对方是什么文化程度，你都要有一种坦然，要能够尊敬他们。在一个大企业里，优秀人才太多了。你周围可能全是精英。那么，你怎样才能在这个精英团队中生存下来呢？方法是你一定要坦然地在这个精英团队里虚心学习每一个人的长处。

【案例】 一个心理学教授到精神病医院参观，准备返回时，发现自己的车胎被人卸掉了，而且卸车胎的人居然连螺丝也卸掉，他着急万分，一个精神病人蹦蹦跳跳地过来，问教授发生了什么事，教授出于礼貌告诉了他，精神病人哈哈大笑，"我有办法！"他从每个轮胎上卸下一颗螺丝，将备用胎装好了。

教授感激之余，大为好奇，"请问你是怎么想到这个办法的？"

精神病人说："我是精神病人，可我不傻啊！"

8. 注意个体身心的自我保健

【案例】 你也在井里吗？

某个农夫的一头驴子，有一天不小心掉进一口枯井里，农夫绞尽脑汁想救出驴子，但几个小时过去了，驴子还在井里痛苦地哀嚎着。

最后，这位农夫决定放弃，他想这头驴子年纪大了，不值得大费周章去把它救出来，不过无论如何，这口井还是得填起来。于是农夫便请来左邻右舍帮忙一起将井中的驴子埋了，以免除它的痛苦。

农夫的邻居们人手一把铲子，开始将泥土铲进枯井中。

当这头驴子了解到自己的处境时，刚开始哭得很凄惨，但出人意料的是，过了一会儿这头驴子就安静下来了。农夫好奇地探头往井底一看，出现在眼前的景象令他大吃一惊：驴子将大家铲在它身上的泥土全数抖落在井底，然后再站上去。很快便得意地上升到井口，然后在众人惊讶的表情中快步地跑开了。

就如这头驴子一样，在生命的旅程中，有时候我们难免会陷入"枯井"里，被各种各样的"泥沙"倾倒在我们身上，而要想从这些"枯井"摆脱的秘诀就是：将"泥沙"抖落，然后站上去！

事实上，我们在生活中所遭遇的种种困难挫折就是沾在我们身上的"泥沙"，然而，换个角度看，它们也是垫脚石，只要我们锲而不舍地将它们抖落，我们就能安然地摆脱困境。所以，有冲突并不可怕，怕的是自己没有职业心理健康的意识，准职业人如要尽快适应铁路生活，就要注意以下几点：

① 形成良好的生活节奏，如倒班的人要养成休息的习惯，不要随便熬夜，有规律地运动，饮食正常等。

② 增加积极的情绪体验：挫折无法避免，矛盾普遍存在，情绪困扰的产生十分正常，我们要敢于面对并努力给每一种挫折赋予积极的意义。

请牢记以下五个快乐的小秘诀：

▲ 不要存有憎恨的念头

▲ 不要让忧虑沾染你的心

▲ 简单地生活

▲ 多分享

▲ 少欲求

当然，如果累了，痛了，哭了，我们也可以学习如何正确地感知并认识自己的心理，学会调节、释放和自我按摩，为自己做一些心理修炼，同时配合一些外部方法：

● 每日静坐。

每天夜里用 5～10 分钟安静地坐一坐，集中精神想想对你来说可喜的事，并告诉自己：我们无法掌握将来，只能把握现在，做好现在的工作。

● 倾听音乐＋向朋友倾诉。

● 放声大笑。

每天不要紧绷神经，尽量在工作中放松自己，开口大笑，展示自己开朗、大方的人格魅力。

● 适当娱乐。

工作之余暂时将压力抛开，约家人或朋友看电影，体会到亲情友情的重要。或周末时让自己安静地休息一下，到郊外爬山、散步、呼吸新鲜空气。

另外，深呼吸是最快、最简单的情绪调节方法，而达到心平气和、气定神闲、心安理得、心旷神怡等状态最方便、最见效的做法就是深呼吸，以此调气调息，摆脱情绪的纷扰，达到理性的回归。还可以采取音乐疗法、运动疗法、旅游疗法、艺术疗法、洗浴疗法等。

当然，如果在职业中自己处于实在不能承受压力的状态，或者身心疲惫到了职业枯竭的状态，不妨考虑离职休养一段时间，或考虑重新就业。

第六章　铁路职业生涯规划

【任务与学习】

1. 了解什么是职业理想和理想职业。
2. 了解职业理想与现实、理想职业的关系。
3. 了解职业生涯规划，铁路专业职业生涯规划的含义及其意义。
4. 了解影响职业生涯的因素都有哪些。
5. 学会设计一份与铁路专业相关的职业生涯规划方案。

当前铁路高职院校的同学，尤其是铁路专业的同学，在中国铁路行业持续高速发展的大背景中，也同时面临着铁路企业由传统国企向市场导向型企业、技术密集型企业与服务型企业转型的艰巨挑战。这不仅要求未来的新一代铁路职工在掌握现代铁路行业专业技术能力的根本前提下，还应当进一步具备基本的服务意识与其他专业能力。作为一名铁路高职院校的在校学生，这既是前所未有的战略机遇，亦是关系到自身职业生涯的重大人生课题。

人类生活离不开理想。理想是事业的灯塔，指引着前进的道路，它使人们有了明确的奋斗目标和方向；理想是前进的动力，促使着人们不断努力奋斗；理想是人生的精神支柱，支撑着人们在任何的困难面前都充满着信念与勇气。职业理想是理想在职业生涯中的体现，在对自己的个人能力、兴趣与个性进行理性分析的前提下，铁路高职院校的同学应当进一步明确自身基本的职业定位，着手制定近、中、远期的职业生涯规划，在努力实现自己人生价值的同时，为将来成为一名合格的新时代铁路职工做好准备。

第一节　职业理想与理想职业

一、什么是职业理想

理想是人们对未来社会、个人职业和个人生活等各个方面所抱有的具有实现可能性的想象和期望，是人们对美好未来的向往与追求。人们对未来从事的工作种类、性质、岗位以及事业上获得成就的向往与追求，形成了职业理想。

职业理想属于社会意识范畴，是一定的社会生产方式、职业地位、职业声望在人们头脑中的反映。职业理想是人特有的思想方法，表现为对自己未来职业生涯的提前规划。职业理想总是与个人的奋斗目标联系在一起，是激励个人奋斗的动力。

（一）职业理想的五个特征

1. 社会性

提出和设定自己的职业理想，离不开当前的社会形态和条件。任何脱离了当前社会实际的职业理想，是不利于自己职业生涯的。

2. 时代性

不同时代的职业理想总是受到该时代社会生产方式的发展水平制约，反映了时代的需求，具有源于现实而又高于现实的特点。

3. 阶层性

职业理想是社会意识的一部分，必然受社会不同阶层意志的影响，不同阶层的职业理想、职业价值等必然反映本阶层的根本利益和要求。

4. 发展性

职业理想的发展性，一方面是随着年龄的增长、社会阅历的增加而逐渐由朦胧、幻想变为现实，由波动变化趋于稳定；另一方面，由于社会的发展，职业演变、职业声望和职业地位的变化等因素，人们的职业理想也会发生变化。

5. 个体差异性

职业理想来源于现实，带有明显的个性化特点。比如自身的政治思想觉悟、道德修养水准及人生观，决定着职业理想的方向；自身的知识结构以及个人的性格、气质、情感、意志等非智力因素决定了职业理想的实现的可能性。另外，职业理想还表现在性别、身体等生理特性上的个体差异。

（二）职业理想的三个层次

职业理想有初层次、中层次和高层次三个层次。

初层次的职业理想往往把职业作为谋生的手段，对于职业发展的前景、职业成就等基本没有考虑。通俗一点讲，就是把职业当作"饭碗"。

中层次职业理想通常把职业作为满足个人兴趣、特长的手段，主要关注个人的满足，没有涉及社会理想的境界。

高层次职业理想是把职业作为个人创业、技术创新，最大限度地施展个人才华，为社会和人类的共同幸福做贡献等。是经过周密思考的，需要较长的时间甚至一生的努力才能达到的境界。

（三）职业理想的影响因素

职业理想的形成不是凭空臆想的。影响职业理想的因素主要包括：个人的思想觉悟、道德修养水准以及个人的人生观、价值观等决定了职业理想的方向；个人的文化知识与技能水平、受教育程度等决定了职业理想的层次；个人的性格、气质、情感、心态等心理特征以及性别、身体状况等生理特性决定了职业理想实现的可能性。

1. 受社会理想的影响

社会理想是指一定社会的阶级或个人对未来社会制度和政治结构的追求、向往和设想，包括对未来社会的经济、政治、文化结构的设想和规划。社会理想是时代的产物。老子的"小国寡民"、孔子的"德治为本"、范仲淹的"先天下之忧而忧，后天下之乐而乐"、康有为的"天下为公，天下大同"等思想都属于反映特定的时代特征、阶级特征和历史发展趋势的社会理想。人是社会的人，社会是人的社会，人的职业理想就是人的社会理想的具体化。例如，一项关于"影响大学生就业因素"的社会调查结果显示：影响职业理想的主要因素是社会舆论。"你在确定事业理想时，受外界哪方面的影响最大"的问题，回答"社会舆论""家庭""学校"和"地区"的比例依次为 40.1%、26.9%、18.5%和 14.5%。总体上，社会舆论对于职业的评价在大学生形成职业理想过程中起着主导作用，家庭和学校的影响逐渐减少。

2. 受人生理想的影响

人生观和人生理想直接决定着一个人的职业理想。正如马克思的《青年在选择职业时的考虑》一文中所说："如果我们选择了最能为人类福利而劳动的职业，那么，重担就不能把我们压倒，因为这是为大家而做的献身；那时我们所感到的就不是可怜的、有限的、自私的乐趣，我们的幸福将属于千百万人，我们的事业将默默地、但是永恒发挥作用地存在下去，而面对我们的骨灰，高尚的人们将洒下热泪。"

3. 受生活理想的影响

生活理想是人们对自己未来的生存状况、生活质量、生活要求等的憧憬、设想。生活理想和职业理想关系密切。鲁迅在给青年提出的忠告中讲道："第一是要生活，第二是要小康，第三是要发展，在这之后才是实现理想"。爱因斯坦在《我的世界观》一文中说："我每天上百次地提醒自己——我的精神生活和物质生活都依靠别人的劳动，我必须尽力以同样分量来报偿我所领受了的和至今还在领受着的东西。我强烈地向往着俭朴的生活，并且时常为发觉自己占有了同胞过多劳动而难以忍受。"

二、什么是理想职业

理想职业是能够将个人能力、职业理想与职业岗位最好地结合起来，达到三者的有机统一，就是特定主体的理想职业。

理想职业通常以职业的社会地位、薪酬福利、发展前景等具体化指标来衡量。理想职业的标准因人而异。但是，理想职业必须以个人的能力作为基础，如果脱离了这个基础，那么理想职业就会高不可攀，可望而不可即。即使追求到了，也会身在其职而力不从心，难以适应。所以，为自己量身定做适合自己的职业，才是真正意义上的理想职业。

理想职业的实现离不开自身不断的努力与奋斗。一旦选择了自己的理想职业，就应当努力去克服一切困难和阻力，发挥最大的聪明才智来创造条件，实现理想。既不能好高骛远，等待"一夜暴富"式的机遇，也不能"怀才不遇"，一味强调现实的艰难与曲折。

一项针对年龄介于 18～35 岁的 500 名青年进行的问卷调查(可以有多项选择)结果显示，当地青年心中的最理想的职业排名是：党政机关干部占 46.3%，教师占 30.7%，医生占 30.3%，律师占 30.3%，设计师占 22.9%，工程师占 17.7%，警察占 15.6%，经理占 14.7%，法官占 12.8%，新闻工作者占 10.6%，会计师占 9.5%，艺术家占 7.8%，个体户占 7.1%。以上数据中值得关注的是：至少有百分之三十的受访者将公务员、教师、医生等"稳定"职业，作为自身职业生涯的第一选择。甚至有将近百分之五十的受访者认为：能够成为各级国家企事业单位中的机关干部，是诸多职业当中最为理想的结果。然而依据《2015 年度人力资源和社会保障事业发展统计公报》（当前唯一由国家向社会公布的公务员人数相关统计）表明，截至 2015 年年底，我国公务员总人数为 716.7 万人。由此可见，以上数据即使再加上各级国家企事业单位中由财政负担的所有"体制内"人员。与我国 14 亿的人口基数相比，如果所有面临就业选择的人员将成为各级国家企事业单位中的机关干部作为自己的职业理想，至多只有百分之一的人最终能够如愿以偿。作为一名新时代的高职院校学生，既要竖立相对高远的职业理想，也要根据自身基础，选择与自身基本情况相匹配的职业与单位。

三、正确处理职业理想与现实、与理想职业的关系

（一）职业理想与现实

大多数时候，追求职业理想的过程就是努力工作、得到回报的过程。做好了工作，职业理想才有实现的现实性。但是生活中，现实往往与职业理想存在一定距离。比如，有一种观点——"现在找工作能赚到钱就行，尤其是在就业形势非常严峻的情况下，没有必要再谈职业理想了"。还有很多人不能按照自己的职业理想找到合适的职业，或者认为自己现在的职业与理想职业有差距。于是，有些人索性不就业，坐等理想职业的出现；有些人随便谋个有收入的职业混日子；也有人总为自己的职业理想与工作不相符而长吁短叹、怨天尤人。

根据相关调查与研究，在高职高专毕业生步入社会工作岗位的前两年，感到自身现实与职业理想出现明显落差是当前的普遍现象，失落感尤为强烈。究其原因，一方面，刚刚从校园进入社会工作岗位的同学在不断进步，客观社会现实也在不断发展。假若不去思考与实践该当如何与这样的社会发展变革相适应，个人的职业理想注定即是镜花水月；另一方面，毕业生在校园里所掌握的大多是最基本的专业理论知识，而想要实现自己的职业理想，更多需要的是实践操作能力与个人情商。古语云：行有不得，反求诸己。当职业理想与自身现实出现落差时，首先要做的应当是反省自己各方面的不足，然后再从不断的实践中完善与提升自我，以追求职业理想的最终实现。

（二）职业理想与理想职业

理想职业是受职业理想的指导和制约的。职业理想不等同于理想职业。事实上，只要职业理想符合社会需要，而自身又确实具备从事该职业的职业素质，在这个职业上倾注了极大的热情，并且愿意不断地付出努力，相信迟早有一天能够实现自己的职业理想。

每个人对职业的认识不同，职业理想各异，所以，理想职业没有绝对的标准。三百六十

行，行行出状元。现实生活中，往往是在大家都不太关注的领域反而容易做出成绩，脱颖而出。如果你中意的职业岗位暂无空缺，而你又需要立即就业，就不妨先降低自己的要求，即"先就业再择业"。因为，如果没有工作，就意味着没有实现职业理想的可能。而就业以后，可以在主观的作用下向自己的职业理想继续靠近，或者根据实际条件对自己的兴趣、爱好进行调整。

一个人在事业上要有所成就，不在于职业的种类，关键在于社会需要和自己的拼搏进取。只要在黄金时期播下种子并辛勤耕耘，就一定会迎来累累硕果。所以，只要是能实现自己的职业理想的职业，很大程度上就是理想职业。

四、职业理想的作用

为了更好地理解职业理想的作用，我们不妨打个比方：假如你想在房子旁边盖座小房子。当你确定了盖房子这个目标后，可能就会注意收集砖块、木头等材料。也许用不了多长时间，你就能够把盖房子的材料备齐全了，这样，你的房子就能盖起来了。但是，假如你当初没有盖房子这个目标，你就不会注意收集材料做准备。也就是说，两个人在同一条路上走，如果一个有目标，另一个没有目标，其收获肯定大不相同。

职业理想在我们的职业生涯中发挥着十分重要的作用。

（一）职业理想是指引人生之舟的航标

职业理想有助于确定人生发展的目标；职业理想有助于增强人生前进的动力，在自己所从事的职业活动中产生无穷的力量，创造出不凡的业绩；职业理想有利于激励人生价值的实现，无论顺境或逆境都会给人以激励，让人奋发向前，创造充实、美丽的人生。

（二）职业理想是实现个人事业理想和生活理想的条件

个人的事业理想是人的职业理想在事业的成就大小上的体现；个人的生活理想则体现在自我价值，如衣、食、住、行及休息、娱乐、恋爱、婚姻家庭等方面的实现。职业理想影响个人的职业，而个人的职业收入等因素又直接影响到个人及家庭的经济生活及生活方式等。职业理想不可能脱离生活基础。

（三）职业理想是实现社会理想的重要桥梁

职业理想是在社会理想指导下形成的，是对社会理想的具体实践。人们通过从事一定职业，并以此为依托去实现自己的社会理想。今天，全面建设小康社会，实现中华民族的伟大复兴，是中华民族历史上空前伟大的事业，要靠千百万人的长期奋斗。离开了社会的每个成员在各自岗位上的努力和点点滴滴的贡献，这一社会理想是不可能实现的。

第二节　铁路专业学生职业生涯规划

一、职业生涯规划和铁路专业职业生涯规划的含义

职业是需要用一生去经营的事业。高等职业教育是以就业为导向的教育，对于每个高职高专学生来说，大学学习阶段是为就业做知识和技能准备的阶段，增强职业意识尤为重要，要对将来从事的职业不断地进行理性思考，对职业生涯进行有阶段、有目标的精心设计，并在实施的过程中，审时度势，因势利导，不断修正和完善职业生涯规划，不断经营自己的职业，实现人生最大价值。

（一）什么是职业生涯

职业生涯是指个体人在某种职业岗位上从事职业活动的经历，包括从完成学业踏入社会从事职业活动，直到离开工作岗位结束职业活动的各种人生职业活动历程。这个过程随着时间的延续而改变。在社会主义市场经济的条件下，很少有人能够终身从事某一固定职业。人们都是在工作的过程中慢慢地寻找适合自己的理想职业，即使在同一单位中，个人的职位也在不断地发展和变化。人们一生中的职业生涯发展如同在茫茫大海中航行的一叶扁舟，只要能够把握方向，设定好最佳的航线，掌握航行的技巧，就会最终达到理想的彼岸。

（二）什么是职业生涯设计

职业生涯设计是为实现个人理想而制定的职业生涯计划，是为追求最佳职业生涯过程而设计的方案。职业生涯设计要求个人根据自己的兴趣、特点，为自己确立职业目标，选择职业道路，确定教育、培训和发展计划，并为自己职业生涯目标的实现而确定行动方向、行动时间和行动方案，通过职业活动最大限度地实现个人的生命价值。

职业生涯设计是指个人和组织相结合，在对一个职业生涯的主客观条件进行测定、分析、总结研究的基础上，确定其最佳职业奋斗目标，并为实现这一目标做出行之有效的安排。职业生涯设计的目的绝不只是协助个人按照自己的资历条件找一份工作，达到和实现个人目标，更重要的是帮助个人真正了解自己，为自己定下事业发展计划，筹划未来，拟定一生的方向。通过详细估量内外部环境的优势和限制，设计出各自合理且可行的职业生涯发展方向。

（三）什么是铁路专业职业生涯规划

铁路专业职业生涯规划不仅适用于铁路专业学生，而且也适用于铁路高职院校中有志于到铁路行业就业的学生。

以高铁客运乘务专业为例。高铁客运乘务专业学生的职业生涯规划就是高铁客运乘务专业学生在大学期间通过对自身和外部环境的了解分析，为自己确定的职业方向、职业目标和

专业道路；为自己确定的发展计划；为成为一名合格的高铁乘务人员而确定的行动时间、措施和行动方案。

二、铁路专业职业生涯规划的意义

统计资料显示，大部分人的职业生涯时间占可利用社会时间的 70%～90%。职业生涯伴随我们的大半生，甚至更长时间，拥有成功的职业生涯是实现完美人生的必要条件。高职铁路专业的学生与其他高校其他的专业的学生在专业设置方面有着较为鲜明的区别，对学生进行培养的目标就是为铁路输送大量掌握最新现代技术的专业技术人才。到铁路局集团公司或地铁公司就业原本就是铁路院校毕业生就业的主要渠道，因为是铁路特色专业，铁路局集团公司或者地铁公司都很难到非铁路院校招聘到符合自己要求的毕业生，从这个角度来看，这对于铁路特色专业学生来说，只要是相关的铁路单位需要相关专业的毕业生，就几乎不愁就不了业。尽管如此，在铁路院校分归地方管理后，体制的变化也使得铁路企业不只面对铁路院校招收毕业生，铁路特色专业的毕业生手里端着的"铁饭碗"被打破。从此铁路专业学生找工作不再是"等、靠、要"，而是要凭借自身的综合素养，参与人才市场的公平竞争，这就使得就业的紧迫感摆在了铁路高校和铁路专业学生的面前。从而也就说明高职铁路专业学生要尽早进行职业生涯规划，从而个人职业生涯的有限性也要求同学们尽早制定职业生涯规划，有利于同学们在大学期间实现个性化发展，为同学们以后成为一名合格的铁路专业高级技术技能人才打下基础。

1. 满足人生需求

人的追求无止境。根据马斯洛的需求理论，人类的需求分为生理需求、安全需求、友爱和归属需求、受尊重需求、自我实现需求 5 个层次。低级需求是很有限的，它的满足是指向自我的。而友爱、尊重、自我实现等高级需求则是无限的，必须通过满足他人、公众和社会的需求去实现的。职业活动通过个人创造潜能的发挥与社会需要有机结合，获得物质生活和精神生活的满足，最大限度地满足人的心理需求。

2. 符合科技快速发展的需要

人类面临科学技术加速发展和社会急剧变化的挑战。21 世纪是科技创新、知识经济时代，人类的知识正在构建新的生产力体系，社会财富及经济效益的增加将越来越依赖于知识创新。职业生涯的设计要立足于变革时代，重视和强调自己对未来发展的适应性，帮助人们顺应知识创新时代的变化趋势。更好地计划未来，就是帮助自己更快地成长。

3. 促进人生事业成功

职业生涯设计可以为每位渴望获得成功的人提供明确有效的计划与方法。职业生涯设计可以使人们充分认识自我，帮助人们客观地分析社会环境，克服职业生涯发展障碍，勇敢地面对社会竞争环境的挑战；可以帮助人们及早对自己的职业发展进行定位，正确地选择职业，更快地获得升迁和发展的机会，沿着一条自我发展的正确的职业道路，走向成功的彼岸。

4. 提高个人就业竞争能力

铁路专业高职学生制定好职业生涯规划，有助于同学们提早明白自己拥有的区别于其他高校同类专业大学生的专长，进而更好地明确自身的职业定位，铁路行业本身也有着鲜明的行业特征。同学们通过正确的自我评估、环境评估，这里指评估主要是指在校期间通过教学、实习，使大家了解今后要进入的行业，有利于走出校门后尽快地完成人生角色的转变；是同学们适应铁路企业生产和技术进步的需要；有利于同学们的自我觉醒，有利于挖掘自我潜能，增强个人实力。

铁路专业的高职高专学生，属于大学生这一群体，比起其他高校大学生有着较为鲜明的特征，那就是铁路专业的学生培养定向更加明确——就是为铁路发展输送大量掌握最新现代技术的专业技术人才。学生毕业后绝大部分要在铁路行业就职，因而对铁路特色专业的大学生来说，进行职业生涯规划就具有更加明确的意义。它的目的不仅仅只是让学生按照自己的条件找到份工作，更重要的是为铁路行业输送更多的专门人才，自觉满足铁路企业对铁路专业人才的需求，以实现铁路快速发展，更好地服务于国家建设大局。所以铁路专业的大学生进行职业生涯规划时，更要把握铁路专业的特色，结合铁路职业特性，设计出合理且可行的职业生涯发展规划，以实现自身职业生涯的快速发展。

三、职业生涯发展阶段

职业生涯是贯穿个人一生的漫长过程，科学地将其划分为不同的阶段，明确每个阶段的特征和任务做好规划，对于更好地从事自己的职业，实现自己的人生目标非常重要。

职业生涯阶段如何划分，各国专家学者有不同的划分理论和方法。我们分别按时间维度和年龄层次，将职业生涯划分成两类。

（一）按照时间维度划分

按照规划的时间维度划分，职业生涯计划可以划分为短期计划、中期计划、长期计划和人生计划 4 种类型。

1. 短期计划

短期计划即 2 年以内的计划，主要是确定近期目标，规划近期应完成的任务。

2. 中期计划

中期计划一般涉及 2 ~ 5 年的职业目标和任务，是最常用的一种职业生涯计划。

3. 长期计划

长期计划即 5 ~ 10 年的计划，主要是设定较长远的目标，以及为实现此目标应采取的具体措施。

4. 人生计划（人生规划）

人生计划是对人生整个职业生涯的规划，时间长达 40 年左右，设定整个人生的发展目标和阶梯。

职业生涯计划从短期到中期，再到长期，直至整个人生的规划。但在实际操作中，跨度时间太长的规划由于环境和个人自身的变化难以把握，而时间跨度太短的规划意义又不太大，因此，一般人们把职业生涯计划的重点放在 2～5 年的中期规划，这样既便于根据实际情况设定可行目标，又便于随时根据现实的反馈进行修正或调整。

（二）按年龄层次划分

根据萨帕的职业发展理论，按年龄层次划分，人生有 5 个职业发展阶段。

1. 成长阶段（0～14 岁）

经历对职业的好奇到兴趣，再到有意识培养职业能力的逐步成长过程。受家庭和环境的熏陶，通过游戏、学习等活动发展自我观念，开始形成初步的职业意识和职业梦想。

2. 探索阶段（15～24 岁）

探索把职业梦想与现实环境相结合。主要通过文化基础知识和专业知识、专业技能的学习，通过一些社会实践活动的磨砺，评估确定职业目标、职业期望，并进行初步的职业尝试。

3. 立业阶段（25～44 岁）

发展职业，追求成功。经过早期试探，逐步形成安定于某类职业的趋势，开始认同所选择的职业，经过经验积累，逐步建立起稳定、专业、能独当一面的地位，提高晋升能力。工作职位或工作项目可能有所变动，但不会轻易改变职业。

4. 维持阶段（45～65 岁）

心态趋于保守、稳定，维持、巩固已取得的职业成就。这一阶段是收获的季节，是事业上获得成功，大显身手的时期。由于知识更新很快，要注意及时充电，更新知识。

5. 衰退阶段（66 岁以上）

部分或全部退出职业角色，转换成轻松、能维持生命活动的新角色。延缓衰退，保持健康是这一阶段的主要心态。

了解职业生涯阶段划分的理论，有助于同学们根据不同年龄阶段、职业发展的不同任务和价值追求，制订职业生涯发展计划。

四、影响职业生涯规划的因素

影响人生职业生涯发展的因素是多方面的，其中有社会因素，也有家庭和个人因素；有教育因素，也有身心因素等。总的来看，影响职业生涯设计的因素应当包括以下几个方面。

（一）教育因素

教育是赋予一个人才能，塑造人格，从而促进个人全面发展的活动。教育奠定了个人的基本素质，一个人通过接受教育与培训，形成了自己特有的知识结构、能力结构和职业素质结构，对个人的职业生涯产生巨大的影响。

1. 受教育程度对职业选择的影响

受教育程度不同的人，在进行职业选择时，表现出的能力是不同的。一般来说，接受过较高水平教育的人，就业后有较大的发展；在职业不如意时，再次进行职业选择的能力和竞争力也较强。

2. 所学专业对职业选择的影响

人们所接受教育的专业、学科门类对职业生涯起着决定性作用。人们在选择职业、转换职业时往往与所学的专业有一定的联系，或以该专业的理论知识、技术能力为基础，流动到更高层次的职业岗位上。

3. 不同层次教育对职业选择的影响

人们接受不同层次的教育、所学的不同学科门类内容、所在的不同院校及其不同的教育思想，都会对受教育者产生不同的影响，形成不同的思维模式，从而会采取不同的态度对待自己、社会和职业生涯的发展。

高等职业教育以培养社会职业需要的实用技能型人才为己任。高职高专毕业生定位明确，是技术操作层面的"银领"。同学们要重视职业技能的培养，在校期间珍惜专业学习机会，把专业技能学懂、学实、学透，同时还要注重对"一专多能"的培养，以求得到更多的职业发展机会，争取在职业生涯设计中获得主动权。

高职院校铁路专业的学生应该根据自己所学专业的特色，在专业素质培养形成过程中，做好规划，选择适合的职业生涯发展路线，如铁道运营管理的毕业生，应多注重自身沟通能力、管理能力和综合素养的培养，而铁道信号专业学生则更合适走技术路线，注重自身技术业务能力的培养。这样有利于在自己走上工作岗位后，更好更快地适应工作需要和顺利成长。

（二）环境因素

互联网缩小了不同地区间的距离，竞争日趋激烈，个人空间逐步扩大。变革的社会没有一成不变的事物，个人职业发展必须考虑职业需求和变化趋势。分析职业环境，就要认清所选职业在社会大环境中的发展状况、技术含量、社会地位和未来发展趋势等。

高职高专学生应当通过环境因素分析，认清社会热点职业和职业环境发展趋势，选择职业生涯目标。环境因素包括社会环境和组织环境两大方面。

1. 社会环境

主要指社会的政治、经济体制、社会文化习俗、职业的社会评价、人才市场的管理体制等。社会环境因素不仅决定社会职业岗位的数量、结构、层次等，还决定人们对不同职业岗位的接受、赞誉或贬低的程度，因而决定了个人步入职业生涯的基本方式、开始职业生涯后的基本态度以及由此引起的个人职业生涯的变化。

2. 组织环境

包括行业环境和企业环境。由于科学技术的飞速发展，有些行业发展迅速，蒸蒸日上，有些行业则日趋萎缩，逐步消亡。人们在选择职业时，自然不会考虑后者。企业文化氛围、发展空间也是人们在选择职业时要考虑的因素。同学们在学习期间，要关注国家政策导向，了解国家对某一行业是支持、鼓励和引导，还是限制、控制和制约，尽可能选择那些发展前景较好、发展空间较大的行业。

（三）家庭因素

家庭是个人成长的第一所学校，是造就个人素质、影响人生发展的重要因素之一。每个人从幼年起，就受到家庭深刻的潜移默化的影响，形成一定的价值观和一定的行为模式。有的人还从家庭中自觉或不自觉地学到某种职业知识和技能。此外，家庭其他成员在个人择业和就业后的流动中，往往产生一定的干预或影响，也会对个人的职业生涯产生很大的影响。

1. 对职业选择的影响

目前，中国的职业歧视现象比较严重，家长的不正确教育在某种程度上助长了职业歧视。很多家长不希望孩子从事艰苦的工作，他们在教育孩子时常常会说："你不好好学习，长大以后扫马路。"这样的教育引导会让孩子轻视保洁工作，长大后自然不会选择这个行业。

每个人爱好不同、兴趣不同、能力不同、特长不同。对于一部分孩子来说，可能更适合做技师、技工。据报道，目前我国高级技工缺乏，高级技工的薪水已经超过白领，当工人也有前途。然而家长对这方面的关注太少。职业选择的观念需要转变，家长也应当认识到，对每个孩子来说适合他自己的职业才是最好的职业。

2. 对专业选择的影响

许多孩子深受家庭的影响，从亲人的教育或态度中形成对某些职业的看法和认识，从而影响到对专业的选择。

在选择专业时，同学们应当有更加广泛自由的选择权。父母的强制、包办可能会令你们一开始就厌烦被迫选择的专业，再好的专业也提不起兴趣，这势必会影响学业和就业。在选择专业时，同学们也要结合自己的兴趣、爱好，参考父母、老师等年长者丰富的社会经验从而做出客观的选择。当然也不能一味追求爱好，不考虑客观的就业形势和社会需求。

3. 对职业变动的影响

亲人在同学们就业后的职业流动上往往扮演重要角色。对子女择业施加影响或给予直接帮助，这种情况在我国表现得尤其突出。有些人变动工作可能不是对目前从事的职业不满意，而是为了家庭而选择收入较高、较为稳定的职业，这是对家人、对社会所承担的义务。但在职业变动前，你要明确为什么而改变，避免因他人因素影响过大，限制了个人兴趣和自我能力的发展。

（四）自我因素

1. 自信心

自信常常使自己的美梦成真。喜欢挑战、不惧挑战失败、突破逆境是自信心强的特点。没有自信心的人会变得平庸、怯懦、顺从。顺利的环境为事业发展提供了广阔的空间，而逆境为开拓和创新提供了自信和勇气，有挑战才有成功。

2. 健　康

几乎所有的职业都需要健康的身心，健康对于职业选择尤为重要。如果没有一个好的身体，就不可能坚持工作，也就不可能有好的职位。为保持健康的体魄，同学们在学习之余应当注重体育锻炼。随着生活节奏的加快和社会压力的增大，现代人的心理健康问题日益突出，也越来越受到人们的重视。没有一个健康的心理，根本无法适应社会，更谈不上正常工作。为了拥有健康的心理，我们要不断加强对正确的人生观、世界观的学习，主动缓解工作、生活中的压力，积极建立融洽的人际关系。

3. 性　别

虽然男女平等的观念已被现代社会所普遍接受，但性别因素在职业选择上仍然扮演着重要的角色。尽管有些工作确实更适合男性从事（如井下作业），然而实际情况中，更多的是在思想意识上歧视女性。

因此，每个同学（尤其是女同学）在规划自己的职业生涯时，还是要考虑性别差异，以便充分发展性别特色，使自己成功。

五、铁路专业学生职业生涯规划的原则

（一）有明确目标

哈佛大学有一个非常著名的关于目标对人生影响的跟踪调查。对象是一群智力、洞察力、环境条件都差不多的年轻人，当时有 27%的人没有目标，60%的人目标模糊，10%的人有清晰但比较短期的目标，只有 3%的人，有清晰且长期的目标。

25 年的跟踪结果表明，他们的生活状况及分布现象十分有意思。

当年 3%的人，长达 25 年的时间内几乎都不曾改变过自己的人生目标，他们都朝着自己定下的奋斗方向不懈努力。25 年后，他们几乎都成为社会各界的顶尖成功人士，他们中不乏白手起家创业者、行业领袖、社会精英。

10%的有清晰短期目标者，大都生活在社会的中上层。他们的短期目标不断被达成，生活状态稳步上升，成为各行各业不可或缺的专业人士。例如，医生、律师、工程师、高级主管等。

60%的目标模糊者，虽然他们能安稳地生活与工作，但都没有什么特别成绩。

剩下 27%的那些 25 年来都没有目标的人，他们几乎都生活在社会的最底层。他们的生活大都很不如意，常常失业，甚至靠社会救济生活，并且常常抱怨社会，抱怨他人，抱怨世界。

目标的威力在于给了人们行动的方向。一个有明确目标意识的人，获得成功的可能性远远高于目标意识不明确的人。树立了明确的目标，才能向着目标方向努力；才能有意识地为他的目标收集资料、积累素材、创造条件，并使自我的行为符合自己制定的目标；才能在实施目标过程中，通过不断学习、自我完善，走向成功。

（二）敢于挑战

爱迪生说："在舒适软垫上的人容易睡去。"平庸的计划会使人失去斗志，失去发展的机会。只有当大脑受到最严峻的考验，只有当人所具有的每一点智慧才华都被全部调动起来的时候，他才会发挥出最大的能量。

一个人的成就不会超过他的信念。没有挑战，怎么知道自己有多大潜能？没有奋斗，就没有成长。一份有挑战性的计划，更能激发你的工作热情和创造力。

但是同学们在制定自己计划时既要有挑战性，又要量力而行，避免好高骛远。

（三）便于操作

制订计划是为了执行计划。在制订计划时一定要考虑计划的可行性，从实际出发考虑个人、社会和组织环境的特点和需求，让计划成为行动的指南。为增强计划的可操作性，在执行的过程中要不断完善计划。

（四）学业、专业、就业紧密结合

这里我们以高铁客运乘务专业为例。

高铁客运乘务专业学生制定职业生涯规划时，要与高铁发展紧密结合起来，在大学期间注重专业素质和个人职业能力的培养。通俗点讲，高铁客运乘务专业就是培养高铁乘务员的专业。高铁乘务员是在旅客列车上为旅客进行服务的工作人员，他们在旅客上车前要检查每人的票，以防有人乘错车或无票乘车；必要时帮助旅客拿行李；当列车出发后还要整理行李，防止行李从行李架上掉落，造成旅客受伤；每到一个站就要报站，保证旅客知道旅途到站信息；每到一个站都要对车厢垃圾进行清扫，给旅客带来整洁舒适的环境。

高铁客运乘务专业培养要求熟练掌握铁路客运规章制度、动车乘务业务实务和高铁线路站场基础知识，具有客运售票服务技巧、突发事件应急处理能力、乘务服务技能技巧和客运组织能力等，拥有严格按章工作、吃苦耐劳，爱岗敬业的素质，成为适应高铁客运乘务行业的生产、服务和管理第一线需要的高素质技能型人才。初次就业岗位：列车员、客运员、售票员；目标就业岗位：列车长、客运值班员；拓展岗位：车队长、客运主任、车站值班长。

高铁客运乘务专业学生主要派向全国各大铁路从事高铁、动车、地铁等乘务与管理工作。随着高速铁路的大发展和地铁在各大城市的开通运营，对相关专业人才需求量极大。按人才比150：1的比例计算，在未来的3到10年间，全国高铁和各大中城市将需求此类专业服务人才将近20万人。目前国内只有铁路高职院校和其他少数学校开设了该专业，这显然远远满足不了社会需求。所以本专业学生就业前景广阔，就业市场供不应求。但在大学期间，依然要注重专业素养的培养。

六、职业生涯设计步骤

一份完整的职业生涯设计应当包括自我认识与职业定位、职业环境分析、确定目标、职业生涯设计与实施和反馈调整 5 个步骤。

（一）自我认识与职业定位

认识自我是进行职业生涯设计的第一步。认识自己，既要考虑职业需求，又要考虑自己的个性特长，还要认识到职业岗位与自己的关系；认识自己，要客观地评价自己，既不可高估自己，也不能贬低自己。要认识自己的理想、价值观、兴趣爱好、能力、性格等心理特点；要认识自己的优势、劣势、自己与众不同的方面和发展潜力。因此，认识自己首先要弄清楚 3 个问题：我是谁？我想干什么？我能干什么？

1. 兴趣与职业——"喜欢干什么"

兴趣是指一个人力求认识、掌握某种事物，并经常参与该种活动的心理倾向。有的人对研究自然科学感兴趣；有的人兴趣倾向于情感世界，活跃于人际关系领域；有的人对机器操作感兴趣……不同的职业需要不同的兴趣特征。一个擅长技能操作的人，在技能操作领域里得心应手，如果强行把他的兴趣转移到理论知识上来，他就会感到自己的特长无用武之地。正是这种兴趣上的差异，构成选择职业的重要依据。孔子说："知之者不如好知者，好知者不如乐知者。"意思就是说，了解一件事的人不如喜欢一件事的人，喜欢一件事的人不如以这件事为乐趣的人。只有对某种职业感兴趣，才会对该种职业活动表现出极大的热情，在工作中调动整个心理活动的积极性，开拓进取，努力工作，有助于事业的成功；反之，强迫做自己不愿做的工作，对精力、才能都是一种浪费。

一个人的兴趣爱好有很多，一般来说，兴趣爱好广泛的人，选择职业时的自由度就大一些，更能适应各种岗位的工作。广泛的兴趣可以促使人们注意和接触多方面的事务，为自己选择职业创造更多有利条件。

2. 特长与职业——"擅长干什么"

特长是指个人在某个方面具有的突出知识和才能，包括与工作有关的专业特长。一般特长，如语言表达、人际关系、组织管理等；业务爱好方面的特长，如某种体育运动项目以及摄影、绘画、书法、歌舞等。美国哈佛大学心理学家加德纳认为，一个人的智能是以组合的方式构成的，每个人都是具有多种能力的组合体，人的智能是多元的，除了语言——言语智能、逻辑——数理智能两种基本职能以外，还有视觉——空间智能、音乐——节奏智能、身体——运动智能、自我认识智能等。因此，一个人的特长能直接影响职业活动效率，从事能够发挥特长的职业，是职场上与他人竞争的优势，也是职业获得成功的驱动力。

3. 气质与职业——"适合干什么"

气质是指在人的认识、情感、言语、行动中，心理活动产生力量的强弱、变化的快慢和均衡程度等稳定的外部特性。主要表现在情绪体验的快慢、强弱、表现的显隐以及行动的灵敏或迟钝方面。

4. 根据社会需求确定符合自身实际的职业方向

社会理想制约职业理想，职业理想是人的社会理想在职业生涯中的体现。在确立个人的职业理想时首先应考虑到社会的需求，社会的需求决定了在一段时间内社会职业方向的主流。个人只有适应社会的需求，才有可能使自己的努力奋斗结出理想的果实。

高职铁路专业的学生，应该根据自己所学专业的特色，在专业素质培养过程中，做好规划，选择适合的职业生涯发展路线：如铁道交通运营管理的学生，应多注重自身沟通能力、管理能力和综合素养的培养；铁道信号专业学生则更适合走技术路线，注重自身技术业务能力的培养。这样有利于在同学们走上工作岗位后，更好更快地适应工作需要和顺利成长。

5. 以专业知识及技术应用能力为依据定位职业

职业定位是对自己的职业目标的界定，其实就是对自己"能够干什么""适宜干什么"的理性认识和分析。

职业定位分为技术型定位、管理型定位、创造型定位、自由独立型定位和安全型定位 5 种基本类型。社会上任何职业对从业者都有适应该职业的能力要求，对自己职业定位就是对自己能否达到这种要求的衡量。

高职高专学生的职业定位，更应该从自身的专业知识、技术应用能力出发，实事求是地检测一下自己的学识水平和职业能力，不要好高骛远或单单去追求兴趣爱好，这样才能找到自己能力的"用武之地"。

（二）职业环境分析

每一个人都处在一定的社会环境之中，都无可避免地受到内、外部环境的影响。所以在制定职业生涯计划时，就要对社会经济环境条件的特点、组织环境的发展变化情况、自己在整个环境中的优势与劣势、环境对自己提出的要求等因素进行综合分析。

同学们只有对这些环境因素充分了解，才能做到在复杂的环境中趋利避害，使职业生涯设计更适合自己，并具有实际意义。

下面给同学们分析一下铁路企业对要接收的专业人才的需求特征。

对于铁路企业来说，招聘新员工是其人力资源管理的重要内容。铁路企业招聘毕业生的目的不仅仅是为了招聘人才，更大的意义在还于留住人才，使企业的人才具有向上、积极、创新的精神，为企业创造更多的价值，从而达到企业与员工的同步、双向发展。

我们在实际工作中发现毕业生在就业的过程中存在这样那样的问题，归纳起来主要有以下几点：

第一，一些毕业生就业思想不够端正，期望值过高。因为铁路企业地理位置比较偏远或薪金待遇偏低等原因，毕业生不愿意服从安排。这需要我们树立正确的择业观和合理的就业观。

第二，一部分毕业生职业技能的掌握较差，动手实作能力有待提高。甚至连简单的设备仪器操作都无法完成。

第三，工作责任心不强，不服从纪律、劳动态度不够端正。毕业生需要大力加强职业道德的修养。

第四，毕业生的思想不够成熟，普遍缺乏管理能力。从事铁路工作，大学毕业生或多或少都要参加管理工作。而许多毕业生不懂得管理知识，或缺少实际工作的方法。毕业生在这方面的素质高低水平与今后自己职业岗位的晋职晋级一般存在正相关关系。

未来的几年至几十年，我国铁路发展将不断迈上新台阶，铁路企业对人才需求急剧增长，从这点来看，高职铁路专业毕业生就业形势会越来越好。但是为满足铁路高速发展的需求，铁路企业对毕业生的要求也会越来越高。随着铁路技术含量的提高、工作任务的不断扩大，为了使铁路企业更好地发展，如何将科学的人力资源管理思想转化为适合铁路企业特点的可操作的制度、措施和技术手段成为急需解决的问题。

从近几年来的铁路企业招聘情况来看，铁路用人单位在招聘高职院校毕业生的要求是很严格的，用人单位普遍重视毕业生在校的学业成绩。班级和年级中专业成绩靠前的同学往往更受用人单位青睐，甚至许多铁路局集团公司和地铁公司不给予有1科以上不及格成绩的学生面试机会。同时，用人单位也很关注学生的综合素质。严格地审查学生的健康状况。学生干部、班干部、社团活动的积极分子更加受到用人单位的关注。用人单位普遍很看重综合素质高、动手能力强、爱岗敬业的学生及"一专多能"有特长的学生。铁路企业也较关注毕业生的职业道德。铁路企业喜欢那些能热爱自己工作的企业，有较强的责任感和敬业精神的毕业生。同时，也很关注学生的意志、品格、合作意识和克服困难的毅力等非智力因素。

从铁路企业对铁路专业人才需求状况，特别是在高速铁路企业对高素质、高技能专业人才的迫切需求情况来看，如何实现铁路专业毕业生与铁路企业的无阻碍对接，是我们研究高职铁路专业学生职业生涯规划的最大现实意义所在。结合现场调查、走访的情况，及以铁路高职院校的现状，总结提出以下几个要点：

（1）必须加强高职铁路专业学生的综合素质的培养。用人单位需求的人才，不仅要求拥有一定的理论基础，而且还要求具备较强的动手能力，来适应企业生产和发展的需要。刚刚走出校门的大学生，虽然有一定的知识积累，但并不等于具备各个岗位所需要的应用能力。从某种意义上讲，动手实践能力比单纯拥有知识更重要。

（2）注重组织协调能力和经营管理意识的培养。通过锻炼，使自己逐渐成为可以担当铁路或相关行业的部门领导（经理）的角色，不断学习本专业领域的前沿知识和技术，加强计算机及英语的学习，增加参加现场实习的机会，力求使自己成为"精专业、善管理"的复合型人才。

（3）在就业择业过程中树立愿意从基层做起，到艰苦的地方去的态度。树立"去铁路基层就业，是铁路专业毕业生事业发展和成功的必经之路"的观念。

（4）积极参加现场实习，积极锻炼自己的动手能力。现在很多的铁路企业都有自己员工培训计划，为满足铁路单位对铁路专业毕业生的需求，毕业生可以按照"2.5＋0.5"或者"2＋1"培养模式，进入到铁路企业参加实习和实践。学校在毕业生与用人单位签订委培协议后，通过学校联系，按照用人单位要求，对学生实施符合用人单位要求的教学计划，到企业参加定岗实习。保证其毕业后到所签协议的单位就职时，能尽早实现与岗位工作的对接。

（三）确定职业目标

"志不立，天下无可成之事"。纵观古今，各行各业成就大事业者都有一个共同的特点，就是志向远大。立志是人生的起跑点,反映出一个人的理想、情趣、胸怀和价值观,影响一个人的奋斗目标和成就。确定职业目标是职业生涯设计的核心。

确定目标可以成为追求成功的驱动力。没有目标,我们就如同驶入大海的孤舟,四顾茫茫,不知该走向何方;没有志向,我们就会庸庸碌碌,无所事事,事业成功也就无从谈起。因此,在进行职业生涯设计时,首先要确定目标,确立志向,这是制定职业生涯规划的关键。

要加强对专业培养计划的认知。校内的专业培养计划有严格缜密的计划框架,彰显其专业优势和培养目标价值,为专业学习者提供职业发展的内在需求要素。尽管专业不等于职业,但是大学生个体的职业发展是以学习为先决条件的,大学生通过个体专业能力和职业发展技能的提高来实现自我的职业发展的基本事实不容置疑。因此,学生个体职业生涯规划必须回归对专业培养计划的认知,充分利用校园环境和条件优势,认真学好专业知识,培养学习、工作、生活能力,全面提高个人综合素质,为就业做好准备。

下面以铁道交通运营管理专业为例。

1. 培养目标

本专业培养理想信念坚定、德技并修、全面发展,具有一定的科学文化水平,良好的职业道德、工匠精神和创新精神,具有较强的就业能力、一定的创业能力和支撑终身发展的能力;掌握铁道交通运营管理的专业知识和技术技能,面向铁路运输业行车、客运、货运等岗位群,能够从事行车指挥,客运、货运组织管理等工作的高素质技术技能人才。

2. 职业面向

所属专业类 （代码）	所属专业类 （代码）	对应行业 （代码）	主要职业类别 （代码）	主要岗位类别或 技术领域举例	职业资格或职业技能 等级证书举例
交通 运输大类 （60）	铁道 运输类 （6001）	铁路 运输业 （53）	铁路车站行车作业员 （6-30-02-01） 铁路车站调车作业员 （6-30-02-02） 铁路车站客运服务员 （4-02-01-03） 铁路车站货运服务员 （4-02-01-05）	车站值班员 助理值班员 调车长 连接员 客运值班员 铁路客运员 货运值班员 铁路货运员	暂无

3. 培养规格

本专业毕业生应在素质、知识和能力等方面达到以下要求。

（1）素质。

① 坚定拥护中国共产党领导和我国社会主义制度,在习近平新时代中国特色社会主义思想指引下,践行社会主义核心价值观,具有深厚的爱国情感和中华民族自豪感。

② 崇尚宪法、遵法守纪、崇德向善、诚实守信、尊重生命、热爱劳动,履行道德准则和行为规范,具有社会责任感和社会参与意识。

③ 具有质量意识、环保意识、安全意识、信息素养、工匠精神和创新思维。

④ 具有自我管理能力、职业生涯规划的意识,有较强的集体意识和团队合作精神。

179

⑤ 具有健康的体魄、心理和健全的人格，掌握基本运动知识和一两项运动技能，养成良好的健身与卫生习惯，良好的行为习惯。

⑥ 具有一定的审美和人文素养，能够形成1~2项艺术特长或爱好。

（2）知识。

① 掌握必备的思想政治理论、科学文化基础知识和中华优秀传统文化知识。

② 熟悉与本专业相关的法律法规以及环境保护、安全消防、文明生产等相关知识。

③ 掌握计算机应用、计算机网络和通信技术等基础知识。

④ 掌握铁路线路与站场、铁路机车车辆、铁路信号与通信以及铁路供电等运输设备基础知识。

⑤ 掌握接发列车作业程序和基本知识。

⑥ 掌握铁路技术站作业计划与统计的基本知识。

⑦ 掌握调车作业程序和基本方法。

⑧ 掌握列车调度指挥的基本知识。

⑨ 掌握铁路客货运输服务、组织的基本知识。

⑩ 掌握铁路运输安全管理的基本知识。

⑪ 了解最新发布的涉及本专业的铁路行业标准、国家标准和国际标准。

（3）能力。

① 具有探究学习、终身学习、分析问题和解决问题的能力。

② 具有良好的语言、文字表达能力和沟通能力。

③ 具有团队合作能力。

④ 能够编制车站班计划、阶段计划、调车作业计划。

⑤ 能够编制列车编组顺序表，统计车站生产指标。

⑥ 能够办理正常情况、非正常情况下的接发列车作业。

⑦ 能够编制调度日（班）计划、列车运行调整阶段计划，组织列车安全正点运行。

⑧ 能够完成解体、编组、取送、摘挂、转场等不同类型调车工作。

⑨ 能够正确填记《行车设备检查（施工）登记簿》《调度命令登记簿》《交接班簿》等行车台账簿册。

⑩ 能够正确填制货物运单、计算货物运价，填写货票。

⑪ 能够正确办理货物运输作业，处理货物损失相关问题。

⑫ 能够正确运用客运规章处理旅客运输相关问题。

⑬ 能够正确使用和操作客运服务的设施设备。

4. 合作企业和毕业生就业去向

中国国家铁路集团有限公司所属的铁路局集团公司、相关地铁公司等运输企业。

确定职业目标后要注意以下几个问题。

（1）选对职业找对路。

慎重选择职业，是避免在职业生涯的发展中走弯路的重要前提。

据统计，在选错职业的人当中，有80%以上的人在事业中是失败者。因此，职业选择的正确与否，直接关系到人生事业的成败。在选择职业的匹配的过程中要考虑性格与职业的匹配、兴趣与职业的匹配、特长与职业的匹配、内外环境对职业的影响。良好的职业选择是以自己的最佳才能、最优性格、最大兴趣、最有利的环境等信息为依据进行的。是否适合自身特点是毕业生就业的着眼点。

社会上的职业多种多样，不同的职业，对从业人员的知识、技能、素质等要求不同，而毕业生的自身条件也不一样，不同的个体所具有的素质也是有差异的。因此，高职高专学生对职业的选择，一方面要从社会需要出发，同时也要考虑自身的实际情况，扬长避短，只有这样才能做到人尽其才，才尽其用。

（2）目标要付诸行动。

成就理想需要艰辛的努力，目标的实现需要一个不懈奋斗的过程，大目标需要分解成可以一步一步实现的小目标。在进行职业生涯设计时，同学们要把职业目标分解为一个个可以实施的小目标，然后一步一个脚印地去实现。"一件大事是由一千件小事组成的"，每个人都渴望成就一番大事业，但是不踏踏实实从小事做起，又如何成就大事业？人生犹如爬楼梯，只有一步一个脚印打好基础，脚踏实地朝着既定的目标迈进，才能最终实现自己的大目标。远大目标的实现建立在每一个阶段目标实现的基础之上。

（四）职业生涯设计与实施

确立了目标，还需要具体的措施作保证，并且在运作过程中根据外界环境的变化不断调整自己的措施，使之适应新的环境，这样目标才有实现的可能。职业生涯策略是指为实现职业生涯目标而制订的行动计划，一般都是具体的、可行性较强的。在确定具体的职业选择目标后，行动成了关键环节。

这里所指的行动主要是指落实目标的具体措施，包括教育、培训、实践等方面的措施。例如，你计划学习哪些知识、掌握哪些技能、开发哪些潜能等。关于职业生涯的实施，我们会在后面做具体讲解。

（五）反馈调整

计划赶不上变化，尤其是在现代职业领域，变化是永恒的主题。影响职业生涯设计的因素众多，有的变化因素是可以预测到的，而有些难以预料。环境是多变的，人的追求是善变的。成功的职业生涯设计需要同学们时时审视内、外环境的变化，不断地对自己的设计进行评估和修订并调整自己的前进步伐。

七、职业生涯计划执行方案

（一）制订职业生涯计划执行方案的注意事项

许多同学对自己未来的职业规划有一个大致、模糊的设想，但是如果没有形成系统的文字，便显得有些随意。或者虽然有职业规划，但是内容不清晰、不具体，缺乏实际操作性，这些都会影响职业发展的进程。

成功的人往往都有明确的职业目标，并按照计划逐步落实。同学们要成就自己的职业理想，就要制订切实的职业生涯计划执行方案。在制订执行方案时，需要考虑以下几个方面的内容：

① 达到目标的途径。

② 达到目标所需的能力训练及需接受的教育。

③ 达到目标的积极力量。

④ 达到目标的阻力。

好的职业生涯计划的内容应该有具体的措施。例如：达到目的的途径，是通过能力和业绩，还是通过社会关系，还是通过获得文凭。教育和培训如何获得，谁支付培训和教育的费用。在什么时间培训，到哪个机构和单位获得培训。获得培训的主要阻力是什么，如何克服。获得教育的优势是什么。这些问题都应该想清楚。

（二）阶段目标的特点

通常，长远的职业生涯目标比较笼统、不具体，可能随着个人及组织内部形势的变化而变化，设计时宜以勾画轮廓为主。中期目标一般为 3～5 年，相对于长远职业生涯目标要具体一些，如获得更高的学历资质，参加一些旨在提高技术水平的培训并获得等级证书等。近期目标是最清楚的，可以以年、月、周为规划单位，比较具体。

计划之间相互关系的原则是：短期计划服从于中期计划，中期计划服从于长期计划，这样一层一层地嵌套，形成一套完整的计划。

（三）制定具体实施计划的要求

制订具体行动计划时，也应根据前面提到的目标设计的原则，予以科学安排和计划。

1. 逐个目标实现

具体实施计划时，则与计划的过程相反，先从具体的、短期的目标开始实施，等短期的目标逐个实现了，就开始中期目标的实施，而中期目标实现了，长期目标也就会逐步实现。

2. 不断修订计划

一个好的计划应该是在修正中逐渐完善的，因此各种计划都有反馈机制，要根据环境和实施的结果及时评估并修正。

八、实施职业生涯发展计划

有了一份好的计划，同学们还要善于利用计划，督促自己始终按计划行动。由于种种原因，在许多情况下，可能出现紧急的工作，让人无法一一应对，这时就应该分清轻重缓急予以解决。不能只顾埋头干活，而忘记了努力的方向。职业发展计划就是同学们努力的方向。

为了保证自己的行动能与努力的目标一致，就需要同学们最大限度地根据个人的职业发展计划，及时调整自己的行动。下面的措施或许能够帮助大家成功实施职业生涯规划。

（一）根据情况适当调整计划

1. 根据工作进度调整计划

过程监督十分重要，监督可以发现计划存在的问题、考察计划的落实情况，还可以有针对性地提出解决方案。

至少每3个月检查一次你的工作进度。如果感到工作和生活得过于舒适，那就意味着目标定低了，需要进行调整，适时适当地调高目标。这样，可以使自己的目标难度设定得更合理，使成就水平更高。如果感到自己的生活节奏很慢，效率很低，没有实现原计划的职业生涯目标，首先要考虑自己的动机水平是否足够。

如果职业目标不是太难，就应该增加紧迫感，使自己不要脱离职业规划的轨道。一旦长期偏离，个人就会放弃原来的计划，使计划成为一纸空文。应酬太多时，建议大家学会拒绝，增加在职业生涯目标上的精力投入。

2. 动态管理计划

如果你的理想蓝图已经发生变化，你的构想和行动规划也要做出相应的变动，目标和策略也应随之改变。计划需要和现实结合起来，进行动态管理，否则，缺乏灵活性，也会导致计划落空。

（二）想方设法实现目标

1. 不断提醒自己

经常回顾你的构想和行动计划。有些同学有计划，但总是不把计划放在心上，只要有事做就不知道自己努力的方向在哪里，缺乏时间观念，贻误发展机会。为了避免自己忘记重要的工作及时间表，同学们可以将这些内容记录在自己经常能看见的地方，如写在日历上，时刻提醒自己。随着年龄的增长，事情繁杂，注意力容易发生转移，大家更要注意日程表，提高执行力。

2. 听取朋友的建议

向好朋友公开自己的计划，是保证计划实施的一种重要方式。如果计划只是自己知道，往往在遇到困难时，容易退步，而且心理上没有压力。比如你想专升本，但担心考不上，一听说竞争很激烈，有可能就退却了；而有些同学事先将自己的想法告诉家人和朋友，征求他人的意见和建议，再采取行动，成功的概率更大。

俗话说："三个臭皮匠，顶个诸葛亮"。听听朋友的建议，可以集中集体的智慧，帮助设计最佳的策略和方案。还可以对自己进行约束，增加责任心及激励作用。

3. 注意抓住机遇

获得职业发展的渠道很多，除了自己创造的机会外，同学们还应该抓住组织提供的机会，为实现自己的职业目标打基础。如果你所在的组织有培训机会，千万不要因为工作太忙、家庭事务太多、身体状况不佳、今后还有机会等理由而放弃。也许机会失去永不再来；也许失去此次机会，就失去了一个晋升、选择更有挑战性职业的机会。

（三）要有毅力

参加工作后，学习的方式与纯粹的学生时代不同了。可能工作十分繁忙，可能社会交往非常多，这些都会影响到自我职业生涯发展的规划。时间不再是整块的，而是要靠自己去挤，通常较多的是牺牲节假日和工作时间之外的时间，这不仅需要毅力，还需要亲戚、朋友的理解和支持，否则，长期计划很难执行。

（四）抵制诱惑

在有些情况下，可能遇到一些短期能获得收获的机会，但从长期考虑有损失。例如，你是一个项目主管，事业正在逐步地推进，但有一个出国的机会，个人的短期利益可以得到满足。但你的出国很可能导致事业的损失，如何处理？如果项目成功了，可能以后有很多机会出国，但项目不成，则可能失去出国的机会。这种时候，需要大家冷静的思考，权衡利弊及对策，做出符合职业生涯发展的决策。

下面我们一起看两个案例。

【案例1】 某铁路学院交通工程专业一学生所做的职业生涯规划。

扫描二维码收听
该职业生涯规划朗诵

我的十年职业生涯设计

（一）自我认知

1. 职业兴趣

交通工程是我的主修专业，我也为能够进入这个行业而感到荣幸。同时，这也是一个热门行业，它具有很大的发展空间。我的职业兴趣是做一名优秀的公务员。

2. 职业价值观

我不是很看重名利与地位，我只想找份适合自己的工作，想通过自己的工作做出自己的贡献，在工作工程中不断学习、进步，并掌握一定的能力；工作首先我不应该过于关注工作的薪酬等其他因素，而是先让自己端正好认真努力的态度。但是基于家庭条件，首先考虑的肯定还是待遇较高的工作，在选择职业时要考虑是否有能从中不断学习并获得新知识的机会；当然，如果没有工资收入限制，我会首先考虑自己最喜欢的工作，同时考虑这份工作是否能实现自己的目标或者自己的理想；最后，考虑这份工作是否合适我去做，我的能力是否能胜任等一些相关的问题。

3. 个人特质

我比较喜欢团队合作。我认为在团队合作的过程当中我能学习到更多的知识，了解别人的想法和产生自己独到的见解，同时也能够认识更多的朋友。团队合作能够激发我工作的热情、鞭策自己努力前进。同时，我能试图用理论分析问题，解决问题，能够顾全大局，喜欢有激情的工作。我相信优秀的人组成的团队会更加优秀。

4. 胜任能力

我相信，只要有信心、有热情、肯投入，就没有做不成的事。身为理科生的我，拥有良好的逻辑推理能力，我学习能力较强，细心、坚韧、能和别人友好相处、有良好的团队协作能力。由于自己认真负责，为人真诚，相对来说具有较好的亲和力，这是我最大的优势。自己的性格温和，专业知识也还扎实，相信一定能很好地做好自己的工作，回馈社会。经过四年时间的努力，我应该修取到和专业知识相关的各种证书，从而把自己打造成集管理和专业于一体的复合型人才，也为我实现自己的规划打下一定的基础。其次，我个人的业余爱好也很广泛，除了正常工作外，我想，自己广泛的业余爱好也会为自己的工作增添一份精彩。至于我的劣势，我认为是自己在面对某些问题时的胆量有待增加，例如在大众面前发言时自己还有些胆怯。为了弥补这个劣势，自己应该多多参加社会的各种社交活动，增加自己的社会实践经历，在各种活动中提高自己，使自己不断进步，克服自己的缺点，发扬自己的优点，从而完善自我。

5. 自我分析小结

根据以上各方面的分析总结，我认识到自己虽然有不少的优点，但也存在很多的不足，好的开头等于成功的一半，因而正确认识自己，明确自己适合什么样的工作，可以帮助自己对职业生涯做出合理的规划，可以让自己更快走向成功，职业是自己一生的事情，所以最好先选出适合自己的工作，才能在以后的工作中不断地学习，不断地进步，不地的完善，以期望自己能够在未来有更大的发展。当然工作生活与日常普通生活必须协调好，身体健康也不容忽视，总而言之，自我认知，正确选择，就就业业，综合协调，和谐发展。

（二）环境分析

1. 学校环境分析

我所读的专业是交通与土木工程学院的交通工程。我所在的学校毕业生近几年的就业情况还是非常理想的。随着我国铁路的大发展和各大城市地铁线路的修建的进行，对这方面的人才有大量的需求，所以，我们有较好的就业前景和较大的发展空间。

2. 社会环境分析

虽然大学生总体的就业形势不是很乐观，但是我们这个专业还需要更多的创新型、复合型的人才。作为一名外省的学生，毕业后我的首选肯定是回到家乡。我的家在上海，上海是一个国际化的大都市，我国最大的金融中心，就业形势更加严峻，但同时就业机会也相应更多。城市轨道工程具有广阔的就业空间，全国地铁线路规划建设逐渐起步，随着高铁的不断发展，铁路线路的不断完善，工程局、设计院都迫切地需要这方面的人才。我的专业既与建筑行业相结合又与工程施工相结合。工程局的铁路、桥梁建设也同样是我们发展的方向，如何更好地、完美地建设好一个特大型工程也是我们的奋斗的目标。

3. 职业环境分析

我的职业目标是进入国铁集团、铁路局集团公司，获得相对稳定的工作，拥有比较规律的休息日。铁路局集团公司属于国企，薪酬相对不错，但相应的，工作也会比较辛苦。根据《国家中长期铁路网规划纲要》，今后几年是中国高速铁路加速建设时期，高速铁路的人才十分紧缺，预计需要各类铁路专业人才20万人。交通工程是近几年新兴的一个学科，所以近几年从这个专业毕业的大学生较少。这就为我们未来的就业提供了很多机会，并让我们有了一定的选择余地。

（三）自我定位

我有两年的学生会工作经历，为我未来的工作积累了一定的经验，经历是最宝贵的财富，因此我有信心适应这个不断发展的社会，完成交代给我的工作任务。

我的优势：是有信心、有热情、肯投入，拥有良好的逻辑推理能力和良好的团队协作能力。

我的劣势：缺乏对未知知识求知的主动性，同时在大众面前发言的能力也有待增强，我想自己应该多多参加社会的各种社交活动，增加自己的社会实践经历。

结合自己的优势和自己的理想，我把自己的奋斗目标定为"成为公司的中高层管理人员"。

（四）职业生涯目标

首选规划：

大学毕业参加公务员考试，并通过自身努力考上公务员：

计划每5年晋升一级。

备选规划：

大学毕业，考上研究生。

研究生毕业两年：在铁路局集团公司或者是地铁公司从事并熟悉这个行业。

工作五年：努力成为助理工程师。

工作十年：努力成为工程师。

工作十五年：努力成为教授级高级工程师或者企业中高层干部。

终极目标是成为企业高层干部。

（五）行动计划制订

1. 短期目标规划——大学四年目标

大一：认真学习，争取拿到英语四级证书，参与学生会工作。

大二：争取更加努力学习，拿到奖学金。参加各种活动，竞选学生会职位，在学生会工作中锻炼自己各项能力。争取上学期通过英语六级考试，下学期过计算机二级考试。

大三：争取入党并在大三下学期准备中级口译考试，多学习与专业相关的知识，扩展自己专业方面的知识而不仅仅局限于学校所教授的。

大四：努力通过中级口译考试，争取拿到较好的实习机会，多多积累工作经验。

2. 中长期目标

中期目标：如果没有读研究生，也没有考到公务员，则先进入事业探索期和事业发展期，预计时间为六年，希望进入任意公司从事与专业有关的工作，并且要一边工作一边深入学习。在努力工作的同时，还要发展人际关系，和同事老板搞好关系，并且要养成好的生活习惯，抽出时间参加体育锻炼和做自己感兴趣的事情。在此期间，如果能够争取到公费出国的机会更好。出国深造时间预计为两至三年。

长期目标：事业成熟期，奋斗目标是成为中高层管理干部，争取进入国企或外资企业，以成熟的、职业的姿态去处理遇到的各种难题。

（六）评估和反馈

影响职业生涯设计的因素很多。有的变数可预测，有的变数难以预测。职业规划也需要做好与外部环境相适应的调整和修订。尤其在环境的动态变化与个体的内在状态不断波动起伏的过程中，个体需要时时审视自己的职业选择、职业目标、路线的确定是否适合自身的发展，有时即使正确的选择也会因外部环境的变化而显得不合时宜，因此，要使生涯规划行之有效，就须不断对规划进行评估与修订。同时，个体对自我的认知是不断变化、日趋成熟的，随着一个人的年龄增长，其兴趣、能力、经验等都在不断地变化，对职业的倾向性和判断也在不断地发生变化。

所以说，大部分新入职人员在自己选择的第一份职业中获得成功的概率不是很高，一般会在从事工作一段时间后转行或者略做调整，使更新后的工作情况更加符合自己的发展条件。主要原因是受个体当时的年龄、经历、人格成熟程度等因素的制约，对职业的判断缺乏全面客观的分析和预测，致使选择的结果存在偏差或者缺陷。同样，职业生涯路线的选择、人生目标的修正都是伴随着个体的不断成长而进行评估、修正，并进行反馈的，这种评估和反馈贯穿职业生涯发展的整个过程，使之更加符合个人的长期发展，更加有利于一个人聚集智慧发挥优势，取得职场的成功。

（七）结束语

我们常常听到人们各种各样的梦想，每一个梦想听起来都很美好，但在现实中，我们却很少见到真正坚忍不拔，全力以赴去实现梦想的人。人们热衷于谈论梦想，把它当作一句口头禅，一种对日复一日，枯燥贫发生活的安慰。很多人带着梦想活了一辈子，却从来没有认真地去尝试实现梦想。实现梦想的关键是要果断的采取行动。行动才是最强大的力量。当我们拥有梦想的时候，就要拿出勇气和行动起来，穿越岁月的迷雾，让生命展现别样的色彩。

【案例2】

某铁路高职学院物流管理一学生所做的职业生涯规划

（一）自我分析

（1）兴趣爱好：看书，制作手工艺术品，吹笛，摄影。

（2）价值追求：平平淡淡，对现在很知足。

（3）自我充实方式：阅读，在书中发现人生的价值与真理，在闲暇之余喜欢吹笛，陶冶情操。

（4）性格特征：讲求实际，注重事实和有责任感，能够合情合理地去决定应做的事情，而且坚定不移地把它完成，不会因外界事物而分散精神。

（5）个性优势：

① 有条理，认真仔细。

② 重规则、政策、契约、例行习惯和时间要求。

③ 一旦承诺一件事情，总会坚持完成它。

④ 在跟进、规范方面做得很好。

⑤ 以第一次和每一次都做了正确的事情为荣。

⑥ 对需注意的事情有敏锐的洞察力。

⑦ 尽可能有效地利用现有资源完成工作。

（二）个人综合分析

综合特质：沉静，认真的态度贯彻工作始终。讲求实际，注重事实和富有责任感。能够合情合理地去决定应做的事情，而且坚定不移地把它完成，不会因外界事物而分散精神。重视传统和忠诚。

职业优势：是组织机构的主要支持者，不论他们是处于领导层还是处于被领导的位置上，都是企业中的"稳定器"——传统和现状的维护者。

人际关系：不太愿意在人际交往方面投入太多的精力，不怎么关注别人的事。喜欢顺其自然的朋友关系，和朋友的交往中比较被动，常常是朋友发起活动而我去响应。

学生工作：

（1）担任班级生活委员，掌握班级财政，平时也会协调组织班级活动。

（2）担任学校拓展中心秘书部部长，协调中心各部门的活动与联系，保证中心的正常运行。

（三）确定职业目标

（1）职业类型：企业型。

（2）职业特征：工作内容包括经营、管理、劝服、领导等；工作中充满竞争，甚至需要冒险；要求从业者自信、务实、有胆略、有责任感；要求从业者具备较强的表达能力和经营管理才能。

（3）主要职业领域：物流。

（四）分阶段目标

（1）2013—2018年（短期目标）：采购员。

（2）2018—2023年（中期目标）：仓储经理、采购部经理。

（3）2023—2028年（长期目标）：物流主管。

（4）2028—退休：物流公司高层领导。

（五）具体行动计划

1. 短期计划

（1）在校期间。

① 大学英语达到四级。

② 合理安排分配在校学习的时间，有计划地学习各方面知识，像计算机软件，物流系统规划设计等，提高自己的知识储备。

③ 把主要精力投入到学习中，努力提高专业知识。

④ 继续做好班委、部长的工作，领导开展各种活动，培养自己的管理能力，提高自己的综合素质。

⑤ 抽时间阅读各种书籍报刊，关心国家政治经济方面的发展。

2. 评估与调整

（1）评估调整的频率与原则。

① 由于现实总是和理想的差距甚远，所以每半年就要对计划修改一次，当遇到特殊情况，比如行业出现重大变故或公司出现调整时，计划也应该随之而变。

② 原则是客观求实，以现实情况为基础。

（2）评估内容和方法。

① 当现实和计划相差太大，应根据实际对计划中的时间做出相应调整，但是幅度不可过大。

② 当与所在行业相关国家政策出现重大变革时，应根据实际改变职业或变更发展方向。

③ 当因家庭，身体等原因需休整时，应将计划延迟。

（六）备选职业

备选职业目标：财务部经理。

备选职业途径：在工作前几年的空闲之余学习会计学，并努力考取会计资格证，会计师证等必备证件，并且进入更高一级的学府学习相关知识。

备选职业方案实施策略：如果国家政策将物流行业放在末尾，或在公司晋升无望，采取备用职业的方案。

（七）结束语

人是不能活在记忆和幻想里面的，应该是靠希望和追求活着的，只有这样的人生，才具有意义。看如今的大学校园里，只为混到毕业证书而不求精进，导致学业荒废的人；因为沉迷电脑游戏而每天过得浑浑噩噩的人；因为贪玩好耍而工作学习中得过且过的人，比比皆是。殊不知，人生成功的秘诀在于机会来临时，你是否已经做好了充分的准备。

【训练与思考】

1. 结合实际，阐述制定铁路专业职业生涯规划的意义。

2. 结合自身的兴趣、能力和性格，参考亲人或朋友的建议，设计一份可行的铁路专业职业生涯计划。

3. 设计一个以"职业生涯大家谈"为主题的活动方案，方案具体的表现形式可以灵活多样，如讨论、演讲、辩论等。

附　录

在铁路就业的心理准备
——××铁路局集团公司××领导采访录

作者：一个新人要尽快融入一个企业，就要了解他们的文化、性质、特点，较快将自己与企业融合，也才会有所作为，就像古语所讲的"适者生存"。请您介绍一下铁路运输企业的性质和特点。

×××：在一个国家也好，一个企业也好，都有其经过多年沉淀、积累而表现出来的特点、性质以及这个群体普遍认同的价值，用现代管理的表述方法称其为企业文化。我所介绍的只是普遍意义上的特点，由于同学们今后所在的单位、地区、工作性质不同，其企业文化、特点也不会完全一致，但只要大家能学以致用，善于感悟，相信很快就会适应铁路的工作岗位，很好地发挥个人优势，进入角色。我从以下几个方面谈谈铁路运输企业的性质和特点。

（1）知识的应用性较强。铁路运输企业，其产品主要是旅客和货物的"位移"，为了实现这个"位移"的"安全、舒适、快捷、方便"的标准，规定了各工种的上千条运行和操作的规程和规定，如技规、行规、货规、客规、站细等等。不少的工种都必须"照章办事"，认真落实这些规章制度。有相当数量的规定不是在大学课本上所能学到的，也就是说，铁路运输企业中搞科研和设计的岗位不是很多，而在所学专业理论知识的指导下，进行应用性的、执行性的岗位比较多，即使有技术性较强的工种，与设计院的性质也有很大的区别，主要是按既定设计方案组织实施。

因此，如果认为自己是大学生，到铁路来就是要坐办公室搞设计、画图纸，搞课题研究，让大学所学的知识直接予以运用的，那就是对铁路运输企业的认识有了偏差，况且原铁路院校移交地方后在课程的设置上砍掉了不少铁路的课程，还有的同学不是铁路专业的毕业生，到铁路后还要重新学一门铁路专业课。即使是从铁路专业毕业，由于铁路现在处在快速发展期，技术的更新率也很高，故需要我们不断地学习新的技术。可能大家开始有这样的疑问，那大学生岂不是"无用武之地"吗？我们不能片面地思考问题。我记得前几年，一些电视台曾围绕大学生就业问题做过专题讨论，参与讨论的有在校学生、已工作的大学生、大学教师、企事业单位管理人员等等，比较有共识的观点是：一是大学学习不是只学习知识，还要形成好的思维方式，形成正确的人生观和价值观，培养较强的学习能力。二是大学学的知识有直接可使用的，有间接可使用的，有的可能暂时用不上，但将来可以用上，有的可能随着社会进步被淘汰。不能以大学所学知识有多少被用上了来看待就业岗位对不对。三是大学所学的各种知识为适应各种岗位铺垫了基础，当接触到新的专业领域和知识时能比其他人更快地掌握。

归纳一下，铁路企业运用性强，高深的研究课题相对少些；不能以上学所学知识直接能用上多少来作为自身价值是否实现的判断标准；不能认为直接用的知识少就是"无用武之地；"最重要的是大学培养的思维和学习能力为大学生创造了很大的拓展空间。

　　（2）现场的实践性较强。由于运输局的大量工作是运输的组织、管理，各种规章制度的落实，所以要求从事行政管理的人员必须熟悉现场的作业方式、设备情况、生产过程、工艺流程，以及车间、班组的管理状况。如果你被直接定职到机关科室，没有现场经历，你就只会说外行话，做外行事。为此，铁路企业在提拔领导干部时也明确了必走的台阶。有些路局为了真正让大学生发挥作用，培养和使用好大学生，在大学生管理办法中明确了在见习期满定职后再在车间挂职2～3年的规定，目的就是让大学生补上现场实践这一课，是对大学生寄予希望和将其重点培养的体现，千万不要理解成是放"劳动改造""大材小用"。那将是奠定你发展基础的重要一课，要认真补好。

　　（3）整体的联动性较强。铁路是一个庞大的系统，要保证运输"产品"的安全、正点，需要各个单位，各个工种的通力协作，密切配合。要求铁路职工要有大局意识、整体观念，如机务段要提供质量良好、数量充足的机车，车辆段要保证车辆的良好运行状态，工务段要确保线路的质量，列车运行时的安全，电务段要保证行车信号设备的完好，供电段要源源不断地提供电力，有一个专业系统出了问题，在设备质量、管理力度、配合程度上做得不够，就会使铁路运输瘫痪或受到影响。

　　（4）作业的纪律性较强。无论是干过铁路的还是没干过铁路的，都知道铁路对工作要求高，对劳动纪律要求严，平时习惯将铁路管理称为是"半军事化管理"。事实情况的确如此，这是由铁路的性质所决定的，人命关天，来不得半点的马虎，任何的疏忽和草率都可能酿成不可挽回的损失，甚至造成数额巨大的经济损失和重大人身伤亡。"宁听骂声，不听哭声""违章违纪就是违法犯罪"等教育职工的口号就是这一性质的真实写照。

　　（5）处理的时效性较强。由于上述种种特性的存在，自然就派生出了这样一个特性，要求铁路在处理各种现场突发和影响正常行车的事件时要雷厉风行，以最快的速度排除故障。在解决影响安全的问题时要不推不拖。这在铁路的事规中也有体现，在处置行车事故时，事故等级随处置时间呈阶梯式递进。铁路流行的口号"雨声就是命令""下雪就要到岗""故障就是出发通知"都是对一旦出现影响安全或列车正常行驶的情况，必须迅速行动，及时处理的要求。

　　（6）人员的流动性较强。人员的高流动性也是铁路企业一个突出的特征。大致有这样几种原因形成人员流动：一是两条铁轨铺到哪里，哪里就有铁路职工在作业，即使在局机关、段机关上班也要经常下到现场去开展工作。二是新建铁路线和生产布局调整时，必然会有人员做相应调整和重新部署。三是在段范围内，局范围内，甚至部范围内管理人员常常进行交流使用。这种流动有短期的，有长期的。像1996年京九铁路上线和2005年撤销分局，都有数千人跑通勤。

　　（7）提升的渐进性较强。按照马斯洛的需要层次论，每个人都会有不断使自己的需要由低变高的发展愿望。作为有知识、有抱负的大学生，更应不断发展自己，逐步提高自己的需要层次，这是很正常，也是很必要的。当然，不断提升的目的，不应是立足于追求个人名利、地位，而是首先着眼于施展自己的才华，体现大学生的价值，为铁路事业的发展做贡献，立足于做大事而不是做大官，讲贡献而不是讲体面。当你做出贡献足够大的时候，企业也会给予相应的报酬。在我国，逐级提升是普遍要求，铁路企业尤其需要，提拔车间干部，要求对车间的主要业务岗位有工作经历。如你在车站、车务段工作，要想被提到主管运输、安全的副段长，你就应当熟悉调车员、车号员、连结员、助理值班员、值班员、调度员、运转（调度）副主任、主任的岗位业务。当然，不一定一个都不少，但至少要熟悉现场，有中层经历才行。我局对大学生的要求是要先在车间班组一些主要岗位进行锻炼，也是为大家的发展奠定基础，是为各位职业生涯设计的一个组成部分。可能有的同学会说，我不想去当什么主任、段长，只想当工程师、高级工程师，走技术发展的道路，那不就不必在车间挂职锻炼了吗。其实，这也是不行的。原因有二：第一个原因在上面已提到，不熟悉现场无法实施管理。第二个原因，一般情况下，大学生在经过一段时间的工作后都要进入管理科室任行政或技术职务。在铁路这个企业的管理科室，不管你定职的是行政职务还是技术职务，在开展工作时都要既熟悉管理工作，又熟悉相应技术，并熟悉现场生产过程。所以，现场这一台阶，对大学生来说是必迈的一步，也是必补的一课。

（8）社会的关注度较强。铁路在中国这个地域辽阔、人口众多的发展中国家有着重要的、不可替代的作用，目前仍是全国客货运输的主要渠道，特别是中长途旅客运输和长途货运，仍是国民经济运输的主力，其国民经济大动脉的地位依然不会动摇。因此，近年来，铁路所获得的社会关注度越来越高，这个关注度不仅来自国内民众，随着铁路运输事业大发展，国外对铁路投资兴趣也在增加，不仅乘车外宾数量增大，相应的关注度也在增加。这种关注度一方面来自关心，看有何新发展，能给自己带来什么便捷的运输条件，另一方面是加大了对铁路工作的监督，对铁路的要求也越来越大。那么，作为铁路人，担子会越来越重，责任会越来越大。也希望各位大学生朋友不仅要看到铁路未来发展的趋势，更要勇于承担起21世纪铁路发展的重任。

作者：您刚才根据自己的体会给大家谈了铁路运输企业的基本特点，使同学们对铁路运输企业的特点有了一定的认识。相信同学们很快就会适应铁路工作岗位，更好地发挥优势，进入角色。从这些年铁路录用的大学生情况看，您认为新毕业的大学生在铁路就业方面有哪些优势呢？

×××：我认为新毕业大学生的优势主要有以下几点：

（1）思想活跃，接受新事物、新观念比较快。大学生作为有知识的青年群体，较少传统和常规的观念，能较快接受新的观点、理论；较少模式化的、单一的思想，求新的思维比较多；较少保守的、封闭的观念，思想比较开放，对新的理念、潮流比较感兴趣。

（2）知识面宽，理论基础比较扎实。在中学阶段奠定较好知识的基础上，又经过大学阶段的系统学习，掌握了较宽泛的基础理论，以及某一专业领域的全面知识，具有在专业领域进行课题研究、技术攻关的基本能力，在基础知识和某一专业领域奠定了开创事业的较好基础。

（3）成就感强，有干一番事业的强烈愿望。经过大学的熏陶，在获取广博知识的同时，也形成了想尽快将知识转化为业绩，成就一番事业的愿望、理想和抱负，甚至期待在自己的专业领域做出非凡的成就，以充分体现自己的人生价值。

（4）熟悉计算机，由于大学生普遍掌握了计算机技术，一些非计算机专业的学生也有较好的计算机技术，所以无论到什么企业，都能适应办公和管理需要。

（5）精力充沛，有较高的热情和充足的体力。新毕业的大学生，年龄一般在22~23岁，体力好，精力充沛，思想上也相对单纯，没有扎根社会后多年的复杂心境、家庭的拖累，体力和精力都具有阶段性的优势。加上成就事业的抱负和志向，是难得的打拼天下的好时机。

作者：正像您所讲的新毕业大学生确实具有不少的优势，这为他们在铁路就业，尽快适应工作岗位提供了有利的条件，但在他们身上也存在不少这样那样的问题，您能谈谈新毕业大学生存在哪些主要问题吗？

×××：新毕业大学生的弱势主要表现为：

（1）留恋机关，忽视现场实践的作用。相当数量的新毕业大学生分到单位并见习期满后都希望定职到机关科室，甚至托关系、找门子，千方百计留到段机关。有的甚至要求放弃专业，只要在机关就行。实际上，大学学到的知识、理论固然重要，但必须结合实践，只有和实践结合，理论知识才能得到运用。而且大学所学到的理论和生产现场的差距是很大的，你不到生产一线，就不了解作业过程、生产流程、维修案例，就很难去实施管理和指导。正是由于一些大学生忽视现场锻炼的重要作用，而影响了自己的发展。

（2）偏重技术业务，忽视在政治上的进步和管理素质的提高。有的大学生认为他是专业出身的，到工作岗位上就是应该研究技术，只对技术方面感兴趣，其他如政治理论和管理方面的知识不去学习和了解。当然，学习和钻研技术是正确的，但在铁路企业现实的工作中管理和技术是分不开的，很难说有纯粹的管理或纯粹的技术，它们常常是结合进行的。不学习政治理论，对于积极要求上进，要进一步拓展自己的发展空间，为企业做出更大的贡献，都会因不学习政治理论而受到限制。而且政治理论的学习对于一个人理性思维能力的提高是很有帮助的。理性思维是一种透过现象看本质，研究和认识社会科学规律的思维方式，可以使人站在更高层次观察问题和处理问题。因此，不仅要掌握技术，有技术能力，还要熟悉管理，要求上进，实现全面发展。

（3）易入光环误区，有时不能与职工打成一片。大学生是一个有知识的青年群体，家庭和社会对于大学生给予了很大的关注。在家里，家长为了孩子能上大学和上好大学，可以说在经济和生活上作了极大的付出。社会也把大学文凭视为判明人才的主要标志。在这样的背景下，部分大学生就有意无意地形成了一个光环，进入了一个误区，表现在：一是我上了大学，我就是人才。二是我是大学生，你们没有我这么高的学历，不如我。有意无意地与职工在感情上有了距离。与职工没有很好的沟通交流，内心深处总觉得自己比职工高一等，话说不到一起，感情融不到一起，也难免在言行上流露出来。职工的一般反映是这个人"比较清高""不入群"，甚至"有些傲气"等等。实际上，学历只是学习经历的标志，有了学历不一定就进入人才行列，有了学历也未必知识就比别人多。学历不等于能力，学历也不等于人才，需要有一个将知识转化为能力的过程。进入社会后应当自觉把自己和别人放在同一个起跑线上，从零开始。只有这样，才有更多的收获，才能受到职工的欢迎，也才能为自己的发展打好基础。

（4）偏重眼前利益，忽视对长远发展和利益的思考。前些年，我在原分局工作时，曾负责过技术干部管理，曾到一些高校接收大学生，常常遇到不少毕业生把收入高低作为签约不签约的主要或唯一标准的情形，只要这个单位眼前答应给的钱多，就同意签约，也不去了解这个单位有没有发展前景，是否适合自己。也常常听说，到单位后的学生中，有些学生宁可放弃所学专业也要到轻松的岗位上去，人虽在车间但心里想着尽快到机关，不安心于在一线工作岗位上历练本领。有的干脆把主要精力放到换个轻松或收入多的岗位上。结果，始终没有锻炼出来，当然也就难以得到重用。

（5）容易受现实因素影响，心态不够稳定，情绪波动。由上学到进入社会是人生一个大的转折。在学校，主要任务是学习，相对来说比较单纯，但社会是复杂的，要遇到或应对方方面面的问题。岗位满意不满意，收入满意不满意，人际关系满意不满意，被领导批评了满意不满意，工作难度大不好干，一线艰苦不适应。还有恋爱、婚姻、房子等一系列问题，都要面对。有的能够较好处理这些问题，始终保持平稳的情绪，既做好工作，又有序处理和应对各种问题，但也有一定数量的同学，容易受到一些不顺心事情的干扰，情绪产生波动，影响工作。当然这是比较现实的情况，可以理解，尤其恋爱、婚姻也是人生大事，在年龄上也是黄金时间段。但步入社会的前几年对一个人终身的发展而言也是打基础的重要阶段。两者都重要，都需要处理好。因此，希望同学们能够在从学校走向社会的这个转换过程中，能够保持一个健康稳定的状态。所谓健康，就是做任何工作、处理任何事情，都要从事业出发、从长远出发，不计较眼前的个人得失。所谓稳定，就是不受各种消极因素、非工作因素的影响，始终以积极和稳定的态度对待工作，对待同志，在工作上起好步，开好头。在非工作的事情上能妥善处理，相得益彰。

上述分析只是一般的分析，也仅对以往了解到的情况而言，不见得现在的每个大学毕业生都存在这些问题。分析的目的只是提醒大家发挥自己的优势，避免不利于自己成长的因素，尽快成为铁路建设事业的栋梁之材。

作者：近年来中国铁路的发展非常迅速，铁路企业为大学生才华的施展提供了广阔舞台和良好机遇。请您分析一下目前铁路企业的人才总体情况。

×××：可以这样说，近年来中国铁路的发展确实非常迅速。2006年7月1日，青藏铁路全线贯通。2007年4月18日，中国铁路进行了第六次大提速。随着铁路速度的不断提高，中国铁路的技术水平、装备水平、管理水平和服务质量都将迈上一个新的台阶，同时随着铁路行业的快速发展，对人才的需求也将进一步增加。目前我国铁路是新中国成立以来铁路发展速度最快的时期、技术含量最高的时期、发展环境最好的时期。"三个最"决定了目前铁路是最需要人才的时期，也是同学们求职、就职的最佳时期。这就为大家提供了施展才华、建功立业的机遇。

很多人对铁路行业存在误解，认为铁路就是火车，工作就是运输货物和旅客。其实铁路系统很庞大，它既包含运输部门、建设部门、科研部门，原来还包含公安局、法院、检察院、大中院校、医院、中小学等国家机关和事业单位。近些年铁路不断进行改革，以解决企业办社会的问题。在这一政策指引下，铁道部门正逐渐把运输以外的企业和单位剥离出去，减轻负担，以便集中精力做好"铁路客货运"这个主业。

随着国务院《中长期铁路网规划》的出台和全国铁路的提速，到2030年，全国铁路营业里程将达到20万千米。国家大力建设铁路新线和进行原有线路的技术改造，铁路的跨越式发展带来了旺盛的人才需求。

从目前铁路行业的人才状况来看，人才学历层次偏低。目前，铁路行业技术岗位和管理岗位人员学历层次与国家对铁路行业提出的以技术发展铁路，以人才发展铁路的战略要求还有一定的差距。总体上来讲，铁路行业规模大，人员多，人员年龄老化和知识老化的问题并存。同时还存在人才分布不够合理，人才队伍结构失衡的问题。以铁路局集团公司为例，处于大城市的铁路局集团公司机关与路段基层相比，城市人才相对较多，而基层人才则比较缺乏。随着铁路行业改革的进一步深化，熟悉资本运作、运输经济、市场营销、国际贸易、金融证券等方面知识的人才非常稀缺，同时也缺乏高层次、高技能和复合型人才。以中国中铁为例，据有关部门统计，在其下属的 25 家特大型施工企业的 60 万员工队伍中，高级专业技术人员占总量的 2.8%，中级专业技术人员占总量的 12%，初级专业技术人员占总量的 19%，专业技术人才在员工队伍中所占的比率仅为发达国家同类行业的 2/5，高技能人才数量仅接近发达国家同类行业的 1/10，这就凸显了行业发展迅猛而人才急剧短缺的矛盾。

作者：有人形象地把铁路行业比喻为一个小社会，人才需求比较综合。请您就铁路行业的几个主要系统进行具体分析，谈谈他们在人才需求上的特点。

×××：铁路行业主要包括铁路运输部门、施工部门、科研单位等系统。他们在人才需求上各具特色。

1. 铁路运输部门。

国铁集团铁路运输部门主要为 18 个铁路局集团公司。铁路局集团公司又分为车、机、工、电、辆等系统，此外还有一些辅助部门。

随着铁路的加速发展，现在铁路行业主要专业有着需求量越来越大的趋势，而专业队伍老化这个问题越来越明显，与铁路发展的需求差距甚大，尤其是铁道运输、铁道工程、铁道信号、机车车辆这些专业的人才需求量较大。

2. 施工部门。

施工部门主要指中国中铁（原中国铁路工程总公司）和中国铁建（中国铁道建筑总公司）两大公司，两公司均为世界 500 强企业。中国铁路工程总公司下辖中铁第 1～10 工程局、隧道局、大桥局、建厂局等。铁道建筑总公司，下辖第 11～25 工程局。中国铁路建设基本上是这由两大公司（共 30 个工程局）负责施工。

两大公司的发展目标是成为集设计、施工、科研、房地产开发、机加工为一体的多功能大型企业集团。除铁路建设业务外，还包括公路、桥梁、隧道、城市轨道交通、房屋建筑、水利水电项目、港口、码头、机场和其他市政工程的建设，以及勘察设计与咨询服务、工程设备和零部件制造、房地产开发及其他业务。所以需求的人才能力并不局限于铁路建设方向。

《中长期铁路网规划》的出台和实施，使两大公司出现了人才数量严重不足和人才掌握专业不齐全的发展桎梏问题。施工部门需要专业技术类人才，包括交通、土建（含铁道工程、桥梁、道桥、隧道及地下工程）、岩土工程、工程造价、轻轨等工程类专业的人才。

施工单位，工作环境相对艰苦，经常下工地，工作没有明显的时间和法定假日限制。工作性质要求员工应该能够适应艰苦的工作环境，可以出差。施工单位条件艰苦，工作时间不固定。大学生的文化程度在施工单位里较高，晋升的机会较多。收入一般包括基本工资和绩效工资，待遇不稳定，有高有低，主要看个人的工作量，收入与付出成正比。

3. 科研单位。

科研单位主要包括铁道部门科学研究院以及独立的研究所、规划院、电子计算中心、各铁路勘测设计院等单位。

科研单位主要需求的人才方向为铁道运输、桥梁工程、铁道信号、铁道工程、建筑学、电气工程与自动化等专业。科研单位人才结构知识化层次较高，招聘人员一般应具有研究生以上学历或高级职称（个别紧缺专业，本科生也可）。

设计单位，一般都是事业单位编制，事业单位特征明显，待遇和工休严格按照国家规定。工作时间稳定，工资待遇处于中高水平。目前科研部门需要丰富的工作经验来主持项目，因此毕业生需要经过几年的工作积累才可以担当大任。而且要求个人付出较多的努力，毕业生还需具备较高的科研能力。

通过以上分析，我们可以看出：整体上，铁路系统需要大量专业技术人才，且需求旺盛。铁路各部门人才需求、发展空间差异较大。各位毕业生在选择岗位的过程中一定要先充分了解该岗位，结合自己的专业、兴趣和志向等再选择合适的单位。

作者：同学们非常渴望顺利进入铁路行业，他们需要提前做好哪些方面的准备呢？

×××：铁路行业事关国家命脉，关系到旅客的生命安全和货物的安全运达，是国家重点支持的行业，铁路跨越式发展的实现也越来越需要更多综合素质高、能力强和热心于铁路事业发展的人才加盟。因此，同学们要想顺利进入铁路行业，需要提前做好以下几个方面的准备：

1. 扎实的专业知识。

学习是一个人不断进步的基础，是当今知识经济社会所要求的品质。爱不爱学习常常是判断一个人会不会不断进步的标志之一，终身学习已经成为一种人生理念。对大学毕业生来说，正是精力充沛、思维敏捷的年龄段，是学习掌握各方面知识、技能，积累人生经验的好时期。要防止进入一个思维误区，就是认为大学毕业了，参加工作了，就不必学习了。如有这种思想，那将是对自己前途的不负责任，也将是自己走下坡的开始。事实上，需要学习的东西是很多的，以学习内容划分，如：要学习将要从事岗位的专业知识，学习车间和企业管理的基础知识，学习政治理论。特别是政治理论，政治理论虽看起来空洞，而实际上并非如此，学习政治理论有很大的收益。以学习途径划分，也可以分为三种：第一，从书本上学习，不论是专业知识，还是管理知识、政治理论，都有很多的相关书籍。第二，在实践中学习，靠自己在亲身经历的事件中得到启发，悟出规律。第三，向周围的同事、领导、群众学习，通过他们的一言一行来提高自己的各方面知识和能力。

铁路行业的很多工作都是技术性工作，尤其是刚刚走出校门的大学生，大多都要从基层的技术岗位工作做起，因此同学们需要在在校期间学会铁路的专业基础知识，练好基本功，比如有些学校开设有铁道信号、铁道运输、铁路机车车辆、铁道工程和铁道电气化等专业，同学们应该学好这些专业的相关课程，并能在实际工作中熟练应用。

2. 过硬的专业技能。

铁路行业是一个比较注重操作技能的行业，因此，同学们一定要注重这方面技能的培养。例如：铁路机械设备的拆卸和安装，铁路机车的操控和驾驶，铁路工程的制图等，同学们可以在日常的校园学习中培养，也可以利用寒暑假的时间到各铁路单位实习。实习既可以提高实际操作能力，也可以提前熟悉一下铁路单位的工作环境。了解铁路行业需要什么技能，在日常的学习中可以更加有重点地进行培养。

在实习期间，有的同学容易背上"虚心学习"的包袱而缩手缩脚，只是听人家给你讲，你只扮演听众和学生的角色，或者充当旁观者的角色，只是看别人干，不敢亲自动手，不敢发表自己的意见，生怕别人说自己不谦虚，从而影响了实习效果，这也是不必要的。当然，发表意见应当是谨慎的，不可随意而为，但对于经过思考的成熟意见也不必藏在心里，也不必顾虑说错。要把虚心学习和大胆实践的关系处理好。这样，实习才有好的效果。

3. 积极实践。

主要是指充分利用实习期间难得的机会，尽可能多的掌握所从事岗位的专业知识、生产过程、规章制度等等，较快把师傅们的经验学到手。此期间的锻炼要做好三点：第一，要把自己的思想感情与一线职工相融合，体会他们的所思所想。第二，现场的工作和生活条件相对都是较艰苦的，要不怕脏、不怕苦，靠行动去得到信任。如果这一点做不到，也不会锻炼成功。第三，要注意发挥自己的长处，利用自己的优势，在可能的条件下做一些技术和管理上改进的建议，让职工感到大学生不仅是能贴近职工的人，而且是有知识，有才能的人。如果有机会还可以考取一些岗位技能证书，那对自己的技术素质的提高和将来的管理，都有好处。

4. 严谨、认真的工作作风。

铁路无小事，任何一次小的工作失误都可能酿成国家的重特大事故。比如，一次道岔开通方向错误可能会危及几百人的生命安全，它比任何一个行业都要求具有严谨、认真的工作作风。因此，欲加入铁路行业工作的同学们，更需要在日常的工作和学习中培养自己严谨的作风，从一点一滴的小事做起，严格要求自己，对自己负责，也对他人的生命和安全负责。

5. 艰苦奋斗、踏实工作的精神。

刚加入铁路行业的同学们都会被要求从基层岗位做起，因此要有从基层做起的思想准备，切忌好高骛远、心浮气躁。基层工作，一般而言会比较艰苦，但同学们应充分认识到这是锻炼自己的大好机会，例如中国铁路工程局是施工单位，有时候施工就在野外，和工人们一起住在施工工地，生活条件相对艰苦。同学们应该在这种艰苦的条件下磨炼自己，踏实工作，因为害怕困难，不能吃苦而选择跳槽的人是永远不可能真正成才的，不可能真正享受到成功的喜悦。没有听说哪一位总经理和总工程师是整天坐在办公室里的，他们都有基层工作的经历。另外铁路局集团公司就更加重视员工的基层工作经验，新进员工一般要从基层做起，随着工作经验的积累不断得到提拔。各铁路部门领导都是从基层，一步一步走上领导岗位的。在铁路部门和铁路系统工作，没有基层工作的经验，不熟悉各个业务部门的工作，不可能做好管理工作。所以有志到铁路工作的大学生朋友，要有从基层做起的思想准备。

作者：现在很多同学都做好了到铁路企业就职的打算，他们想了解通过什么途径才能入职铁路企业。

×××：目前铁路行业除了参加传统的招聘会和网上接受投递简历外，铁路单位更喜欢亲自到学校与学生面对面进行交流，或者由院系的老师择优推荐，经过考察合格的学生可以当场签约，所以毕业生应该经常关注学校的就业网所发出的通知，参加学校的招聘会。当然也可以采取自荐的方式，比如北京交通大学交通运输学院2006届本科毕业生李国平同学放弃了自己保送研究生的机会，主动向济南局集团公司自荐，要求到铁路基层工作，最终如愿以偿，也受到了单位的重视，工作后不断地得到培训和锻炼的机会，现在工作情况良好。

与其他行业相比，铁路系统还有一个独特的人才选拔方式，即"X+1"定向培养。比如原铁道部"3+1"定向培养是根据铁路客运专线人才储备的需要，在大三年级相关专业中挑选部分学生，单独编班，制订专门的培养方案，分别按铁路需求安排第四学年的课程和毕业设计，毕业后按定向协议去相应的铁路局工作，相应的铁路局负责学生最后一年的学费和生活费，这是铁路行业解决专业人才短缺的一种措施，也增强了人才培养的针对性。北京交通大学和西南交通大学与原铁道部都签订了合作协议，为铁路局、中国中铁培养"3+1"人才。因此，有志于从事铁路行业的同学，除了可以在大三（大四）时通过招聘会等形式进入铁路行业外，还可以提早入手，选择"X+1"模式。

作者：非常感谢您从学长的角度，和同学们探讨了如何在铁路这个大事业中绘制每个人最好的人生蓝图，您的体会和认识，一定会对各位同学有所启发。

×××：以上仅仅是自己作为一个从离开大学校门到铁路企业工作三十年的老职工感悟到的一些体会，利用这个机会与同学们交流，相互启发。可能有些观点说的不够正确，大家还不能认可，这都不重要。重要的是我提出了一个各位已经可以面对，也不得不面对的课题，就是如何尽快融入铁路这个大家庭，如何在铁路这个蓝图上绘制出自己人生的最佳坐标轨迹。相信同学们一定能以自己的实际行动解决好这个课题，为铁路事业增光添彩，为自己开辟辉煌的未来。

作者：最后，我代表大学毕业生朋友谢谢您接受我的采访！

【训练与思考】

1. 采访在铁路就业的毕业生，了解如何做好在铁路就业的心理准备。
2. 针对铁路的现状，应该如何进行职业心理调适？
3. 进行辩论赛。

● 辩题：在铁路就业是利大于弊，还是弊大于利？

● 辩论程序：

◆ 开场白：介绍对垒队伍辩手成员、评判团，宣读比赛规则并宣布比赛开始（4分钟）

◆ 正方一辩陈词（3分钟）

◆ 反方一辩陈词（3分钟）

◆ 正方二辩任选对方一名辩手（四辩除外）进行一对一攻辩（3分钟）

◆ 反方二辩任选对方一名辩手（四辩除外）进行一对一攻辩（3分钟）

◆ 正方三辩任选对方一名辩手（四辩除外）进行一对一攻辩（3分钟）

◆ 反方三辩任选对方一名辩手（四辩除外）进行一对一攻辩（3分）

◆ 正方一辩作攻辩小结（1分30秒）

◆ 反方一辩作攻辩小结（1分30秒）

◆ 自由辩论（各4分钟，正方先开始）

◆ 反方四辩总结陈词（2分钟）

◆ 正方四辩总结陈词（2分钟）

◆ 评判团评分的过程中，主持人可组织观众自由发言（4分钟）

◆ 评判团发表对本场辩论的评语（2分钟）

◆ 主持人宣布辩论赛结束（1分钟）

● 评判准则

◆ 评分标准

▲ 个人得分

○辩论技巧（辩论员语言的流畅，分析反驳和应变能力以及论点的说服力和逻辑性）（20分）

○内容资料（论据内容是否充实，引述资料是否恰当）（15分）

○表情风度（辩论员的表情、动作是否恰当，是否有风度及幽默感）（5分）

○质询表现（在攻辩或自由辩论过程中，对对方辩手的质询是否有杀伤力）（5分）

○ 自由辩论（个人在自由辩论的表现）（5分）

○ 四位辩论员总分（200分）

▲ 团队得分

○ 全队论点结构的完整性，队员之间的默契和配合（25分）

○ 四位辩论员总分（100分）

● 辩论赛说明

◆ 辩论员可展示预先准备的图表、图片及多媒体等

◆ 必要时，评判团可以要求辩论双方把他们引述的书本、杂志、统计数据等资料呈上，以便查核

◆ 每场比赛的结果，评判团依据各队得分决定（去掉1个最高分、1个最低分）

◆ 依据评判团分数，在每一场辩论中选出1名优秀辩手

● 奖励：辩论赛设辩论优胜队和优秀辩手1名